Drei Welten Verlag

Die herausgehobenen Textstellen wurden den bei Nag Hammadi gefundenen frühchristlichen Schriften und dem Neuen Testament entnommen. Die Nag Hammadi-Texte wurden im dritten Jahrhundert und früher abgefaßt.

Der im Buch verwendete umgangssprachliche Name Joschua stammt von der Urform Jehoschua, die uns heute in der griechisch-lateinischen Form Jesus geläufig ist.

Werner Koch

Du mein Bruder
Thomas
sahst das Verborgene

Drei Welten Verlag

1. Auflage 2003

Gestaltung: Werner Koch
Titel unter Verwendung eines Bildes von Hugo van der Goes
mit freundlicher Genehmigung
der Stiftung Preußischer Kulturbesitz Berlin

Druck: Druckcooperative Karlsruhe

Printed in Germany

Inhalt

Was du siehst, wirst du werden.

Das Reich, der Weg

Ich erkannte ihn sofort an seinem leichten Schritt und an seinen strahlenden Augen, als er vom Hügel herunterkam, der zum Fels des Absturzes führt, der die Ebene von Megiddo am Berg Armageddon überragt. Im Augenblick stand unsere Jugend vor meinen Augen. Er war das herrlichste aller Kinder, ihn nur anzusehen, bedeutete Trost und Erleichterung.

Das Sein war ihm geschenkt, wer ihn sah, dem wurde leicht. Als er nach der Geburt als Erstgeborener seiner Mutter Maria im Tempel eingeführt wurde, konnte ein alter Mann namens Simeon ruhig und in Frieden sterben, wie ihm prophezeit war, da er das Kindlein gesehen hatte, das zum Heil der Welt geboren war.

Damals schon, noch in den Windeln, war er Herrscher über den Tod, der sich ihm beugte. Im Tempel, als *Zwölfjähriger*, brachte er die Lehrer mit der *Weisheit seines Verstandes* in Verlegenheit. Und den Tempel sah er als das Seine an, *er musste in dem sein, das seines Vaters ist.*

Sein Bruder zu sein, war das größte Abenteuer, das man sich auf dieser Welt vorstellen kann. Er war durch nichts zu binden, vor ihm standen die Menschen nackt und bloß. Er lebte unbeirrt in seiner Welt. Ihm zu folgen, war unmöglich.

Erleichtert war ich, als er ging. „Ich muss lernen, mich zu verlieren", sagte er mit einem Lächeln, als er von mir Abschied nahm. Ich wusste tief in mir, was er meinte. Er war göttlich, niemand widerstand ihm. Er kannte keinen Tod. Er war so stark und rein, dass er kein Gefühl für das Leid und die Schwächen der Menschen hatte. Nun kam er zurück, *dreißig Jahre alt,* und auch ich war älter geworden.

Als der Vater einen Hammel schlachten ließ, um seine Rückkehr zu feiern und alle zu einem Fest einlud, war ich ärgerlich. „Ich habe gearbeitet wie ein Sklave, du Joschua, warst sonst wo." Ich spürte, ich war erwachsen geworden, ich sah die Dinge anders, auf meine Weise. Er schaute mich lächelnd an: „Wer immer nur seinen Einsatz zurück haben will, kann nicht feiern. Selbst wenn das Fest für ihn eingesetzt wäre. Er wird sich sagen: ‚Jetzt wird aufgegessen, wofür ich mühsam gearbeitet habe.' "

Er nahm mich bei der Hand. „Ab jetzt wirst du mit mir feiern, Thomas."

Ich blickte ihn an. Seine Züge waren reifer, sein Lächeln war gewinnend. Er war zu meinem Gegenteil geworden. „Du bist wieder anders", sagte ich zu ihm. „Früher konntest du schon alles, aber ich konnte wenigstens gegen dich sein. Jetzt nimmst du mir auch das weg." Ich fühlte mich seiner Macht ausgeliefert, als ob er die ganze Welt mit sich ausfüllte. Deshalb sagte ich zornig: „Wirst du mich töten?" „Du bist schon tot", sagte er milde und erzählte eine Geschichte:

„Es war ein reicher Mensch, der hatte viele Güter. Er sagte sich: ich werde meine Güter nützen, um zu säen und zu ernten, zu pflanzen

und meine Scheunen zu füllen mit Früchten, damit mir gar nichts mehr fehlt. Das ist es, was er erwog in seinem Herzen. Doch in jener Nacht starb er." In meine Verblüffung hinein sagte er: „Du hast mühsam gearbeitet für alles, was du hast? Dann bist du tot." Er deutete auf mein Herz. „Wenn du leben willst, wird es für dich so aussehen, als ob du stirbst, aber nur so kannst du das wirkliche Leben erlangen." Er lächelte: „Aber beruhige dich, auch ich werde sterben, und es wird nur so aussehen."

In der Nacht lag ich lange wach. Nach all den Jahren war er zurückgekehrt, völlig verändert. Widerstand regte sich in mir. Auch ich war einen Weg gegangen, zu mir hin, zu meiner Sicherheit und meinen Zielen.

Wenn er weiter anders sein wollte, war das seine Sache. Es gab schon genug von der Sorte, die herumzogen, das Ende der Welt verkündeten, sich zusammenschlossen, um ein anderes Leben ohne eigenen Besitz zu führen.

Was sollte an mir verkehrt sein, wenn ich einfach so blieb wie ich war? Ich hatte mein Auskommen, die Arbeit machte mir Spaß. Hatte Gott mich nicht so geschaffen wie ich war? Ich achtete seine Gesetze, also hatte niemand etwas an mir auszusetzen. Die Menschen lobten mich, weil ich ihnen half. Was wollte er von mir? Wozu mich umbringen?

Ich musste mich also entscheiden. Für das, was er sagte, oder dagegen. So weit hatte er mich schon wieder. Am nächsten Tag ging es weiter. „Was du tust, zerfällt, und du mit", sagte Joschua. Ich blickte ihn erstaunt an. „Es gibt etwas, das über alles hinausgeht", sagte er, als ob er mir ein Geheimnis verraten wollte. „Wie gut", gab ich zurück, „dann hast du etwas gefunden, das für dich gut ist. Und ich habe meins." „Das glaubst du nur", sagte er, und ich zurrte die Last aus Balken, die verrutscht war, an meinem Esel fest. „Dann glaubst du an deins, ich glaube an meins." Ich ging zur Arbeit. Neu war, dass er mit mir redete, als ob ich seiner Gedanken wert war. Ich richtete, sägte, pflockte und band, am Abend kam ich nach Hause.

Es war wie früher. Er war von Kindern umgeben, denen er von einem Himmel, von einer Kraft, die alles trug, von fernen Ländern erzählte. Ich stellte mich dazu und hörte mit, bis er auf mich wies: „Schaut meinen Bruder Thomas an. Die Häuser, die er zimmert, werden das Land bedecken, bis ein Feuer sie verzehrt oder ein Beben sie zertrümmert. Was hat er dann getan?" „Nichts!" riefen die Kinder, die wohl spüren konnten, was er hören wollte. Ich verglich uns. Ich war schweigsam, tat meine Arbeit, lernte, sie besser zu machen. Wenn ich fremde Hölzer sah, prüfte ich sie und stellte mir vor, sie beim Bauen zu verwenden. Ich war schon selbst zum Balken geworden, unbiegsam, knorrig, Verantwortung tragend. Zu ihm strömte alles, was ihn sah, besonders die Kinder. Seine weichen Bewegungen ließen die Menschen zu schwankendem Schilf werden, das von Wasser und Wind bewegt wird. Die Kinder lachten immer noch, ich hätte jetzt gehen können, ihm das Feld überlassen. Doch ich blieb wie angewachsen.

Er kam zu mir, umarmte mich. "Das ist Thomas, der daheim blieb, während ich in die Welt ging. Wollen wir ihm etwas zeigen?" „Ja", riefen die Kinder begeistert. Er wies nach oben. Ein Geier oder Rabe kreiste über den Häusern. „Welcher Balken stützt ihn, dass er nicht fällt?" „Die Luft!" riefen die Kinder. „Welcher Balken verhindert, dass er stirbt?" „Sein Leben", riefen die Kinder. „Wie viele Balken muss er zurichten und schleifen, dass er nicht verhungert?" „ Er findet überall, was er braucht", riefen die Kinder. Er klopfte an meiner Kleidung. Sägemehl und ein paar Späne fielen zu Boden. „Ein staubiger Vogel", sagte er. Er nahm meine Wasserflasche, öffnete sie und drehte sie um. Doch sie war leer. „Ein durstiger Vogel", sagte er. Er nahm Schnitzmesser und Stemmeisen von meinem Gürtel und hielt sie hoch. „Der arme Vogel muss Werkzeug mit sich herumschleppen", sagte er.

Die Kinder lachten. In diesem Moment war mir als ob ich noch nie so viele Kinder so fröhlich hatte lachen hören, wenn auch über mich. Ich entschied mich dafür, auch zu lachen, im Spiel mitzutun, machte ein paar seltsame, tanzende Schritte und dann sank ich hin, wie ein erschöpfter Vogel, der nach weitem Tagesflug sein Nest erreicht. Sofort streichelten mich Kinderhände, Stimmen flüsterten: „Steh auf, lieber Vogel, wir wollen, dass es dir gut geht, du bist ein ganz lieber Vogel“, bis ich mich wie wundersam erweckt wieder aufrichtete.

Seine Augen trafen mich, umhüllten mich, lächelten mich liebevoll an. Da lag ich nun als ernsthafter, erwachsener Mann vor ihm im Staub, und es war wieder wie früher. Schon als Kind hatte er mich immer wieder umgeworfen, mit einem schnellen Schritt beiseite, wenn ich auf ihn losging, mit einem klugem Wort, das mich stumm machte, mit einer Kraft, die mich von ihm abprallen ließ.

Er begann, den Kindern eine Geschichte zu erzählen: von einem Vogel, der weit weggeflogen war und der nach Hause kam und seinen Bruder mit auf Reisen nahm. Viele Abenteuer erlebten sie, bis der eine von bösen Menschen gekreuzigt wurde und der andere in ein weit entferntes Land ging, um dort seine Tage zu beenden. Und ich wusste sofort, dass es unser beider Geschichte sein würde und dass ich soeben meine ersten Flugschritte ins Unbekannte unternommen hatte und dass Widerstand gegen ihn zwecklos war. Ich saß inmitten der Kinder und lauschte seinen Worten begeistert und fassungslos.

Als wir nach Hause gingen, sagte er: „Lass uns die Last tauschen. Ich übernehme deine Last und du die meine. Meins wird deins werden.“ Das war neu. Es war, als habe er in seiner Abwesenheit eine Brücke zu den Menschen gefunden, die zuvor nicht da war. Ich blickte auf seine Schulter und spürte in meine Schultern hinein und konnte keine Last erkennen.

Auf meinen fragenden Blick hin sagte er: „Du siehst, was du verstehst, ich verstehe, was du siehst“, als ob er meine Frage nach den Lasten beantwortete. „Was auch ein anderer machen kann, bist nicht du.“ „Aber ich erkenne die Balken, die ich gerichtet und zusammengefügt habe, wie nur ich es kann, willst du mir das nehmen?“

Er umfing mich, drückte seine Stirn an meine, und als wir weitergingen, sagte er: „Noch bist du von dieser Welt, Thomas, ich bin nicht von dieser Welt und kehre doch dahin zurück.“

Ich konnte es sehen. Ich hätte blind sein müssen, um es zu leugnen. Er war anders geworden. Sein Gang, seine Augen, alles an ihm schien zu schweben. Und doch hatte er das ungeteilt Herrische verloren, das uns als Kinder oft entzweite. Nur Eines war geblieben, dieses 'Er oder Ich‘. Seine Welt oder meine Welt. Ich stolperte über meine Füße, es war, als ob ich den Weg nicht mehr kannte, als ob meine Beine an mir hingen wie taube Krücken.

Als wir zu Hause anlangten, waren dort Reittiere festgemacht, Stimmen drangen zu uns. „Man feiert deine Wiederkehr“, sagte ich und Neid stieg in mir hoch. Er ging nicht darauf ein. *„Man macht die Welt, man schmückt die Stadt, man trägt die Toten weg.“* Mit diesen rätselhaften Worten trennte er sich von mir und begab sich zu Tisch.

Ich versorgte den Esel, räumte die Werkzeuge auf, lauschte dabei dem Stimmengewirr. Seine Worte klangen in mir nach. Ich spürte, wie das, was er sagte, direkt in mein Herz ging, auch wenn ich es nicht verstand. ‚Man macht die Welt‘, ich betrachtete meine Arbeit, hörte die Freunde lachen, der Duft von Wein und Gebratenem umgab mich. ‚Man macht die Welt‘, dachte ich nach. Alles ist das Alte und erscheint doch immer wieder neu. ‚Man schmückt die Stadt‘, hörte ich ihn in mir sagen, die Mauern am Stall waren weiß gestrichen, die Ziegel schienen matt im heraufsteigenden Mondlicht, die Diener hatten den Hof sauber gekehrt, Blumen waren gepflanzt, ‚man schmückt die Stadt‘, tönte seine Stimme wieder in meinen Ohren. ‚Man trägt die Toten weg‘, erklang es in mir, die lachenden

Stimmen würden hier nicht immer erschallen, auch ich würde vergehen. So war es, was ließ sich daran ändern?

Ich stellte mich zu den Feiernden, sah, wie mein Bruder sich aus den Anwesenden heraushob, die nicht wussten, was er eben noch zu mir gesagt hatte. Aber ich wusste es, sah hohle, gierige Leiber, bunte Gewänder, schmatzende Mäuler, Becher dringlich zum Nachfüllen hingehalten. Ihm schien es nichts mehr auszumachen. Es war, als ob er seine Jugend nachholte, um sich in ihrer Welt mit alten Bekannten zu treffen, den Reichtum des Tisches zu überblicken und manchem neuen Freund einen Bissen zuzustecken oder ihn zu gemeinsamem Trunk zu ermuntern. Er war wie ein Feldherr, der mit seinen Soldaten am Abend der todbringenden Schlacht zechte.

Er blickte zu mir. „Komm, Thomas, feiere mit uns." Ich setzte mich an seine Seite, es tat mir seltsam gut, zu tun, was er sagte. Ich überließ mich dem Fest, ich war so leicht und fröhlich, dass man mir danach sagte, man habe mich nicht wieder erkannt.

Am nächsten Morgen war das Fest zerstoben, ein paar Blumen im Hof waren geknickt, über die man die trunkenen zukünftigen Toten geschleift hatte. Er stand bei einer Dienerin und schäkerte mit ihr. Mir war plötzlich klar, dass ich ihn immer noch zu nichts zwingen konnte. Auch nicht zu einer Deutung des gestrigen Wortes. Alles würde von alleine geschehen. Und doch drängte mich nach Aufklärung. „Du ziehst mich ins Feiern und Leben hinein, und sagst doch, es ist der Tod."

„Betrachte die Wand", sagte er. „Sie ist weiß, doch unter dem Anstrich ist sie anders. Ich werde dich lehren, das Verborgene zu sehen." Er umfasste die Dienerin. ***„Wer die Welt erkennt, findet ihren Leib."*** Er ließ sie sich befreien und gab ihr lachend eine Drehbewegung mit auf den Weg. ***„Und wer den Leib gefunden hat - die Welt ist seiner nicht wert."*** Die Dienerin machte sich wieder an ihre Arbeit und zeigte mehr Freude, als sonst an ihr zu bemerken war. Ich war verwirrt. „Mauer, Tote, Leib, Verborgenes, wovon redest du?" Er lächelte so leise, dass ich in diesem Lächeln fast aufging.

„Die Wahrheit, die ist, ich kann sie dir nicht geben. Sie ist nicht durch mich entstanden."

Er zeigte auf das Beil, das ich im Gürtel trug. „Für die Wahrheit, die durch dich entsteht, brauchst du Werkzeug. Du selbst bist das Werkzeug, durch das deine Wahrheit entsteht. Du bist Zimmermann, du entstehst durch dein Beil. Du glaubst, du bist Zimmermann, du entstehst in deinem Kopf." Er machte eine Handbewegung, die in die Zukunft zu zeigen schien. „Ein Fischer entsteht durch sein Netz. Ein römischer Statthalter entsteht durch seine Soldaten und Standarten. Das wirst du noch sehen." Er zeigte auf die Dienerin: „Der Leib entsteht durch den Tod, durch deinen Leib entsteht deine sterbliche Welt."

Er kam zu mir und fasste mich bei der Schulter: „Ich habe viel gesehen und gelernt während meiner Abwesenheit. Aber ich kann es dir nicht erzählen." Ich sagte zu ihm: „Ich glaube dir, aber ich kann erst wirklich glauben, wenn ich an mir erfahre, was du meinst. Verwirrt hast du mich. Das ist alles." Er lachte: „Ungläubiger Thomas, nur wegen dir kam ich hierher zurück. Ich werde etwas in dir zeugen, das dich überzeugen wird."

Ich blickte ihn prüfend an. Noch nie war ich einem Menschen so verbunden, noch nie von einem Menschen so getrennt. Er war so lange weg gewesen, und doch drehte sich alles schon wieder ganz um ihn. Ich sagte das erstbeste, das mir in den Sinn kam. "Du willst etwas von mir", sagte ich, „doch was tust du für mich?" Er blickte in die Ferne. „Ich gehe ans Kreuz, und dir werde ich den Kopf abschlagen", sagte er. „Den Kopf abschlagen?" fragte ich überrascht. „Auch ich bin Zimmermann", sagte er mit sanfter Bestimmtheit, „nur anders."

In diesem Moment wusste ich, dass er nie aufhören würde, mich zu überraschen. Ich freute mich sogar darauf. Und ich wusste auch, dass er die Wahrheit sprach und lebte, nichts als die Wahrheit. „Wie zimmerst du anders?" fragte ich dennoch. „Du baust sichtbare Häuser mit sichtbaren Balken", lächelte er, „wenn du mich erkannt hast, wirst du unsichtbare Häuser mit unsichtbaren Balken bauen.“ Er umfasste eindringlich meine Schulter: „Ich werde Fischer lehren, mit unsichtbaren Netzen nach Menschen zu fischen, Zöllner werden unsichtbares Geld einnehmen, ein römischer Statthalter wird mich nach der unsichtbaren Wahrheit fragen, und ich werde sie ihm zeigen, aber nicht sagen.“ „Dann wirst du mich auch nicht richtig köpfen“, versicherte ich mich erst einmal. „Ich werde auch nicht richtig am Kreuz hängen,“ sagte er mit leiser Anspannung in der Stimme, die für mich neu war, „es wird nur so aussehen. Das wirst du von mir lernen, das werde ich dir schenken, nichts anderes. Alles wird nur so aussehen.“

Ich ging zur Arbeit. Ich klopfte, hämmerte, schälte, richtete ein, doch war ich mit mir nicht so zufrieden wie sonst. Doch das war meine Welt, was sonst sollte ich tun? Am Abend trieb ich meinen Esel an, um schneller zu Joschua zu kommen. Er empfing mich lächelnd unter der Tür, die zum Hof führte. Als ich ihn sah, musste ich über mich lachen. „Unzufrieden war ich heute mit mir“, sagte ich, „auf die Finger habe ich mir geklopft, auf den Daumen gehauen, fast wäre ich vom Gerüst gefallen.“ Er lachte laut auf, und auch die Dienerin, die bei ihm stand, lachte mit. Dann nahm er mich bei der Hand. „Du sollst dir nicht selbst den Hals brechen“, sagte er, „ich kann es besser.“ Als wir uns bei Brot und Wein stärkten, erklärte er: *„Bis zu dem Augenblick, da du erwachst, siehst du nur den Schrecken, in dem du bist, weil du selbst auch nichts bist. Doch wenn du deine Unwissenheit abwirfst, wird sie verschwinden wie ein unbedeutender Schlaf.“* „Wieso Unwissenheit, wieso Schlaf?“ fuhr ich hoch, „ich bin hellwach. Ich weiß alles, was ich für meinen Beruf brauche.“ Er rückte näher an mich und machte eine geheimnisvolle Miene: „Du spielst immer noch mit deinen Bauklötzchen und Gerüsten wie früher. Doch in deinen Eisen, Hämmern, Meißeln und Beilen ist ein unwissender Geist wie eine feurige Kraft und du bist nichts als dieses Geistes Kind.“

Er lehnte sich zurück. Dann zog er mich am Arm. „Wenn du in deinem Geist bleibst, sind wir für immer getrennt. Dann lebst du in Sünde wider meinen Geist." Er schenkte mir Wein nach und deutete auf meinen verletzten Finger. „Deine Hand hat sich schon entschieden. Sonst hätte sie dir nicht auf die Finger geklopft, damit du aufwachst." Ich spürte den Schmerz jetzt erst richtig. „Folge einfach deiner Hand, sie kennt dich besser als du dich selbst." „Damit du mir vollends den Kopf abschlägst", gab ich zurück. „Es ist besser ohne Kopf zu sein, als ein Narr, der sich nur selbst wehtut. Krankheit ist kein Weg." Er nahm einen tiefen Schluck. „Nur die Armen im Geiste werden mich erkennen, denn sie haben ihren Kopf leer für das Gute und Verborgene."

Ich blickte ihn an. Diese unglaubliche Sicherheit in ihm schien von weit her zu kommen. Schon um seine Geburt hatte es seltsame Geschichten gegeben. Hatte man ihn in die Schule geschickt, brachten ihn die Lehrer händeringend zurück, da sie ihm nichts mehr beibringen konnten und nur er sie belehrte. Alle hatten ihn bewundert. Oder sie redeten heimlich schlecht über ihn. Die Eltern der anderen Kinder ärgerten sich, wie öde ihre eigenen Sprösslinge gegen ihn wirkten. Um den Sabbat oder andere Gesetze hatte er sich nie gekümmert, er schien schon immer über allem zu stehen.

Er war ein Wunderkind. Einmal hatte er Vögel aus Lehm geformt und sie dann als Spatzen fliegen lassen. Oder waren die Spatzen einfach auf seinen Befehl hin herbeigeflattert, als er die Tonbatzen in die Luft warf? Schon damals war mir klar, dass er allen befehlen würde. Nur mir nicht. Ich hatte mir mein eigenes Reich abseits von ihm gesucht, mit meinen Hölzern gespielt, Windräder gebaut, Schiffe geschnitzt, Flechtwerk geprüft, wie biegsam und fest es war. Ich wollte alles wissen, was an Holz nützlich war. Und meinen Vater übertreffen, der für mich der beste Zimmermann der Welt war. Dieser erkannte meine Bemühungen freundlich an und zeigte mir oft Neues. Dadurch wurde ich zu seinem Nachfolger. Der andere? Nun, man würde sehen. Es würde sich zeigen. Und so lange kam auch Joseph und erholte sich bei mir in meinem Holzkönigreich vom anstrengenden anderen Sohn.

Joschua dagegen war schwierig für alle, da er immer so tat, als ob die anderen Menschen ihm nichts bedeuteten. Es sah aus, als ob er nur mit ihnen spielte. Doch mich wollte er jetzt in seine Angelegenheiten verwickeln, das war klar. Auf einmal schien es mich für ihn zu geben. Jetzt schien er zum Angriff überzugehen, weil er etwas von mir wollte. Auch die Menschen behandelte er anders, er nahm sie für sich ein, man konnte ihm anmerken, dass er etwas Gutes für alle wollte. Aber noch niemand kannte es. Ich sah ihn an. Er lächelte, als ob er meinen Zweifeln folgte. Ich erkannte etwas wie Zuneigung in ihm. Eine unbestimmte Hoffnung erfasste mich. Würde endlich Gemeinsamkeit zwischen uns entstehen? Denn er war wegen mir gekommen, um mich abzuholen. Was hatte das zu bedeuten?

Ich hatte mich in meinem Weglaufen, in meinem Widerstand vor ihm geschützt, gerade weil ich ihn liebte. Ich verstand ihn nicht, doch er schien mich immer zu verstehen. So hatte er mich vielleicht auch geliebt, und doch war ich vor ihm geflohen, um mir etwas Eigenes zu bewahren. So hatte ich, ohne es recht zu wollen, alles hier zu meinem Eigenen gemacht. Ich war durch meine beständige Leistung zum Erben geworden, nicht weil ich der ältere war. Ich war dem Vater für alles verantwortlich, für die Weiden, das Vieh, das Zimmergeschäft. Ärger stieg in mir hoch. Wollte er das auch haben? War er je mein Bruder gewesen? Unwillig sagte ich: „Du hast gesagt, du willst mich köpfen, willst du mir zuvor mein Erbe nehmen?“ Wieder sagte er etwas Wundersames, aber es war nicht, als ob er auswich. *„Wer Totes erbt, ist selber tot , und er erbt auch Totes. Wer das Lebendige erbt, wird leben. Er erbt das Lebendige und das Tote. Die Toten erben gar nichts. Wie sollen auch Tote erben? Wenn aber der Tote das Lebendige erbt, wie soll er sterben? Der Tote wird erst recht leben.“*

Ich blickte ihn verblüfft an. Zumindest schien er von dem Besitz hier nichts zu wollen. Doch so hatte ich ihn noch nie reden hören. Seine Stimme schien von ganz weit her zu kommen. Was wusste er von Leben und Tod? Fragen überstürzten sich in mir. Das Lebendige und das Tote erben? Ging das überhaupt zusammen? Ein Toter, der leben wird, wenn er das Lebendige erbt? Im Grab war der Tod doch für ewig? Und war ein Toter nicht unrein? War der Tod nicht eine Strafe Gottes?

Joschua sprach wie aus einer anderen Welt zu mir. Doch er würde mit diesen Auffassungen ziemlich alleine in dieser Welt stehen. Die Menschen würden entsetzt, verwirrt oder beleidigt sein. War er wahnsinnig geworden? Ich wurde ruhiger. Selbst wenn er verrückt schien, sein unvergessliches Wesen war plötzlich wieder da. Und die gleiche Bestimmtheit, die ihn schon immer über alle erhoben hatte. Ich kannte ihn wieder! Er war so stark und brauchte mich doch. Selbst wenn er unverständlich redete, ich würde ihm beistehen, ihn vor den anderen bewahren, wenn nötig, ihn vor sich selbst schützen. Ich war sein Bruder!

Vielleicht saß ich bei diesen Gedanken etwas abwehrend da, er umarmte mich und sagte: „Du wirst mir folgen, und Dinge werden geschehen, von denen du jetzt nicht einmal träumen kannst." Wieder tat es mir gut, mich ihm anzuvertrauen. Obwohl ich der Ältere war, fühlte ich mich unterlegen und unterwarf mich. Es ging nicht anders. Es war einfach so. Vielleicht hatte er recht. Vielleicht hatte ich in einer so gänzlich schwarzen Nacht gelebt, dass sie keinen Schatten kannte. Sein Licht erzeugte nun in mir einen Schatten, von dem ich nicht wusste, was genau er war. Nur dass er von mir, nicht von ihm kam. Da war mir klar: Der Schatten war dazu da, sich auf das Licht zu richten, das ihn hervorbrachte. Das war so. Ich spürte, ich war bereit.

In den nächsten Tagen gewöhnte ich mich daran, ihm den Vortritt zu lassen, mich ihm zu beugen. Eigentlich brauchte ich ihm nicht zu folgen, denn es war genug, bei ihm zu sein, und schon folgte ich ihm. Es fiel mir dennoch nicht leicht. Ich beobachtete ihn genau. Die Dinge geschahen in seinem Sinn, ohne dass er anordnete, Befehle gab, etwas verbessern wollte. Sein Leben schien dadurch ein einziger Genuss zu sein. Wo also war mein Problem, ihm zu folgen? Und doch war es da. Ich vernachlässigte meine Arbeit, um bei ihm zu sein.

Als ich ihm dies sagte, lachte er nur. „Du wolltest immer der erste sein", wies er mich zurecht, „jetzt kannst du lernen, der letzte zu sein." Und noch mehr erstaunt war ich, als er hinzufügte: „So kannst du wieder der erste sein." War es das, was er ‚mir den Kopf abschlagen' nannte? Als ich ihn danach fragte, sagte er nur: *„Du stirbst nicht, denn du hast gar nicht erst gelebt, so dass du sterben könntest."* „Lebst du denn ?" hätte ich gerne gefragt, so anders erschien er mir, doch ich wagte nicht, diese Frage zu stellen. Er hatte keine Stimmungen und Kanten, wie ich sie von mir gewohnt war. Er hatte die Weite und die Kraft eines Meeres oder Himmels. Er schien mir verziehen zu haben, bevor ich ihn beleidigen konnte.

Er konnte mit mir spielen, aber ich keineswegs mit ihm. So war es schon immer gewesen. Dieses ‚Er oder Ich' schien sich in immer neuen Sprüngen fortzusetzen. War zuvor meine Arbeit mein ein und alles, so wurde jetzt er es. Ich verlor nichts dabei, doch da war auch nichts, was er mir gegeben hätte, außer seinem Sein, und das blieb bei aller Nähe unfassbar. Ich war in meinen Augen fertig gewesen. Kaum etwas an Arbeit oder Gesetz war mir unbekannt. Diese Sicherheit aufzugeben war das Opfer, das er von mir zu fordern schien. Mein Fassbares gegen sein Unfassbares. Mein äußeres Wissen gegen seine innere Festigkeit, die immer wie ein Lächeln wirkte. Je verwirrter ich wurde, um so logischer und selbstverständlicher erschien mir dennoch mein Zustand.

Eines Abends, wir waren vor die Häuser gegangen, machte ich mir Luft. „Ich habe das Gefühl, nackt vor dir zu sein. Du drehst und wendest mich, als ob ich ein Schaf wäre, das du prüfst, ob du es kaufen willst oder nicht." Er umarmte mich. „Du bist mein Bruder. Doch das Brüderliche muss von dir kommen." Er lächelte und zeigte auf den Abendstern, der über dem Horizont zu leuchten begann. „Es ist gut, dass du fragst. Ich bin wie der Stern. Du betrachtest ihn, aber er will nichts von dir." Er wandte sich zu mir. *„Bruder Thomas, solange du in der Welt Zeit hast, höre mir zu, und ich will dir anzeigen, worüber du selbst schon nachgesonnen hast in deinem Herzen. Man hat ja gesagt, du bist mein Zwilling und Freund. Prüfe dich also und erkenne, wer du bist, wie du warst und wie du werden wirst!"* Er fuhr fort: „Wir sind Brüder, aber wir leben nicht in der gleichen Welt. Du lebst nur in dem, was durch dich entsteht, das ist deine Last. Deshalb wirst du dir immer wie ein Schaf vorkommen, dem dies oder jenes geschieht oder nicht geschieht."

Ich hätte jetzt vor Zorn zerschnitten werden können, dass er mich Schaf nannte, doch ich fasste mich und überlegte: Wäre ich wirklich selbstständig, ich würde nicht dauernd zu ihm laufen wie ein Schaf, das Weisung von seinem Hirten erwartet. „Noch kennst du nichts außer dir. Du bist blind für alles Wirkliche." Und wie um mich zu trösten fuhr er fort: „Aber du bist ein gutes Schaf. Du wirst mit den Augen deines Hirten sehen lernen. Dann wirst du dich und die Welt erkennen." Er wies auf den Stern. „Vertraue mir. Ich werde dich köpfen. Dann wirst du mit neuen Augen sehen." Mir ging alles, was er sagte, tatsächlich wie ein Mühlenrad im Kopfe um. Also hatte ich den Kopf noch. Ich blickte meinen Bruder an.

Der Stern und er, plötzlich konnte ich keinen Unterschied mehr empfinden. *„Ich bin das Licht der Welt"*, sagte er. „Du wirst es sehen." Warum sah ich es nicht schon jetzt? Dann, wieder mit dieser abwesenden Stimme, murmelte er: *„Ein Blinder und ein Sehender unterscheiden sich dann nicht voneinander, wenn sie beide im Finstern sind. Wenn aber das Licht kommt, wird der Sehende das Licht sehen, doch der Blinde wird im Finstern bleiben."*

Ich blickte auf die Landschaft. Ich bewegte prüfend meine Finger, die noch ein wenig von meiner Ungeschicklichkeit her schmerzten. Zog die Augenbrauen hoch. Betrachtete ihn. Alles was ich wollte, schien von mir abzuhängen. Dann konnte ich mich nur selbst beeinflussen. Der Stern am Himmel gehörte mir nicht. Die Luft, die von der Niederung empor strich, ebenso wenig. Dann war ich insgesamt machtlos und konnte mich nur antreiben wie meinen Esel. Dann sollte eben er den Befehl übernehmen und mich an ein unbekanntes Ziel bringen. Nun dann, wenn er es besser wusste, sagte ich mir. Ein Gefühl des Fallens beherrschte mich plötzlich, ich sank vor ihm hin, der Kampf gegen ihn war zu Ende. Und würde doch wieder beginnen.

Ein paar Nachtfalter zuckten am Himmel, auf der Suche nach Licht, das sie verbrennen würde. „Es gibt keinen Mittelpunkt der Welt, auch wenn du dich dafür hältst. Was du gerade spürst, ist dein Schein, über den du keine Macht hast, denn du hast ihn nicht von dir empfangen. So geschieht er nur in deiner Einbildung." Sein Lachen klang durch die sich herabsenkende Dunkelheit. „Du gehörst mir, nicht dir. Ich habe schon Besitz von dir ergriffen. Denn du bist ein gutes Schaf." Wieder stieg Ärger in mir hoch, den ich nicht verhindern konnte. Wieder einmal sollte ich ihm aus der Hand fressen. Etwas, das es anscheinend nicht gab. Warum sonst sagte er mir nicht direkt, was er von mir wollte. Immer diese blumigen Ausdrücke. *„Das Licht scheint in der Finsternis, und die Finsternis hat's nicht begriffen"*, sagte er ruhig aber bestimmt, als ob er meinem Ärger einen Namen geben wollte.

Da wusste ich plötzlich wieder ganz fest, dass er mir helfen wollte, und dass er etwas wissen musste, das mir helfen würde. Doch was wollte er mir geben, was wollte er für mich tun? Vielleicht konnte er mir nicht sagen, worum es ihm ging, und ich musste es selbst herausfinden. Nur dazu war er zurückgekommen. Nachdem er mir für diese Überlegungen Zeit gelassen hatte, sagte er, und ein wunderbarer, unwiderstehlicher Klang lag in seiner Stimme: *„ich werde dir geben, was kein Auge gesehen und was kein Ohr gehört und was keine Hand berührt hat und was auf keines Menschen Herz hinaufgestiegen ist."*

Weiter kam seine Stimme, als wollte er mich nun völlig aus der Bahn werfen: „Ich werde aus dir ein trunkenes Schaf machen, trunken mit dem Geist der Wahrheit." Ernst und verändert fügte er hinzu, als ob er in die Ferne spräche : „Mein Blut wird dich trunken machen." Als er dies sagte, war Wirklichkeit in seiner Rede, Traurigkeit und Schmerz. Und ich verstand ihn nicht! Meine Zweifel erschienen mir plötzlich winzig angesichts einer Ahnung von Ungeheurem, die sich in mir auftat.

In diesem Moment spürte ich an mir eine Art von Sehen, die ich noch nie beachtet hatte. Wenn ich einen Esel kaufen wollte, so sah ich in der Art, wie er vor mir stand, sich bewegte, seine Ohren drehte, bereits die ganze spätere Weise, wie er für mich Lasten aufnehmen würde, wie er vor Hindernissen schrecken und abends nach getaner Arbeit nach Hause trotten würde. Wenn ich ein Haus betrat, konnte ich wie durch ein Bild sehen, ob die Menschen glücklich oder zerstritten darin lebten. Ich hatte mich dabei noch nie getäuscht. Auch wusste ich im Vorhinein, ob man mir für einen Auftrag nach dessen Erledigung dankbar sein würde, oder ob man meinen Lohn schmälern wollte. Doch dieses Sehen, ich verdiente nur mein Brot damit, machte mich nicht trunken. Vielleicht war meine Wirklichkeit eine Finsternis, in der nur mein eigenes Licht seine guten und schlechten Schatten warf. Mit diesem Sehen war ich zufrieden gewesen.

Als ob er mir meine beschränkte Wahlmöglichkeit noch einmal vor Augen stellen wollte, sagte er: *„Es gibt Tiere, die sich dem Menschen geben und folgen wie das Kalb und der Esel und andere dieser Art. Und es gibt Tiere, die sich nicht geben. Sie hausen in den Wüsten. Ein Mensch pflügt das Feld mit Tieren, die sich begeben. So ernährt er sich und die Tiere, die sich begeben und die sich nicht begeben. Ebenso ist es auch mit dem endgültigen Menschen. Der Heilige Geist aber weidet alle, ist Herr über alle Kräfte, die sich begeben und die sich nicht begeben."*

Da wurde mir klar: Wenn ich ihm folgte und mich ihm auslieferte, er würde mit mir arbeiten und mir seine Wege zeigen. Verweigerte ich mich, würde ich in meiner Wüste weiterleben wie bisher, nach meinem trotzigen Willen hin und her rennen wie ein wildes Tier, das keinen Herrn über sich kennt. Auch das Wort vom endgültigen Menschen, der wohl er selber war, klang gut, und einen Heiligen Geist, der alles einte, konnte ich auch annehmen.

Ich sah auf mein Leben: Es bestand aus Arbeit, Ritualen, Regeln, Opfern, Reinigungen, dem Hören und Befolgen der Schriften und Gebote, es war praktisch und festgelegt. Für heimliche Hoffnungen und Wünsche war da wenig Platz. Meine Art zu sein hatte vor ihm kein Bestehen. Mein Sein reichte einfach nicht aus, um an ihn heran zu kommen. Und doch war keine Spur von Missachtung in seinen Worten. Ich sah ihn vor meinem inneren Auge wieder, wie er vor Tagen zurückkehrte. Ich hätte gleich sehen können, und so war es gekommen, dass er sein Schaf aus mir machte, das ihm nachlaufen würde, um etwas Neues zu lernen, so wie meine Esel, die ich kaufte, noch nichts von mir wussten, und mich dann doch so genau kannten, dass keine Stimmung, keine Regung von Laune vor ihnen verborgen war.

„Ich weiß nicht, was du von mir willst, aber du weißt es", sagte ich und wusste, dass es gut für mich war. Die Psalmen unseres König David fielen mir ein, vom allmächtigen Gott, von der Kraft seiner Wunder, der seine Menschen in der Finsternis führt und sie in ihrer Verzweiflung annimmt. Doch woher kamen Finsternis und Verzweiflung? Wollte mein Bruder es besser machen als der Gott unserer Väter, der die Menschen im Joch von anstrengender Arbeit und starrem Regelwerk beließ? Wollte er Gott übertreffen? Mein Bruder? Wollte er das Licht sein, das jede Finsternis und Verzweiflung auslöscht?

Ich spürte, dass man im Tempel immer nur die gesetzmäßigen Opfer von mir wollte, aber als Schaf wurde ich dort nicht behütet und angenommen. Ich durfte nicht mitwirken, war Randfigur, fühlte mich ausgeschlossen. Die Macht Gottes wurde nur allgemein gezeigt, in den Schaubroten, in den Schriften, in den Gesetzen. Dass es aber auf mich ankam, zeigte mir die nächste Äußerung meines Bruders. *„Erkenne, was vor deinem Gesicht ist, und was dir verborgen ist, wird sich dir entbergen; denn nichts Verborgenes, das nicht offenbar gemacht würde."* Und er wollte, dass ich ihm in dieses Verborgene folgte! Ich fühlte, wie sehr bereit ich dazu war, und dass etwas ganz Besonderes bevorstand, das die ganze Welt verändern würde. Um mich zu bestärken, sagte er: *„Es ist aber für den Menschen gut, zu sich zu kommen und zu erwachen. Selig ist der, der die Augen der Blinden aufgemacht hat!"*

Gut, es kam auf mich an. Er wollte mir eine neue Art zu sein geben. Er musste etwas wissen, das ich nicht wusste. Für ihn allein war dieses Wissen sinnlos, er brauchte Teilhaber. Ohne ihn war ich dazu verurteilt, so zu bleiben, wie ich war, in meiner vergänglichen Welt, die nur von mir abhing und nur durch mich existierte. *„In Wahrheit gibt es keine Sünde, sondern du machst Sünde durch dein Tun. Deswegen entstehst auch du, deswegen stirbst auch du."*

Ich nickte, auch wenn er es gerade nicht sehen konnte, da er wie vor sich hin sprach. *„Denn wer keine Wurzeln hat, hat auch keine Frucht, auch wenn er bei sich denkt: ich bin entstanden... Deshalb wird das, was überhaupt nicht war, auch nicht entstehen."* Dann war ich zwar von etwas in Sünde abgespalten, aber noch nicht für mich selbst wirklich. Ich fühlte mich wie aufgelöst. Dann gab es mich wie ein herrenloses Schaf, das noch keinen Hirten über sich kannte und nur seine wilden, zufälligen Gewohnheiten hatte, dachte ich. Und er fügte hinzu: *„Wer noch nicht entstanden ist, kennt ihn nicht, den, der hervorbringt."*

Wir gingen nach Hause. Ich konnte nicht mehr denken. Meine Schritte passten sich den seinen an, und doch war ich noch nie so sehr und so neu für mich selbst gelaufen. Er spürte in meinem Gang meine Bereitschaft, ihm zu folgen, obgleich ich das Ziel nicht kannte. Ich würde neu entstehen, er würde mir den Kopf abschlagen, mich trunken machen, und das erschien mir jetzt besser als alles, was ich bislang kannte.

Mein Esel wunderte sich, dass ich mitten in der Nacht noch zu ihm kam. Das alte Vertrauen war da, er zupfte an meinem Ärmel und hielt mir den Kopf hin, damit ich ihn kraulte. Ich sagte ihm, dass ich weggehen würde. „Damit ich nicht so bleibe wie du", scherzte ich. „Der andere - du weißt, wen ich meine - hat gesagt, dass ich blind bin, auch wenn ich sehen kann. Mich gibt es noch nicht einmal als Menschen, sagt er, höchstens als Schaf." Meinem Esel schien all dies nichts auszumachen. Vielleicht entdeckte er nur eine neue Laune an mir.

Ich redete weiter, meine Worte kamen wie von alleine, und es war tröstlich, sie auszusprechen. „Als ich dich kaufte, verstand ich blind, dass du mir ähnelst. Ich sah, was du tun würdest, dabei befahl ich es, weil ich es so wollte." Ich legte meine Stirn an die seine. „Wir waren ein Gespann im selben Joch", sagte ich. Ich spürte, wie sehr wir eins gewesen waren, mehr als einmal wurde er bei der Arbeit störrisch. Ich ärgerte mich und wir beendeten unser Tagwerk nicht. Vielleicht hätte ich einen Unfall gehabt, wohl wollte auch ich nicht mehr weiter arbeiten, und er hatte es gespürt. Ich bat ihn um Verzeihung, und wieder war es mehr für mich als wegen ihm: „Wenn ich unwillig mit dir war, ich war es nur mit mir. Also war ich blind. Ich sah immer nur mich, doch ich wusste es nicht."

Ich gab ihm einen Klaps. „Sind wir überhaupt getrennt? Wenn ich dich sehe, wenn ich dich fühle, wo höre ich auf, wo beginnst du?" Ich spürte, dass ich plötzlich stockend und umständlich und doch leichthin redete wie ein Betrunkener, der die Wahrheit zwar mit stierem Blick sieht, aber nicht versteht. Und es gefiel mir. Ich gab mich dem Rausch hin, stellte Fragen, die ich mir nie erlaubt hätte. „Wenn es dich nicht gibt, gibt es dann mich? Wenn es mich nicht gibt, gibt es dann dich? Warum sind wir verschieden und verstehen uns doch?" Und dann, langsam und abgesetzt, als ob ich mit Joschua spräche: „Sind wir füreinander wirklich, oder spielen wir uns das Zusammensein nur vor?"

Zum erstenmal schien er mich nicht zu verstehen, angestrengt schüttelte er den Kopf. „Du willst weiter so bleiben wie du bist, du willst deinen Kopf behalten," flüsterte ich in sein Ohr, „aber ich habe einen verrückten Bruder, der will ihn mir abschlagen, und der macht mich verrückt, und wahrscheinlich die ganze Welt." Ich wunderte mich über die Gedanken, die mir einfach so kamen. „Durch was existieren wir?" fragte ich leise und ich gab die Antwort selbst: „Durch Gott." Ich schlang meine Arme um seinen Hals. „Und wenn wir den nicht erkennen, sagt mein Bruder, kennen wir uns selbst nicht, und es gibt uns nicht. Oder nur als Zweitgeschöpfe, als blinde Nachgeburten, die sich nur abergläubisch als sich selbst erfahren..." Ich strich über seinen Rücken. „Trage deine Last weiter, die nur du selbst bist." Ich spürte in der Dunkelheit seinen starken, gedrungenen Körper. Er lebte in seiner Welt, er wollte weiter arbeiten, an Menschen schnuppern, Schluss machen, wenn er keine Lust mehr hatte.

„Ich werde dich verkaufen", sagte ich. „Ich fliege weg wie ein Vogel, der alles hat, was er braucht. Und ein Vogel braucht keinen Esel." Ich räumte meine Werkzeuge auf und wusste, dass ich sie kaum je wieder benutzen würde. „Ich werde dich dem Tempel verkaufen," sagte ich meinem Esel, „die haben immer etwas zu reparieren und zu tragen." Ich überlegte kurz: „Ganz billig, dreißig Silberlinge, dafür werden sie dich nehmen."

In den nächsten Tagen redeten wir oft. Joschua schien mich auf etwas vorbereiten zu wollen. „Dir sage ich, wozu ich gekommen bin. Ich werde die Menschen von ihrem Gott trennen, denn Gott ist mein Vater." Ich sah ihn fragend an und dachte an Joseph. „Gott ist mein

Vater im Himmel", erklärte er. Einfach geschehen lassen, dachte ich, es wird sich herausstellen, was passiert. Ich muss mich ihm anvertrauen wie meinem Esel, wenn er mich einen jähen Pfad hinuntertrug. Dann stürzten wir beide ab, oder wir landeten glücklich am Ziel. „Ich werde alles trennen", bestand er, „Eltern und Kind, Mann und Frau, Bruder und Bruder, Mensch und Gott, denn alles ist schon getrennt." Etwas war in seiner Stimme, das nicht zu seiner sonstigen Sanftheit passte: ***„Ich bin nicht gekommen, Frieden zu bringen, sondern das Schwert."*** Ich bewunderte die Bestimmtheit, mit der er dies sagte.

„Die Menschen von ihrem Gott trennen...", dachte ich laut nach. Ich konnte mir nicht vorstellen, was er sagte. „Die Menschen bitten Gott um alles und jedes", sagte er, „doch er hat ihnen schon alles gegeben." Er lächelte. „Muss ein Säugling die Brust der Mutter darum bitten, dass Milch aus ihr fließt? Muss man den Weinstock bitten, dass er Reben trägt?" „Nein", sagte ich, „das geschieht eben so." „Es ist mein Vater im Himmel, der dies macht." „Wenn er sowieso alles macht, wozu brauchen wir ihn dann", sagte ich und hatte das Gefühl, jetzt müsste der Himmel einstürzen. Doch er blieb ruhig. „Mein Vater lässt wachsen, er gibt, aber er hat kein Gefäß, etwas zu geben. Deshalb sind alle Wesen sein Gefäß, durch das er sich schenkt. Auch du", fügte er hinzu. Das würde heißen, dachte ich, dass man es sich einfach gut gehen lassen sollte wie ein Kind an der Mutterbrust, wie ein Fisch im Wasser, wie ein Vogel in der Luft...

Doch etwas wehrte sich heftig in mir. Es erschien zu einfach. Wozu war ich da? Es war doch gut, sich hervorzutun, Gott zu dienen und seine Gesetze zu erfüllen. „Gott hat uns die Welt gegeben, dann will er doch auch etwas von uns", sagte ich und wusste dennoch, dass sich mit ihm darüber kein Streit anfangen ließ. Er war nicht aus der Ruhe zu bringen. „Gott hat dir nichts gegeben. Du hast dich von ihm empfangen. Nimm dir in seinem Namen, was dir gefällt, und was gut für dich ist." Er nickte mir zu. „Bei mir wirst du lernen, seine Gabe, das, was du bist, gut zu gebrauchen."

Und er fuhr fort: *„Die Herrschaft des Vaters gleicht einer Frau, die einen Krug trägt, der voll Mehl war, und die einen weiten Weg ging. Der Henkel des Krugs zerbrach; das Mehl rieselte herab hinter ihr auf den Weg. Sie merkte nichts, wusste nichts vom Missgeschick. Als sie in ihr Haus gelangt war, stellte sie den Krug zu Boden und sie fand ihn leer.“* Er nickte: „Du bist aus Gott gefallen und doch sein Geschöpf.“ Er fuhr fort: „Wie könntest du sein, ohne den Abstand zu ihm, den dir der Vater gnädig gewährt. Du hättest nichts Eigenes, keinen Willen, keine Art, wie du etwas tust.“

Mir fiel es immer noch schwer, mir einen solch unbeteiligt fortschreitenden Gott vorzustellen. Er lebte doch in mir, freute sich mit mir, gab mir Verständnis und Einfühlung, er litt mit mir. Er führte mich, freute, ärgerte sich über mich. Von dieser Vorstellung sollte ich mich trennen? Joschua verstand meine Zweifel. „Indem das, was du durch dich erlebst, schöner ist, als alles, was du selbst hättest hervorbringen können, möchtest du dich beim Vater bedanken. Doch solange du nur dich kennst, bist du von ihm abgefallen und wirst dich für seine Gaben immer nur bei dir selbst bedanken.“ Dann waren meine Gespräche mit meinem Gott nur Selbstgespräche, dachte ich. Joschua redete weiter: „Gott hat dich dir geschenkt, aber ihn hast du dadurch noch nicht erkannt. *Du bist von untenher, ich bin von obenher; du bist von dieser Welt, ich bin nicht von dieser Welt.“*

Seltsamerweise trennte dieses Wort mich nicht von ihm, es machte mich im Gegenteil begierig, diesen Abstand zwischen uns aufzufüllen. Und dies musste durch mich geschehen, das wurde mir immer klarer. Wie durch ein Wunder war ich von seinem Bruder zu seinem Schüler geworden. Er bedeutete mir mehr als alles in der Welt, gerade mit seiner Fähigkeit, mich mit einem Wort, das von so weit her zu kommen schien, völlig aus den Angeln zu heben. „Du bist verloren, Leben, das sich selbst verzehrt und vergeht. Staub aus dem Krug der Frau.“

Am Abend setzte ich mich an den Rand der Stadt und sah, wie die Menschen gingen und kamen. Hirten, Handwerker, junge Paare. Und ich dachte darüber nach, dass Gott sie alle wie Schrotkörner verloren hatte. Sie trugen Lasten, waren von Lasten befreit, die sie eben noch getragen hatten, die Hirten spürten, ob die Herde ruhig oder aufgeregt war. Jeder dieser Menschen hatte einen Platz zum Schlafen, zum Essen, zum Arbeiten, zum Feste feiern, zum Verrichten der Notdurft. Dazu bewegten sie sich. Und ein jeder wusste in seinem Inneren, wohin er gerade ging und zu welchem Zweck. Der Dieb suchte die Gesellschaft der Diebe, ein Stadthauptmann suchte die Gesellschaft der Oberen. So war es. Doch was trieb die Menschen durch den Irrgarten, den sie ihr Leben nannten? Waren nur sie es?

Joschua schlenderte herbei. Er war der einzige, der nicht in seiner Welt verloren war, in dem, was er gerade tat. Er setzte sich neben mich. Es war, als ob er über alles um uns herum spräche, als er sagte: *„Diese Welt frisst Leichen. Denn alles, was man in ihr isst, stirbt auch wieder. Die Wahrheit frisst Leben. Daher wird keiner von denen, die sich von der Wahrheit ernähren, sterben.“* Das war es! Ich betrachtete die Menschen. Dann lebten sie alle einen irdischen Tod und waren von dem getrennt, das sie nicht kannten, von ihrer unsterblichen Wahrheit. Sie kannten nur, was sie zum Ihrigen machten. Joschua lächelte mir zu.

So eintönig war mein Leben bis jetzt. Und ich hatte noch vor wenigen Tagen das Erbe meines irdischen Vaters antreten wollen! In mir war noch die Erinnerung an die Arbeit, an den Geruch des Holzes, an das Trotten des Esels, an die Opfer im Tempel. Nun bot mein Bruder mir etwas an, das noch unsichtbar war, aber es könnte mich über mein Sein erheben, mich unsterblich machen.

Wieder erfasste mich ein glücklicher Wahnsinnstaumel. Seine Wahrheit würde mein falsches sterbliches Leben auffressen, ich würde mich ihm dazu hingeben. Dann gab es etwas Unbekanntes, das frei machte, und dieses Unbekannte schien eine Sache auf Leben und Tod zu sein. Ich spürte es hinter seinen Worten, in seinem Gang, in seinen Bewegungen, in seinem Lächeln. Und er schickte mich nicht weg, auch wenn wir wie auf zwei verschiedenen Sternen lebten. Noch nie hatte ich einen solchen Menschen gesehen. Und er liebte mich, wie ich meinen Esel, von dem ich zwar nicht wusste, wie er dies spürte, wenn ich ihn streichelte, und mir doch klar war, dass es ihm gut gefiel. Ein Bild erschien mir: Ich war der Esel, der seinen Herrn erwartete, und mein Bruder war dieser Herr. Ich stand verloren vor einer Schänke, und er war in einem Himmel bei einem Vater, den ich nicht kannte. Doch ich wusste, dass alles gut war.

Er nahm mich in den Arm. „Du bist ein offener Sünder. Du bist bereit." Ich verstand ihn nicht. „Viele sind versteckte Sünder. Sie sind nicht bereit, die Sünde in sich zu suchen. Sie finden sie immer nur in den anderen." Es klang etwas traurig, als er sagte: „Aber ihren Gott finden sie um so besser, genau so wie sie ihn brauchen. Darin sind sie groß." Ich sah, dass ihn dies traurig machte und dass ich ihn nicht mit Fragen bedrängen musste.

Er war der freieste Mensch, den ich kannte, und er trug doch an einer Last, die mir unbekannt war. Ich hatte das Gefühl, er wollte mir helfen und brauchte doch selbst Hilfe. „Was du warst, das bist nicht du", sagte er, wie um mich aus meinem bisherigen Leben zu lösen. *„Zwar bist du ergriffen worden, aber du selbst hast nicht zugegriffen."* Er machte eine Pause. „Die Menschen sind von ihrem Fleisch ergriffen, deshalb sind sie nicht frei."

Er machte mit der Hand einen weiten Bogen um sich, als ob er mit diesem Kreis sein weiteres Wirken umschrieb. *„Die Wahrheit, die von Anfang an existiert, wird an allen Orten gesät, und viele sehen, wie sie ausgesät wird. Wenige aber, die sehen, ernten."* Da blitzte dieses Geheimnis wieder auf, diese unaussprechliche Verbindung zwischen uns. Er benutzte mich gegen mich selbst, und irgendwie konnte ich dabei nur gewinnen. Es musste eine heimliche Hoffnung in mir geben, und er wollte mir ihre Erfüllung schenken.

Ich blickte ihn von der Seite an. Ab jetzt würde ich ihn wie ein Dieb belauern, ihm die Lösung des Problems abluchsen, hinter seine Worte dringen, die ein neues Sein verkündeten. Ich würde mir die Sehnsucht bewahren, die ich genau jetzt spürte. Das Jetzt meiner Unwissenheit war ein Vorher zu einem noch unbekannten, wunderbaren Nachher. Wovon war ich ergriffen, ohne dass ich zugegriffen hatte? Ich war wie ein Kind, das ganz verschiedenartige Tonscherben im Sand fand. Irgendwann würden sie zusammen passen und ein völlig neues Bild meines Lebens ergeben.

In meine Gedanken hinein sagte er: „So wie du bist, bist du weniger als ein Esel. Man hat dich nur Unwahrheit gelehrt. Ein Esel weiß wenigstens, was er ist.“ Wenn diese Worte nicht aus seinem Mund gekommen wären, ich wäre wieder einmal aus der Haut gefahren. Was er zu mir redete, schien auch irgendwie in die Luft gesprochen. Als ob er zu einem unverständigen Kind sprach, das nichts dafür konnte, zu sein wie es war. Vielleicht war es das, was er ‚mir den Kopf abschlagen' nannte. Doch er sagte nie etwas umsonst. Er zerbrach sein Wissen, um es mir wie einzelne Diamanten hinzuwerfen.

Ich empfand sogar eine neue, sehnsüchtige Lust dabei, Zielscheibe seiner Rede zu sein. Denn ich ahnte, dies würde nicht mir allein geschehen, und freute mich insgeheim schon auf andere, die meine Erfahrung mit ihm machen mussten. Und wie zur Bestätigung meiner Vermutung, dass ich nicht der einzige Esel auf dieser Welt war, sagte er: *„Was am Tage ist, was vorübergeht und sich ändert, zog sie immer schon vom Himmel zur Erde, tötete sie und machte sie zu Tieren.“*

Wieder spürte ich, dass nichts, das ich je getan hatte, vor ihm genügte, also auch ich nicht, denn außer meinem Tun und meinem Denken darüber kannte ich nichts. Ich stand vor ihm wie vor einer Wand, nur war sie nicht außen weiß getüncht, sondern innerlich. Sein Äußeres war menschlich, doch sein Inneres war völlig rein. Äußerlich glich er mir, doch innerlich fühlte ich mich ihm gegenüber seltsam sprunghaft und verschieden. Wie zur Erklärung sagte er: *„Alles Körperhafte ist wie die Tiere entstanden, die sich, wie du es kennst, fortzeugen. Daher ist auch keine Dauer in ihnen. Die Körper aber, die bekannt sind, essen von Kreaturen, die ihnen gleichen. Darum verändern sich diese Körper auch. Was sich aber verändert, geht zugrunde und vorüber. Es hat von nun an keine Hoffnung auf Leben, denn jeder Körper ist tierlich.“*

Ich verstand nicht alles, aber es war, als ob er in mir eine Verzweiflung weckte, dass ich mir von nun an nie mehr selbst genügen würde. Dann war ich wie ein unwissendes Tier, und ich hatte es nicht einmal gewusst. In meinem Tagwerk, in der Vergänglichkeit meines Tuns und Seins fühlte ich mich plötzlich wie totgeboren und gegen meinen Willen belebt. Gerade deshalb bewunderte ich diese höchste Dringlichkeit, mit der er sprach. Er würde die Menschen zu neuen Ufern mitreißen und von etwas Dunklem, Totem befreien, das sie selbst noch nicht erkannten, obwohl sie mitten darin ihr Dasein fristeten. Ich blickte ihn an. Da war plötzlich die Sicherheit, dass mit ihm alles anders würde. Er hatte von Tieren gesprochen, die sich ihrem Herren begaben und sich ihm auslieferten. So nahmen sie etwas von ihm an, das mehr war als nur die Nahrung, die er ihnen gab. Ich freute mich auf die Nahrung und alles andere, das er für mich bereit hielt.

Ich spürte, er trug eine ungeheure Zeitenwende in sich, die wie eine riesige Welle alles anhob und mit sich nahm. Doch mir kamen Zweifel, ob die Menschen nicht lieber in ihrem gewohnten Dunkel bleiben wollten, in dem sie sich ja auch ganz wohl fühlten, wie ich zuvor in meiner Arbeit und meinen täglichen Verrichtungen. „Wenn du den Menschen sagst, dass sie wie Tote in der Vergänglichkeit der Tiere leben, sie werden das nicht gerne hören“, sagte ich und wusste doch, dass dies ihn nicht erschüttern konnte.

„Die mich nicht hören wollen“, sagte er, *„rechne die nicht unter die Menschen, sondern halte sie gleich wie die Tiere. Denn wie die Tiere einander fressen, so ist es auch mit diesen Menschen. Sie fres-*

sen einander und sind von der Wahrheit ausgeschlossen, weil sie die dunkle Süße des Feuers lieben und Knechte des Todes geworden sind.“ Und als ob er noch einmal das Neue in seinem Vorhaben darstellen wollte, warf er ein: *„Bevor der Mensch geschlachtet wurde, schlachtete man Tiere. Denn keine Götter waren die, für die man schlachtete.“*

Ich dachte nach. Hatte man demnach die früheren Tieropfer durch Menschenopfer ersetzt? Aber kein Mensch endete mehr auf einem Altar. Da wurde mir klar: das Menschenopfer, das Joschua meinte, war der tägliche Opferkampf der Pflichten, in dem die Menschen aufeinander gehetzt wurden. Sie wurden so für das Gemeinwohl und die Gesetze geopfert, diese waren die neuen Götzenbilder. Ich dachte an Abraham, der sich Gott so gänzlich unterwarf, dass er seinen Sohn Isaak für ihn töten wollte. Dies hatte ich immer für lobenswert gehalten. So zu tun hatte man mich gelehrt. Die vom Tempel geforderten Tugenden waren möglichst vollständige Selbstverleugnung und Unterwerfung unter den Willen Gottes. So trieb man die Menschen im Namen Gottes auf die Schlachtfelder der Kriege und erfüllte seinen Willen.

Dazu wurden die Menschen in Massen geschlachtet. Einem Gott, der keiner war! Das meinte Joschua! Doch nun würde ich durch ihn mein altes, beschwertes Leben und diesen übermächtigen, lebensfordernden Gott verlieren.

In den nächsten Tagen dachte ich viel über dieses Neue nach. Er wollte der erste wahre Gott in Menschengestalt sein, dem die Menschen nichts als ihr altes, starres Leben opfern würden. Deshalb hatte er gesagt, er wollte die Menschen von ihrem alten Gott trennen, für den sie geschlachtet wurden. Die alten Opfergesetze waren in den Hirnen der Menschen eingepflanzt und nutzten nur dem irdischen Wohlergehen der Priester. Dieses alte, tote Leben musste einer neuen, lebensspendenden Göttlichkeit dargebracht werden. Und er hatte die Möglichkeit, mich zu einem der ersten neuen Menschen zu machen, die er zu diesem Leben erwecken würde. Ihm selbst würde ich geschlachtet werden, damit ich einen wirklichen, hilfreichen Gott fand. Mir schwindelte vor dem Neuen, das mich zu erwarten schien.

Wie würde das geschehen? Die Traurigkeit in seiner Stimme, wenn er über diese Dinge redete, verriet mir, dass auch er das Neue in seiner Botschaft mit dem Opfer seines Menschenlebens besiegeln würde. Denn wie konnte Neues entstehen, ohne dass das Alte umgebrochen würde wie dürres Stroh auf dem Feld?

Sicher spürte er meine Bereitschaft, ihm zu folgen, und wie es in mir arbeitete, ihn zu verstehen. Denn er fuhr fort: *„Ein Esel, der unter einem Mühlstein im Kreise ging, legte hundert Meilen im Schritt zurück. Und als man ihn losband, stand er wieder an derselben Stelle. Es gibt Menschen, die viel herumreisen und doch zu keinem Orte vordringen. Als es für sie Abend wurde, da hatten sie kein Dorf, keine Stadt, keine Schöpfung, keine Natur, keine Macht und keinen Engel gesehen. Umsonst haben sich die Elenden gemüht."*

Da begriff ich: Mein Leben war solch ein hohler Wirbel aus Pflichten, davon war ich ergriffen, ohne selbst zugegriffen zu haben. Dieser Wirbel war einfach da. Und noch nie hatte ich einen Menschen getroffen, der so ruhig und direkt zu mir sprach, ohne in seinem eigenen Wirbel gefangen zu sein. Als ob es darauf ankam, diesem elenden Wirbel zu entkommen, sagte er: *„So ist es mit dem klugen Manne, der die Ruhe suchte. Als er sie fand, ruhte er in ihr auf immer und hatte keine Furcht mehr vor denen, die ihn beunruhigen wollten."* Ich spürte, dass diese Ruhe keine abendliche Zufriedenheit oder Feiertagspause war, sondern etwas, das mit der göttlichen Endgültigkeit zu tun hatte, von der er bereits gesprochen hatte.

So sagte ich: „Es ist nützlich für uns, in dem zu ruhen, was uns gehört." Er antwortete: „Ja, das ist es, was nützt, und es ist gut für alle. Denn was unter Menschen bekannt ist, wird vorübergehen." Zum erstenmal hatte ich das Gefühl, ein Wort in seinem Sinn zu ihm gesagt zu haben, weil ich das Feste, aus dem seine Worte kamen, in mir zu spüren vermeinte.

Das stand zu lernen an: Er sprach überhaupt nicht zu mir, er sprach immer nur aus seinem Himmelreich heraus, aus der Allmacht seines Vaters, der noch nicht mein Vater war. Er sah und kannte nichts anderes! Ich erinnerte mich, wie auch ich mit meinem Esel immer nur in der Sprache meiner Welt redete, die außerhalb seiner Vorstellungen war. Doch auch wenn ich in den Augen meines Bruders noch ein Tier war, konnte ich doch durch ihn etwas werden, das ich noch nicht war: ein völlig neuer Mensch. Durch den Schleier meiner Überlegungen drang sein Wort: *„Deshalb seid ihr klein, bis ihr endgültig werdet."*

Ich spürte, wie sehr es darauf ankam, mein eigenes Leben zu betreten, um mich zu blicken, nicht nur immer auf mein eigenes Wohl und Wehe bedacht zu sein. Ich hatte geglaubt, mein Leben zu steuern und etwas zu erleben, indem ich von Auftrag zu Auftrag im Kreis gelaufen war. Und bei dieser Dummheit wäre es geblieben.

Außer dem Glauben an mich und meine Ordnung hatte es in meinem Leben nichts Festes gegeben. Dieser Glaube war sprunghaft und von Erfolg und Misserfolg abhängig. So ging ich in mich, dabei wirbelte es, und ich hatte wieder das Gefühl, der feste Boden wich unter meinen Füßen. Als ob er die Macht hätte, die Erde unter mir verschwinden zu lassen, sagte er: *„Vermagst du tatsächlich etwas zu besitzen, was zur Erscheinungswelt gehört?"*

Meine Welt nannte er nur Erscheinungswelt, als ob sie nur mir so erschiene und es sie für ihn überhaupt nicht gäbe. Wie konnte sie nur für mich so erscheinen? Dann war ich wie der Esel am Schöpfrad oder Mühlstein, der sich nur in seiner eigenen, unbeständigen Welt im Kreise drehte. Da brauchte er tatsächlich nicht mit mir um mein Erbe zu streiten, wenn es dieses sowieso nur in meinem Kopf gab. Doch hatte er nicht recht? War ich nicht über Haus und Hof geschritten und hatte immer nur gedacht: Dieses gedeiht gut, das wird viel einbringen, wir brauchen mehr Platz für mehr Holz? Dabei war alles so da, egal wem es gehörte.

Ich versetzte mich noch einmal in den Stolz, den ich hatte, alles gut und richtig zu machen. Wie ein Pfau war ich in meiner begrenzten Welt herumstolziert. Also war ich doch nicht so weit von seinen Tieren entfernt gewesen. Und wie um meine Haltung noch genauer zu beschreiben, sagte er: *„Die Menschen bleiben an der Verwirrung ihres Verstandes kleben und sie erkennen ihren Wahn nicht. Ihr Denken klebt an ihren Werken. Das Feuer wird sie verbrennen."*

Dies galt auch für mich! Meine Welt hatte die Gestalt meines Denkens angenommen, und ich war in dieser Welt herumgelaufen und nicht wirklich vorwärts gekommen. Und das Feuer, das mich umgebracht hätte, war mein Eifer, meine Gier, mein Kampf um meine Welt, selbst meinem Esel war ich oft zuviel geworden. Also war ich schlimmer als ein Tier gewesen... Letztendlich sogar für mich selbst.

Er lächelte, und um mich zu trösten und mir Hilfe zum besseren Verständnis meiner selbst zu geben, sagte er: *„Denn wer existiert, wenn nicht der Vater allein?"* Da sah ich, dass ich in einer falschen Existenz gelebt hatte, die nur von mir abhing. Ich hatte geglaubt, die Macht der Welt zu brechen, indem ich mich gegen sie stellte, mich durch Sorgen, Arbeit, Opfer aus ihr heraushob. Und wenn mir Gott bei der Erreichung meiner Ziele beigestanden hatte, so war es nur mein Hilfsgott, der so unwirklich war wie meine Erscheinungswelt.

Von dieser Einbildung, die nur durch mich existierte, wollte er mich trennen. Ich fühlte, ich war bereit zu einem Sprung in ein neues Land, das ich war und selbst in mir trug, aber noch nicht kannte. Deshalb war es nötig, dass ich mich an mir ärgerte. Bis hierher war ich mit meinen Kräften gekommen, ich hatte alles Menschenmögliche versucht, aber vor ihm stand ich wie vor einer Wand. Ich sah ihn an. Er lebte in diesem neuen Land. Und es ging ihm gut. Jedenfalls war er mir haushoch überlegen.

Er sah meine Bereitschaft und sagte: *„Selig, wer im Anfang steht, er wird das Ende erkennen und den Tod nicht schmecken."* Gut, dann stand ich im Anfang von etwas, und ich stand vor dem einzigen Menschen, der mich alles Weitere lehren würde. Doch auch der alte Widerstand regte sich in mir. Alles ging zu schnell, plötzlich wurde alles anders, ich war ein Tier, das in einer unbeständigen Scheinwelt lebte. Doch in meinem Innersten wusste ich, dass alles stimmte, was er sagte und wofür er stand. Er hatte die wunderbare Gabe, außerhalb meiner Zweifel zu stehen und mir klar zu machen, dass dennoch alles auf mich ankam: *„Wenn du umkehrst, dann wirst du gerettet werden und erkennen, wo du all die Tage warst, als du auf Leeres vertraut hast."*

Mein bisheriges Leben hatte mich irgendwie verschluckt. Was er vorschlug, es würde mich über alles mir Bekannte hinaus führen. Ich würde meine alte Welt zurücklassen und ihm in seine neue Welt folgen. „Ich habe mir und meinen Kräften vertraut. Wenn das nicht mehr ausreicht, so führe du mich weiter", sagte ich, wie um mich ihm zu verpfänden. Sein Schwert würde mich von mir trennen.

Da sprach er zum ersten Mal von einer Gemeinsamkeit zwischen uns: *„Unser Kampf geht nicht gegen Fleisch und Blut, sondern gegen die Mächte der Welt und die Geister der Bosheit."* Ich verstand. Ich konnte sein, wie ich war, aber es war Kampf angesagt gegen Besitzdenken, sorgende Ängstlichkeit, Arbeit und Mühe eines Lebens, in dem es immer etwas zu besiegen gab. Wieder verstand er mich, als er sagte: *„Die Menschen sind zu Lebensbenutzern geworden, sie finden keine Zeit mehr, sich mit dem Heiligen Geist zu beschäftigen."*

Nie hatte jemand klarer und wirklicher gesprochen. In seiner Rede schienen sich ständig neue Welten für mich zu öffnen. Ja, genau so war es. Doch wenn ich allein war und darüber nachdachte, fand ich mich auf seltsame Weise begriffsstutzig. Wenn ich sie in meinem Verstand nachformte, zerplatzten seine Worte darin wie Seifenblasen. Hunderte Male dachte ich über sie nach. Ihr Inhalt war selbstverständlich.

Doch in mir klangen seine Worte anders. Etwas war in mir, das seine Rede verfälschte. Sagte er: *„Sorge dich nicht"*, war mir klar, dass zwar er sich nicht sorgte, dies aber meine Sorgen und Nöte nicht vertrieb. Völlig überflüssige Sorgen noch dazu. Als ich ihm dies berichtete, lachte er. „Mein Bruder Thomas", sagte er, „wie weise du redest. Wir leben nicht im Gleichen. Willst du wissen, was uns trennt?" „Ja", sagte ich, denn ich fühlte mich ausgeschlossen von seinem Himmel, von seinem Vater, von seinem Heiligen Geist.

„Geh zu dem Baum da drüben", sagte er beiläufig. Ich ging, wie er mir es aufgetragen hatte. Er schlenderte mir nach. Bei mir angekommen sagte er: „Was ist der Unterschied zwischen uns?" „Du läufst langsamer als ich", bemerkte ich, „und du genießt es mehr, du hast mehr Freude, wenn du gehst." „Ich gehe nicht, ich bin angekommen", sagte er und verschränkte seine Arme. „Du hast dich zum Baum bewegt, weil du glaubst, dass du es bist, der sich bewegt, der alles tut, was du tust. Doch nur dein Körper bewegte sich. In dir hast du dich nicht bewegt. *Nur der Schatten wurde zur Materie."*

Er blickte den Baum an, der fest und unbeweglich stand. „Auch mein Vater bewegt sich nicht, doch er gab dir die Macht, dich zu bewegen und zu glauben, dass du es bist, der es tut. Dennoch geschieht nichts ohne ihn." Er lächelte und wiederholte: „Er bewegt sich nicht. Bewegtes ist nicht er." Er umrundete einmal den Stamm und es sah wirklich aus, als schwebte er, als bewegte er sich nicht. „Ich werde die Menschen bewegen", sagte er, „doch zur Ruhe im Vater. Alles ruht in ihm."

Er blickte in die Weite. „Wir werden auf eine Reise gehen, aber nichts wird geschehen. Wir werden uns nicht bewegen. Alles wird nur so aussehen." Mit kindlicher Freude lachte er mir zu, seine Augen leuchteten auf. „Erinnerst du dich an die Streiche, die wir anderen früher spielten? Wir werden der Welt einen Streich spielen, und es wird keiner sein. Nur wenige, darunter du, werden dies verstehen." Er nahm mich bei der Schulter. „Es ist gut, dass du mir nicht blind folgst. Dann würdest du blind bleiben."

Er hob die feingliedrige und doch kräftige Hand. „Nur der Schatten bewegt sich, nicht das Licht." Ich fühlte etwas Neues in mich eindringen. Da war mir, als ob plötzlich seine Hand stillstand, obgleich sie sich bewegte. Ich war so ruhig, dass ich durch seine Bewegung hindurchsah und ihr nicht folgte. So sah ich eine bewegungslose Bewegung. Auch die Blätter des Baumes schienen still zu stehen, obwohl ich wusste, dass Wind ging.

In mir bewegte sich nichts. Da war mir, als ob diese vollständige Ruhe plötzlich zu Licht wurde. Ich wusste, alles bewegte sich weiter, doch nichts in mir bewegte sich mit. Es war wie Schlaf mit offenen Augen. Oder war es ein Erwachen... In eine neue Welt... Ich blickte ihn an. Er war nicht mehr. Er schien auf meinen Zustand keine Rücksicht zu nehmen. Ich hörte ihn sagen, und es war, als ob nicht ich ihn hörte: *„Die Wahrheit steht und das Seiende wird sichtbar. Die Dinge schlagen um in ein neues Sein. Denn die Unvergänglichkeit kommt herab auf das Vergängliche. Das Licht fällt auf die Finsternis und verschlingt sie. Der Vater füllt den Mangel."*

Diesen Zustand, in dem die Welt um mich still war, ich konnte ihn nicht festhalten, denn er kam nicht durch mich. Ich konnte ihn ebenso wenig abbrechen, denn ich konnte keinen Gedanken fassen, um ihn zu beenden. Da sagte er: *„Du wirst dich selbst wieder erhalten, so wie du zuerst warst"*, und ich verstand, was er sagte: Dass ich im Augenblick so ursprünglich war, wie ich es vor Urzeiten einmal war und immer noch bin.

Dann setzte meine innere Bewegtheit wieder ein. Es war, als ob die Welt durch riesige Schleusen wieder in mich hineinströmte. Ich spürte ein Rauschen und Branden, vernahm Töne, ich konnte meine Augen wieder auf dieses oder jenes richten. Ich nahm Besitz von meinem Körper und schüttelte mich etwas, wie eine Katze, die von einem Ast gefallen war.

Das tierhafte Bewegte, wie er es nannte, war wieder da. Doch nichts von dem, was ich nun tat, schien so selbstverständlich zu sein wie es zuvor war. Ich schien wie vom Himmel gefallen und musste mich auf dieser Erde erst wieder zurecht finden.

„Jetzt bist du nicht mehr nur von untenher", sagte er, und es war, als ob wir beide zusammen eine Probe bestanden hätten. Er winkte mir, ihm zu folgen. Meine Bewegungen waren nun anders. Ich ging vorsichtig, als ob ich kein Gras brechen wollte. Etwas mühelos Sanftes, das mich mit der ganzen Welt vereinte, spürte ich in mir schweben wie eine ruhige, unzerstörbare Sicherheit, die von nichts abhing.

Seine begleitenden Worte klangen wie eine Belohnung: *„Du bist nicht mehr in der Tat gefangen, in der Sünde ergriffen. Getötet ist worden, was dich festhielt, umgewendet, was dich umwendete. Du bist gerettet aus der Fessel, nicht zu erkennen. Diese besteht nur auf Zeit. Von jetzt an wirst du Ruhe erlangen."* Er sagte dies mit großer Selbstverständlichkeit, als er neben mir ging. Ich spürte, dass ich Schritte machte, ohne Arbeit, Zeit und Mühe.

Wir gingen einfach los, wie wenn man einen Wanderstab aus der Ecke nimmt und geht. Joseph, unser Vater, wusste offensichtlich Bescheid. Mit Maria, seiner Mutter, verstand er sich wortlos. Wir hatten nichts dabei, keine Nahrungsmittel, kein Wasser, nur was jeder an sich trug. Auf meinen fragenden Blick hin, als wir die Gasse hinunterschritten, die vom Haus ins freie Feld führte, sagte er nur: „Unser himmlischer Vater sorgt für alles", und mit einem Blick in die Ferne, auf die wir losschritten, „auch für die Last und das Kreuz, das ich tragen werde.“ Ich sah ihn von der Seite an. Er und ans Kreuz? Er war der unschuldigste Mensch, den ich kannte. Er wollte nie etwas für sich. Und Lasten schleppen? Dafür gab es genug Esel im Land. Und wollte er die Menschen nicht von ihren Lasten befreien?

Ich dachte über mein Erlebnis nach, in dem ich gelaufen und doch nicht gelaufen war. Jetzt lief ich wieder. Neben ihm her. Vor ihm her. Ich kam mir auserwählt vor, bei jedem meiner und seiner Schritte, bei jeder Bewegung lernte ich. Besonders, wenn er mich in die nächste Stadt, ins nächste Dorf schickte, um zu verkünden, dass jemand neue Lehre brächte. Denn Seltsames geschah. Mir hätten die Leute kaum einen Balken abgekauft, aber wenn ich ihn nur ankündigte, wurden die meisten Menschen hellhörig, ließen von ihrer Arbeit ab, liefen zusammen und erwarteten ihn. Er sprach zu ihnen, erzählte von der Geschichte des Bruders, der in der Fremde verloren ist, der reich dafür belohnt wird, dass er nach Hause kommt. Er sprach von seinem himmlischen Vater, der alles eins macht und große Kraft gibt, von Menschen, die neues Tun begannen, indem sie sich der Rache enthielten und Gutes für Böses vergalten.

Ich staunte. Die Menschen, die ihn hörten, wurden zu seinen Gesichten und Bildern, sie wurden zu dem, was sie hörten. Es war, als ob er ihnen nur Dinge über sie selbst erzählte. Ich konnte fast spüren, wann der Moment kam, in dem die Zuhörer zu den Handelnden in seinen wundersamen Garnen und Gleichnissen wurden. War es mir nicht ähnlich ergangen? Bevor er zurückkam, war ich wie verloren in meiner eigenen Geschichte, in meiner Arbeit, im täglichen Werk. Ich fand mich in dem, was ich herstellte.

Was ich tat, schien Gott wohlgefällig zu sein, denn er hielt mich gesund und schenkte mir viele kleine Freuden. Doch wenn ich meinen Bruder jetzt vor einer Menge erzählen sah, fand ich mich, war wie gefangen bei ihm. Wenn ich jetzt neben ihm her lief, war es egal, was ich tat, ob ich lief oder nicht. Es war, als ob nur noch er mich umgab.

Ich betrat seine Welt. Die Bäume waren er, der Weg war er, ich war er. Ich verlor die nachdenkliche Eigenständigkeit, mit der ich früher meine Tage ausgefüllt hatte. Es kam irgendwie nicht mehr auf mich an, wenn ich in eine fremde Stadt ging und sein Kommen vorbereitete. Ich konnte es den einzelnen Menschen ansehen, wer uns Quartier bieten würde, wer uns den Weg zur Schule zeigen würde, wer aufgeregt andere Menschen von unserem Kommen benachrichtigen würde. Auch wer noch lange von seinen Reden ergriffen sein würde. Und ich konnte es anderen ansehen, dass sie sich abwenden würden, ihm nur kurz zuhörten, um sich alsbald zu ihrer Arbeit wegzuschleichen, weil sie sich dem Neuen verweigerten.

Auch sie waren wie ich und dennoch von mir verschieden. Doch ich war durstig. Jeder Tag, an dem sich die Sonne neu erhob, brachte mich einen Schritt weiter. Durch meine Begeisterung verstand ich überhaupt nicht, wie man ihn ablehnen konnte. Immer wieder betrachtete ich, wie er die Mengen teilte: in Menschen, die für ihn und solche, die gegen ihn waren.

Wer ihn annahm, war auch für sich, wer ihn ablehnte, war wohl auch gegen sich. Sein Wort von den offenen und geschlossenen Sündern fiel mir wieder ein. Wer sich einbrachte, wurde selbst zur Ernte. Wer bei seinen Worten ein verschlossenes Gesicht machte und starr wurde, war innerlich dürr und trocken, nur mit seinen Vorteilen beschäftigt.

Ich lernte zu spüren, was in den Menschen geschah. Jeder Mensch schien eine besondere innere Geschichte in sich zu tragen. Die einen wollten sie annehmen, die anderen wollten nichts von sich selbst wissen. Diese eigene innere Geschichte war der Gott, von dem er erzählte, sein Vater, das neue Paradies.

Er redete nie darüber, was er selbst wollte, aber manchmal hatte ich das Gefühl, dass ich ihn fragen durfte. „Was willst du die Menschen lehren?" fragte ich. Er sagte mit diesem unschuldigen Lächeln, das direkt aus dem Paradies zu kommen schien, und das ich so sehr an ihm liebte: *„Ich kann nichts von mir selbst tun, nur das, was ich den Vater tun sehe. Was dieser tut, das tue auch ich."* Ich betrachtete ihn. Daher kam seine Unmittelbarkeit. Was immer er tat, er übersetzte es direkt aus dem Reich, zu dem er Zugang hatte. Und wie um mir eine weitere Antwort auf meine Frage zu geben, sagte er: *„Wer aber unwissend ist, der leidet Mangel. Ihm fehlt aber etwas Großes, denn es fehlt ihm gerade das, was ihn endgültig machen soll."*

Da spürte ich dieses Mehr, dieses große Geheimnis, das er offen in sich trug, sichtbar für alle Menschen, die es sehen wollten, also auch für mich. Dieses Große, es war das Größte überhaupt, und ich stand neben ihm. Ich spürte in mir eine Wallung, den Drang, mich ihm vor die Füße zu werfen und mein Haar mit dem Staub unter ihm zu bedecken. Doch es gab keine Form, in der ich mich ihm nähern konnte. Wie konnte ich etwas für ihn tun, das nicht aus mir heraus gekommen wäre.

Was ich so getan hätte, es wäre nichts vor ihm gewesen. Und mit seiner unnachahmlichen Art, jedem Menschen den Boden unter den Füßen wegzuziehen, auf dem dieser zu stehen schien, sagte er: *„Du siehst zwar an diesem Ort alle Dinge, aber du siehst nicht dich selbst."*

Es kam also wieder einmal nicht auf ihn an, sondern auf mich. Ich musste lachen. So war ich. Ich würde ihm vorneweg traben, hinter ihm her, wie sein kleiner Esel. Und ich würde mir einbilden, dies oder jenes zu tun, weil ich es wollte, weil ich mir nichts anderes einbilden konnte. Noch nicht. Er sagte, als ob er in mir gelesen hätte: *„Bilder sind den Menschen manifest, doch das Licht in ihnen ist verborgen im Bilde des Lichtes des Vaters."* Und wie um mich doch noch zu trösten, fügte er hinzu: *„Wie dein Herz ist, wird auch deine Kraft zu sehen sein."*

Da spürte ich wieder, es gab einen äußeren Weg, auf dem ich mich unentrinnbar befand, den ich mir jedoch nur einbildete, weil kein Schritt mich selbst vorwärts brachte. So wie ich ihn vor mir sah und dennoch nicht verstand. Und es gab einen inneren Weg, der in mir Anfang und Ende hatte, der ich selbst war. Und es war seine Gnade, dass ich ihn so lange begleiten durfte, bis ich einsah, warum ich mit ihm laufen musste. Was stand zwischen uns? Worin war ich gefangen, was hinderte mich, den Bruder in seiner wahren Größe zu erkennen? Etwa dieses Reich der anderen Welt, das ich nicht sah?

Wenn ich so über mich nachdachte, kamen mir seine Worte in den Sinn: *„Mein Joch ist sanft, und meine Last ist leicht."* Er forderte nichts von mir. Ich machte mir diese Fahrt mit ihm also nur selbst schwer. Doch es war meine Art, mir den Kopf zu zerbrechen, selbst wenn die Kraft zu sehen in meinem Herzen lag. Es war für mich verborgen, obwohl nur ich es zudeckte, mit dem Wirbel meines Sinnens und Planens, mit dem Drang, verstehen zu wollen, was mir doch offen stand und was ich mir gleichzeitig verschloss.

Nun spürte ich dies auch in seinen Zuhörern. Wie gebannt sie auch waren, wie bereit, einen Sprung zu tun, um in dem aufzugehen, was er sagte, von einer unsichtbaren Wand fielen sie ab, zurückgeworfen von einer Mauer in ihnen selbst, die sie nicht mit einem Anlauf überspringen konnten. Besonders bei den Frauen sprang ihm eine wehe, schmerzbereite, unerfüllte und doch freudige Sehnsucht entgegen, der Wunsch, alles zu vergessen, der Wunsch nur noch mit ihm zu sein.

Wir zogen umher, unstet, und wie ein geheimes Verstehen breitete sich das Neue vor ihm aus. Je mehr Menschen er ansprach, umso größer wurde die Bereitschaft, ihm allerorten zuzuhören.

Es war, als ob er aussäte, aber nicht gleich ernten wollte. Er sprach von Dingen, die niemand so richtig verstand, dafür wirkte seine Gegenwart umso mehr. Etwas Offenes kam in die Menschen. Sie hatten geglaubt, alles sei fertig. Die Natur, Gott, seine Gesetze, alles stand für sie fest. So lagen sie in Ohnmacht vor der Macht Gottes, des Besitzers der Welt, des Richters der Menschen, dessen

Urteile zu hoch, dessen Gericht und verletzende Strafen zu sonderbar, dessen Gegenwart zu unberechenbar war, um fassbar zu sein. Über Gott redete man nicht, man opferte ihm und fürchtete ihn in seiner Unnahbarkeit und Einheit mit sich selbst, welche die Menschen ausschloss und zu Geschöpfen machte, die abhängig von ihm waren. Und nun zogen wir umher, und er sagte den Menschen, dass all ihr gesetzliches Mühen vergebens war, weil es keinen Bestand vor einem liebenden, alles verstehenden Gott hatte, so wenig wie sie selbst.

Doch dann wieder machte er sie zum Teil des göttlichen Geschehens. Er brachte ihr Inneres in leuchtende Bewegung, er zeigte, dass die göttliche Grenze zwischen Licht und Finsternis in jedem Menschen war, bereits bevor er gute oder böse Taten unternahm. Ich konnte immer wieder sehen, wie Menschen, die nicht wussten, dass sie etwas Eigenes als ihr Inneres in sich hatten, plötzlich aufblühten. Auf dieses Innere kam es ihm an. Hier wollte er säen.

Er war wie ein selbst entstandener Gott, der sich in den Menschen einpflanzte und ihnen Kraft und Mut zu sich selbst gab. Wozu brauchten sie da noch die Priester im Tempel, wenn in ihnen selbst das Heil lag? Diese selbst hätten Gott gebraucht, weil sie sich nur auf ihre rituellen Handlungen verließen, die so hohl waren, wie ihr Inneres. Er verglich sie mit Gefäßen mit verdorbenem Inhalt: *„Weh euch, Schriftgelehrte und Pharisäer, ihr Heuchler, die ihr die Becher und Schüsseln auswendig reinlich haltet, inwendig aber ist's voll Raubes und Fraßes! Du blinder Pharisäer, reinige zum ersten das Inwendige an Becher und Schüssel, auf dass auch das Auswendige rein werde!"*

So griff er immer wieder die Priester an, die Gott nur zu ihrem Vorteil dienten. Diese Priester verhinderten sogar, indem sie Gott zu ihrem Besitz machten, dass die Menschen sich ihm näherten und an ihm Teil hatten. So sagte er öfter: *„Wehe ihnen, den Pharisäern, denn sie gleichen einem Hund, der auf dem Fresstrog der Rinder liegt, denn weder frisst er, noch lässt er die Rinder fressen."*

Viele bekamen Angst bei solchen Reden, aber sie wurden auch unwiderstehlich von ihm angezogen, war er doch der erste Mensch, der wirklich und direkt zu ihnen selbst sprach und ihnen einen eigenen Wert vor Gott einräumte. Sein Gott war völlig anders, er wirkte beseligend in allen Menschen und hatte mit dem alten, misstrauischen Gott im Tempel in keiner Weise zu tun.

Der wählerische Gott, der nur Opfer wollte, ohne ins Herz der Menschen zu schauen, war eine Erfindung der Priester, und Joschua war dabei, sie zu entlarven. Das würden sie nicht gerne sehen. Er löste die Menschen aus innerer Knechtschaft, indem er ihnen zeigte, dass der Himmel in ihnen war. Er sprach einmal so: *„Wenn eure Führer zu euch sagen, seht, die Herrschaft ist im Himmel, so werden euch die Vögel des Himmels zuvorkommen. Und wenn sie zu euch sagen: sie ist im Meer!, so werden euch die Fische zuvorkommen. Nein, die Herrschaft ist in euch und außer euch. Wenn ihr euch erkennt, dann werdet ihr erkannt werden. Und zwar werdet ihr erkennen, dass ihr die Söhne des lebendigen Vaters seid. Wenn ihr euch aber nicht erkennt, so seid ihr in Armut, und ihr selbst seid die Armut."* Wer wie auch die Priester Gott nicht erkannt hatte, war blind und hatte kein Recht, Menschen zu führen: *„Wenn ein Blinder einen Blinden führt, fallen sie zu zweit hinunter in die Grube."*

Die Menschen waren wie benommen, wenn sie dies hörten. Immer wieder fragten sie mich, wo er denn herkäme, woher er dieses Wissen hätte, wie er sich seiner Rede so sicher sein könnte. Ich erzählte aus seiner Jugend, dass er immer schon alles wusste, dass ihm bereits als Kind die Schriftgelehrten unterlegen waren, dass er Macht über Leben und Tod des geistigen Menschen hatte, dass er kein Mensch wie die anderen war.

Doch als sein Hauptwerk wollte er die Menschen zu Gott, seinem Vater führen, ihn umkreisten seine Worte. *„Die Wahrheit wird euch frei machen"*, sagte er immer wieder und meinte damit den Vater. Doch viele Menschen verstanden Joschua nicht oder wollten ihn nicht verstehen. Das war schlimmer. Dann fragten sie ihn: *„Wir stammen* *von Abraham, wir sind niemandes Sklaven, warum sagst du, dass wir frei werden sollen?"* Er antwortete in seiner unnachahmlichen Art: *„Wer Sünde tut, der ist der Sünde Knecht."* Er meinte damit diese selbstgefällige Art, mit der die Menschen aus sich heraus lebten, ihr Geld zählten, Vieh und Äcker kauften und verkauften und ihre Scheunen füllten und immer mehr von allem wollten, und dabei nicht anders konnten. Doch sie handelten nach Geboten und Ansinnen menschlicher Art und nicht auf göttliche Weise.

In dieser Normalität der Sünde hatte auch ich gelebt. Ich hatte es den anderen einfach nachgetan. So verstand ich sehr wohl die Verwirrung der Menschen, die ihr Tun nicht für etwas Schlechtes hielten. Und da die Priester, die ihre gesetzmäßigen Anteile und Steuern aus allem Handel und Wandel erhielten, sie glauben machten, ihre Selbstsucht und ihr Gewinnstreben sei bereits Gottes Wille, den sie treulich erfüllten, wurde mir immer mehr klar, dass es zu einem großen Kampf mit den Schriftgelehrten und Pharisäern kommen würde. Wozu sollten die Menschen noch in den Tempel gehen, Opfer bringen und Gebote halten, wenn er, Gottes Sohn, ihnen etwas anderes erzählte?

Wenn jeder Mensch diesen eigenen Gott suchte und in sich fand, wäre er auch sein eigener Priester. Mir kam die Idee, dass ich einmal sein Priester sein würde. Doch noch hatte ich nichts, um die Menschen zu lehren. Ich verwarf den Gedanken, aber ein Bild erschien mir dennoch: Ich saß fern allen Streits vor einem alten Haus und sah einem fremdländischen, bunten Treiben ringsum zu und hatte sein Werk freudig verrichtet.

Doch was war die Suche? Was fehlte, wenn doch alles da war? War diese Suche nur ein Gefühl der Unvollständigkeit? Wer war ich, was geschah mit mir, wenn ich Gottes Gesetze hielt, als ob sie meine eigenen wären? Was besserte sich in mir, wenn ich sie sklavisch hielt? Was hatten sie mit mir zu tun? Mit dem Halten von Gesetzen kam niemand zu sich. Dieser neue Gedanke war wie selbstverständlich in mich eingedrungen. Die Antwort, als sie kam, sah anders aus, als ich erwartet hatte.

Eines Abends saß ich außerhalb der Stadt und sah über den See Genezareth. Ich lehnte meinen Rücken gegen einen alten Baum, dessen Äste leicht im Wind wiegten. Ich dachte über meinen Weg mit Joschua nach, wie viel weiter und unabhängiger ich nun war. Ich hatte den größten Meister der Welt gefunden, ich war sogar sein Bruder! Die Menschen strebten zu ihm. Was er sagte und tat war von einem Schauer des Göttlichen und Erhabenen begleitet. Er war so anders, nie würde man ihn vergessen können. Ich lehnte mich zurück und war zufrieden mit mir. Alles hatte ich aufgegeben, Balken und Geschäft interessierten mich nicht mehr. Groß war mein Bruder auf seiner Wanderschaft, und ich, Thomas, war dabei.

Die Menschen achteten mich auf neue Art und manchmal erklärte ich ihnen dieses oder jenes, das ich besser verstand als sie. Es war, als hätte ich eine erfolgreiche neue Laufbahn eingeschlagen. Vielleicht würde ich dereinst durch meinen Bruder so weltberühmt werden wie er selbst.

Plötzlich durchzuckte mich eine Stimme, vielleicht war es seine: ‚Was erzählst du dir da, Thomas? Worin besteht dein Erfolg? Du läufst ziellos herum. Du weißt nicht, wie der morgige Tag aussehen wird, deinen Beruf hast du aufgegeben, weil du ihn zu eng und zu angestrengt betrieben hast. Dein Bruder tut große Dinge, aber du läufst ihm nur hinterher und bildest dir ein, Anteil an seinen Taten zu haben und dabei riesengroß zu werden!‘ So sprach die Stimme. Und sie fuhr fort: ‚Du bist Herr über nichts, nicht einmal über dich selbst und du denkst an Freiheit und Unabhängigkeit und hältst dich für auserwählt und hast große Pläne!‘ Da begriff ich, dass ich mir die gleiche Erfolgsgeschichte wieder erzählte, die ich mir früher über meine Arbeit eingeredet hatte.

Da sah ich vor meinem inneren Auge ein hohes Baugerüst, das mit einem Schlag in sich zusammenfiel. Ich sah die Hölzer und Bretter wirbeln und in einer großen Staubwolke am Boden aufspringen.

Ich sah den Zusammenbruch so deutlich, dass ich den Staub zu atmen und zu schmecken schien. Dabei fühlte ich Erleichterung.

Denn das Gerüst war künstlich, es bestand aus allem Selbstgeschwätz, aus allem Eigenlob, aus allen Lügen, die ich mir vorerzählte, um für mich wichtig zu sein. Wie mit einer Rüstung hatte ich mich so von der Welt getrennt und scheinbar beschützt. Doch ich schämte mich nicht. Das Gerüst war dazu notwendig gewesen, mich bei meinem Entscheiden zu stützen. Ohne es hätte ich nichts überlegen können, vor allem auch nicht ihm nachfolgen. Plötzlich fühlte ich mich so frei wie noch nie, ich musste nichts mehr entscheiden, mir nichts mehr vorerzählen. Ich konnte leben, ohne diese Rechtfertigung, wie gut ich war, dass ich alles konnte und wie richtig all mein Tun war. Ein Pharisäer war auch ich gewesen, ohne es zu wissen!

Zu ihnen hatte er gesagt, und es passte genau auf mich: *„Ihr seid's, die ihr euch selbst rechtfertigt vor den Menschen; aber Gott kennt eure Herzen; denn was hoch ist unter den Menschen, das ist ein Gräuel vor Gott."*

Die Begeisterung über meine Arbeit und meinen Weg war nur Trunkenheit mit mir selbst! Ich hatte einen Keil in mein Bewusstsein geschoben und geglaubt, ich hätte Macht über mich und hatte mich so erhöht. Ich musste über mich lachen, über das Schauspiel, das ich mir selbst geboten hatte, als ob ich zwei Personen war, von denen die eine die andere immer wieder beobachtete und zum Weitermachen anfeuerte.

Nun verstand ich, warum Joschua so oft davon redete, dass die Menschen mit sich eins werden sollten. Mein selbstgemachtes Joch, das mich zwang, mir glauben zu müssen, was ich mir vormachte und mich so ständig vor mir zu rechtfertigen, war viel schwerer zu tragen als das seine, einfach und leicht. So einfach! Was war, das war, es war nicht mehr wichtig, wie es durch mich erschien, zu was es in meinem Kopf wurde.

Ich sah, dass selbst reiche Menschen sich immer nur erzählten, dass sie reich waren und so nie ihren Reichtum wirklich genossen. Sie zählten ihre Hammel im Kopf, da waren sie reich, doch sie wurden geizig mit der Wirklichkeit. Auch ich hatte keinen Hammel bei Joschuas Rückkehr hingeben wollen. Stattdessen hatte ich mich gelobt für meine Sparsamkeit und das, was mir durch sie zuwuchs. So hatte ich meine Welt gemacht und selbstgerecht geschmückt und wäre bei allem Eigentum in ihr innerlich fast gestorben. Ich hatte keine wirkliche Nahrung für mich selbst gehabt.

In den folgenden Tagen lernte ich in der Welt zu sein, ohne immer mit mir zu reden. Manchmal sah ich das Gerüst wieder, und es war gut so, denn es sperrte mich nicht mehr ein. Nun sah ich Joschua wirklicher, nicht mehr durch mein Eigenlob hindurch, dass ich mit ihm war. Und ich sah nun überall die Selbstbeschönigung, die Selbstrechtfertigung, mit denen die Menschen sich trunken machten. Joschua bemerkte die Veränderung und sagte lächelnd: *„Ich stand mitten in der Welt und machte mich ihnen bekannt im Fleische. Ich fand sie alle betrunken. Keinen Durstigen fand ich unter ihnen, und meine Seele wurde gequält wegen der Söhne der Menschen. Denn sie sind blind in ihrem Herzen und sehen nicht deutlich, dass sie leer in die Welt gekommen sind, vielmehr suchen sie, wieder leer aus der Welt hinauszugehen. Ja, jetzt sind sie betrunken, wenn sie aber ihren Wein ausschütteln, dann werden sie umkehren."* Da sah ich, dass er mein Selbstgerede als hohlen Rausch längst erkannt und verziehen hatte und dass er mich aus der eingebildeten Leere des äußeren Reichtums zu wirklichem Reichtum führen würde. Und nicht nur mich!

So sprach er von etwas, das noch niemand sehen konnte. Und doch umlagerten ihn die Menschen. Spürte ich, was er sagte, war ich selig. Alles war klar, richtig und wunderbar. Die Menschen hingen an ihm wie ich. Es war, als ob ein Kampf zwischen Dunkel und Licht in jedem Menschen ausgetragen wurde. Ich wurde immer feinfühliger für dieses Licht und die Dunkelheit in mir, wie auch in den Menschen. Manche verweigerten sich jedoch diesem Kampf. Ich trug ihn immer wieder aufs neue aus.

Oft, wenn seine Rede beendet war, stand ich mit mir allein. Sogleich fühlte ich mich wieder im alten Joch der Zweiheit in mir eingespannt. Ich ärgerte mich, wenn ich meine Schuhe nicht gleich da wieder fand, wo ich sie abgelegt hatte. Oder ich ärgerte mich, wenn ich meinte, sie seien gestohlen. Dann ärgerte ich mich über mich selbst, dass ich den Ärger nicht verlor. Ich ärgerte mich an dem Schatten in mir, den ich nicht verhindern konnte. Ich ärgerte mich, wenn ich abfällige Reden über ihn hörte. Ich ärgerte mich, wenn ich mich im Gewirr der Gassen verlief und nach dem Weg fragen musste. Woher kamen diese Abstürze? Warum ärgerte ich mich ständig an mir? Ich verfluchte die kleinen, ärgerlichen Verzweiflungen, die mich immer wieder um all das zu bringen schienen, was er gerade neu in mir angelegt hatte. Ich wollte das nicht mehr! Und es ging dennoch weiter.

Ich fragte ihn danach und er antwortete: *„Es gibt Kräfte, die dem Menschen etwas geben, da sie nicht wollen, dass er gerettet wird. So sollen sie selbst dauernd bestehen. Wenn nämlich der Mensch gerettet wird, wird es keine Opfer mehr geben für die Kräfte.“* Also war ich nicht Herr über mich, sondern mein eigenes Opfer, wenn in mir innere Kräfte und Kämpfe tobten, wenn ich glaubte, ich sei nicht gut genug für die Welt, wenn ich nur mein eigenes kleines Unglück sah, wenn die Dinge anders lagen, als ich sie wollte. Wenn ich ihn dann betrachtete, wie ganz anders er war, wie unbeteiligt und dennoch allem verbunden, wie er aus einem anderen Raum heraus lebte, da wurde mir klar: *'Er hat die Welt, die vorübergeht, schon abgelegt.'*

Irgendwann würde auch ich über allem stehen. Irgendwann würde ich nicht mehr mit diesen Kräften kämpfen, die mich so abhängig von den geringsten äußeren Kleinigkeiten machten. Er sah meinen Ärger, und als wollte er auch den kleinsten Fortschritt in mir loben, sagte er: *„Selig aber du, der du die Verführung erkannt hast.*

Du fliehst, was dir fremd ist.“ Da war mir klar, ich wollte verlieren, was innerlich Macht über mich hatte. Ich wollte gerettet werden. Vor mir selbst. Vor dem dunklen und mir immer fremder werdenden, stets hungrigen Glauben, dass es um mich ging.

Dieser Glaube wurde bald auf eine neue Probe gestellt. Joschua nahm andere Schüler an. Er nahm sie einfach mit, pflückte sie am Wegesrand, beiläufig und leicht. Wir konnten nun über ihn reden, wenn wir unter uns waren. Das erleichterte uns in großem Maß. Doch ich wusste auch, dass wir auf die härteste Probe gestellt würden, härter als wir uns diese vorstellen konnten, denn wir würden miteinander wetteifern, wer ihm am nächsten käme.

Wir Männer wollten werden wie er. Dies sahen wir als Nähe zu ihm. Dazu mussten wir herausfinden, wer er war. Das machte uns listig und abwartend. Auch Frauen schlossen sich uns an. Sie waren anders. Jede wollte für ihn die erste sein. Die Frauen wollten von ihm bemerkt werden, seine Strahlen auffangen wie der Mond das Licht der Sonne, sie wollten nur mit ihm sein. Dies macht die Frauen untereinander eifersüchtig. Die Männer wollen alle für sich der erste sein. Daher ist jeder Mann zuerst mit sich eifersüchtig. So litten die Männer an ihrem Abstand zu ihm, die Frauen an ihrer Nähe. Doch nun musste ich Joschua mit ihnen teilen.

Er schien zu wissen, wofür er jeden aussuchte. Immer war er es, der den ersten Schritt dazu tat, in welchem, wie in einem Senfkorn, alles Zukünftige bereits wie ein riesiger Baum enthalten war. Petrus, des Simon Sohn, hatte die ganze Nacht nichts gefischt. Wir sahen ihn, als er mutlos neben seinem Boot saß und die leeren Netze betrachtete. Joschua forderte ihn auf, noch einmal hinaus zu fahren. Petrus wollte nicht, da die Fische offensichtlich woanders waren. Als er es dann doch tat, platzten zu seinem Schreck fast die Netze. So etwas hatte er noch nie gesehen. Doch bevor er die Fische versorgte, hörte er eine Geschichte von ihm. *„Der Mensch gleicht einem klugen Fischer, der sein Netz ins Meer warf. Und er zog es aus dem Meere, voll mit kleinen Fischen. Mitten unter ihnen fand* *er einen großen, guten Fisch, der kluge Fischer. Da warf er alle kleinen Fische zurück ins Meer, ohne zu zögern."* Da verstand Petrus, er ließ alle Fische liegen und zog mit uns. So war er immer der Jammernde und Wankelmütige, der im entscheidenden Moment doch das Richtige tat und Fels genannt wurde.

Einmal kamen wir an eine Zollbrücke, wo Levi, der Zöllner, seinen Betrag forderte. Joschua sagte nur: „Du bist der Preis, der hier gezahlt wird." Da schloss Levi sich uns an, und wo niemand kassierte, musste niemand zahlen. Unseren Vetter Johannes, den klugen, wortgewaltigen, den sie später den Donnerer nannten, der seinen Kopf voll mit griechischer Bildung hatte, sprach Joschua in einer Sprache an, die dieser nicht verstand, aber später einmal sprechen würde... Da war Johannes verwirrt und sah, dass er in allen Sprachen der Welt nur Altbekanntes reden und sonst nichts verstehen konnte. Er warf sich vor seine Füße und kam mit.

Judas Ischariot, den er antraf, als er umstürzlerische Reden hielt, so als ob er allein die Römer aus dem Land werfen konnte, und der so tat, als verachtete er Welt und Geld, wobei er doch am liebsten im Kontor seines Vaters höhere Gewinne ohne die Römer als mit ihnen gezählt hätte, nannte er den Dolchträger und machte ihn zu unserem Geldzähler. Wenn ich meine Geschichte erzählte, wie er mich als staubigen, werkzeugbeschwerten, durstigen Vogel im Kreise der Kinder an sich gezogen hatte, lachten wir alle. Jeden von uns hatte er entrüstet, entwaffnet, aus einem erstarrten Leben gerissen, und so den Weg mit ihm ein neues Land gewiesen.

Mit Maria aus Magdala, der leichtlebigen Stadt am Meer mit all ihren Seeleuten, zog er sich zurück. Sie hatte ihn mit ihrer lachenden Schönheit herausgefordert. Er ging mit ihr durch die sieben Siegel der Welt, darunter *Finsternis, Verlangen, Unwissenheit, Todesfurcht, Fleischeslast und törichte Fleischeslust,* bis sie wusste, dass ihre käufliche Schönheit und ihr inneres Wesen wie alles in der Welt von je her gänzlich rein waren.

Wir alle waren zuvor wie in einer selbstgemachten Falle gelandet, aus der er uns durch sein Wirken immer mehr befreite. Lange redeten wir untereinander. Es ging auf ein unbekanntes Ziel zu. Immer mehr wurde uns klar, dass wir selbst das Ziel waren. Denn warum erkannten wir nicht, was er wusste?

Wir sollten seine Nachfolger sein, aber alles, was wir konnten, war hinter dem Meister herzulaufen. Das Reich Gottes gehörte uns, sagte er beständig, aber in unserem Unwissen fühlten wir uns nicht anders als die anderen Menschen. Und doch sammelten wir alles, was wir von ihm sahen und vernahmen, wie in einer inneren Scheune. Nichts sollte verloren gehen. Wir alle spürten: *Er war reines Wissen und Endgültigkeit. Er verkündete, was im Vater ist, um die zu lehren, die Lehre annehmen würden. Die aber die Lehre annehmen, sind die Lebenden, die in das Buch der Lebenden eingeschrieben sind. Sie empfangen Lehre über sich selbst.*

Immer mehr gestand ich mir ein, im vorhinein unwissend zu sein und ihn im nachhinein zu verstehen. Denn ich verstand ihn immer erst, nachdem etwas geschehen war, nachdem er gehandelt, etwas gesagt hatte. Ich hätte nie das gleiche tun können wie er.

So empfing ich Lehre über mich selbst, und verstand mich dabei doch immer weniger. Ich war ein trunkenes Schaf, dessen Kopf aber immer neu abgeschlagen werden musste, weil seine Schafsdummheit immer wieder nachwuchs. Aber mir öffneten sich immer mehr die Augen: ich war nicht allein. Die innere Blindheit, das ängstliche Leichentum, der selbstgerechte Balken aus Blödigkeit war noch in mir, aber nicht nur in mir.

Bald darauf tat er das erste Wunderzeichen. Wir waren auf einer Hochzeit in Kana eingeladen, drei Stunden zu Fuß von Nazareth. Auch Maria, seine Mutter war da. Wir setzten uns mitten unter das Volk und tafelten und tranken. Die Hochzeit war schon ein paar Tage im Gang, da kam Maria, die beim Tischdienst half und flüsterte Joschua zu: *„Sie haben nicht Wein."* Zu meinem Erstaunen fuhr er seine Mutter herb an: *„Weib, was habe ich mit dir zu schaffen."* Eindringlich, fast bittend, fügte er leise hinzu, als könne nur sie ihn verstehen: *„Meine Stunde ist noch nicht gekommen."*

Ich war erstaunt. So unwillig hatte ich ihn noch nie erlebt. Doch sie warf ihm einen drängenden, verzweifelten Blick zu, dann noch einen, als Zeichen seiner Zustimmung nickte er zögernd. Sie rief daraufhin laut, um das Getöse des Fests zu übertönen, den Dienern zu: *„Was er euch sagt, das tut."* Die Aufmerksamkeit des ganzen Saals richtete sich nun auf uns. Er wandte sich an die Diener, zeigte auf die Wasserkrüge, die zum Händewaschen am Eingang des Saals standen, und befahl: *„Füllet die Wasserkrüge mit Wasser."* Und sie füllten sie, was eine gute Weile dauerte, denn sie fassten wohl an die tausend Kannen. Sie taten es ohne zu murren, obgleich niemand wusste, was geschehen würde. Als sie fertig waren, sagte er zu den Dienern: *„Schöpfet nun und bringet's dem Koch!"* Und sie taten es. Dieser war in der Küche und hatte von alledem nichts bemerkt. Als sie ihm aber die ersten Krüge des Wassers brachten und er sie schmeckte, da stürzte er aus der Küche und fuhr den Bräutigam an: *„Jedermann gibt zum ersten guten Wein, und wenn sie trunken geworden sind, alsdann den Geringen; du hast den guten Wein bisher behalten!"*

Später sollte mir klar werden: Bereits mit seinem ersten Wunder verstieß Joschua gegen die Männerordnung von Reihenfolge und Ehre, was den Speisenmeister so aufbrausend und wütend machte. Auch das Beste musste richtig platziert sein, nur darauf kommt es an. Doch er beruhigte sich bald, besonders da er noch nie solch guten Wein gekostet hatte, und er kam im Land herum. Ich war erstaunt, denn diese Fähigkeiten, noch dazu in der Öffentlichkeit, hatte ich seit unserer Kindheit nicht mehr an meinem Bruder gesehen.

Als wir das Fest verließen, fragte ich ihn: „Warum wolltest du den Wein nicht bereiten? Du hast die weiteren Tage des Festes gerettet", und weiter kam mir: „Der Wein war doch genauso gut wie alles, das du durch den Vater tust?"

Er antwortete mit einem Anklang von Traurigkeit in der Stimme: „Ich ließ das Göttliche in das Menschliche eintreten. Das nennen sie Wunder. Aber der Vater braucht keine Wunder. Beim Vater ist doch alles Wunder."

Dann sagte er: „Wunder sind zu menschlich für Gott und zu göttlich für die Menschen. Doch nun werde ich deren viele tun." Er lächelte: „Wir sind auf der Erde." Und mit einer Bewegung, als ob sein Körper ihn plötzlich schmerzte, sagte er: „Aber die Wunder werden mich in Streit bringen mit den Stellvertretern Gottes auf Erden. Sie wollen das Göttliche unter ihre Herrschaft zwingen. Gegen das Wort von Gott haben sie nichts, aber alles gegen die Tat." Danach schwieg er lange und ging alleine weg.

Ich lief wieder zurück in das Festhaus. Die Menschen sangen, freuten sich. Ich dachte darüber nach, wie düster und schweigsam Joschua jetzt da draußen war. So hatte ich ihn noch nie erlebt. Ich betrachtete die ausgelassenen Menschen. Sie feierten ihre Hochzeit. Ihre Welt schien Bestand zu haben, das Haus war festlich geschmückt, merkten sie darüber nicht, was geschehen war? Dass eine neue Schrift an der Wand leuchtete? Wie konnte es ihnen so offensichtlich egal sein, wessen Wein sie tranken?

In der nächsten Zeit erlebte ich den Bruder verändert. Er neigte sich auf die Seite des Leibes. Es war, als hätte Maria ihn daran erinnert, dass auch er einst in einem Leib getragen auf die Erde gekommen war. Er zeigte eine neue Aufmerksamkeit für die Frauen und ihre menschliche, praktische, fürsorgliche Art. Ich spürte, er hatte das Wunder nur für Maria getan.

Er wurde anders. Irdischer als die Leib- und Weibverächter in der Wüste, von denen Johannes der Täufer mit seinem einzigen Gewand aus Kamelhaaren der bekannteste und ihm sehr nahe war. Er sprach weiter vom Vater im Himmel, vom Licht, vom Endgültigen, das den Tod nicht erfahren kann. Aber er redete nun auch vom Erben, von der Arbeit am Weinberg, der das Werk der Menschen auf der Erde ist. Nach dem Wunder des Himmels genoss er die Wunder des Leibes, doch er mischte sich nicht, er wurde nie Sklave des Leibes.

Ab jetzt war seine Stunde gekommen. Unerbittlich ging die Zeit gegen ihn, die Erdenzeit, die Zeit des Leibes, die allein die Menschen messen. Als Sohn Gottes feierte er das reine Sein und lehrte Endgültigkeit, die den Tod nicht schmeckte. Als Sohn Marias trug er am Rhythmus der Zeit, der durch die Körper geht.

Zuvor war er himmlisch sorglos, Leid schien es für ihn nicht zu geben. Jetzt war sein Blick manchmal wachsam, als ob er die Menschen auf Herz und Verstand prüfte. Ich fragte ihn danach. Er lachte. „Thomas, du willst alles wissen. Aber es ist gut, dass du fragst.“ Er hob die Schultern. „Meine Mutter Maria hat das Irdische in mir erweckt. Für sie tat ich das Zeichen.“ Er schien selbst noch verwundert und auch froh über das Neue. „Ein Wunder ist eine irdische Einmaligkeit. Es geschieht so wie eine Mutter ihr Kind auf den Arm nimmt und herzt. So tue nun auch ich.“

Als ob er noch auf dem Schoß seiner Mutter säße, fuhr er fort: „Es sind viele Brüder und Schwestern und haben einen Vater im Himmel, aber jedes hat seine Mutter auf der Erde. Der Vater ist der Geist, das allem Gemeinsame, immerwährend Gültige. Jede Mutter aber ist einmalig. Ihre Besonderheit ist das Verstehen, die Verantwortung, die liebende Tat.“ Er sah mich an, als ob er ein Geheimnis verriet: „Kinder streiten kaum um den Vater, aber jedes will die

Mutter ganz für sich. Meine Lehre ist ewig und für alle da, meine Wunder nur für die, die mich brauchen wie Kinder."

Er hatte lange geredet, fast nur für sich. Er fasste zusammen: „Meine Mutter Maria hat mich auf die Erde, in die Verantwortung, in das Besondere geholt, ich war dazu noch nicht bereit." Mit stiller Freude fuhr er fort: „Nur sie als Frau und meine Mutter konnte das. Sie kennt mich besser als ich mich selbst." Er lächelte: „Es ist gut, wenn die Frauen die Männer auf die Erde holen."

Mir wurde klar: Davor hatte er Angst gehabt, vor seinem Fall in die ihm unbekannte irdische Einmaligkeit, in die Verbindlichkeit des körperlichen Entstehens, in die Ereigniszeit, damit in den Tod. Seine Lehre, die nicht von dieser Welt stammte, konnte irdisch nicht ausgeführt werden, sie war zu himmlisch hoch.

Ein dunkler Gedanke durchzuckte mich. Die Lehre würden sie nicht kreuzigen, wohl aber ihn, den in die Tat Herabgestiegenen. Als ob er mich verstanden hätte, sagte er: „Die Tat wird mit dem Leib aufgelöst, sie ist wie er einmalig. Ich werde um den Lohn der Tat sterblich sein, wie alle, die um der irdischen Liebestat willen auf ihren erhabenen, über allem Einzelnen stehenden Himmel verzichten. Die Tat ist das verwundbare Kleid, das ich von nun an trage, das ich erst am Kreuz ablegen werde."

In der nächsten Zeit bemerkte ich, dass Wunder Joschuas Leib schwächten. So waren wir einmal mitten in der Menge und er fragte plötzlich: *„Wer hat mich angerührt?"* Petrus sagte: *„Meister, das Volk drängt und drückt dich, und du sprichst: Wer hat mich angerührt?"* Er sagte: *„Es hat mich jemand angerührt; denn ich fühle, dass eine Kraft von mir gegangen ist."* Da kam ein Weib mit Zittern und fiel vor ihm nieder und verkündete vor allem Volk, sie hätte ihn angerührt und *sei von dem Blutgang, den sie zwölf Jahre gehabt habe, gesund geworden.* Er sagte zu ihr: *„Sei getrost, meine Tochter; dein Glaube hat dir geholfen. Gehe hin mit Frieden."* Da wurde mir klar, dass er nun leiblich anrührbar war, viel mehr als ich und die meisten Männer, die vor solchen Dingen zurückscheuten.

Seit er Wunder tat, war er verändert. Ich machte mir meine Gedanken. Maria, die Frau, hatte etwas in ihm in Gang gesetzt. Sie hatte ihn trotz seiner Gegenwehr in Kana gezwungen, ein Wunder zu tun. Indem er Wasser in Wein verwandelte, war er Teil der lebendigen und leidenden Menschenwelt geworden. Zum Geist des Vaters im Himmel kam nun noch die Sorge der Mutter für das Gewordene auf Erden. Er freute sich mehr an den Menschen, litt mit ihnen, wenn er sah, dass ein Leib krank und bedürftig war.

Er wandte sich dem Volk zu, wie es war. Er feierte, er trank Wein, ein Fest der Verbindung von Geist und Körper begann. Durch die folgenden Wunder erregte er mehr Aufmerksamkeit als durch sein Wort. Aber er wurde von den Männern, die gegen das Leben waren, überall misstrauisch belauert.

Ich sah die einmaligen Frauen um Joschua, jetzt verstand ich - auch ich hatte manchmal Angst vor ihnen, so leiblich zupackend, so irdisch kraftvoll waren sie, so einladend, sich zu verlieren. Aber hatte Joschua nicht auch Angst vor dem Leiblichen gehabt? Was war das Leibliche?

Ich spürte in mich hinein: Es presste zusammen, es zuckte und drängte, es rief mit seiner Sprache. Darüber vergaßen die Menschen den Himmel. Aber er nicht. Zu den Kindern der Menschen sagte er: *„Als Adam sah, dass seine Rippe in der Form Evas erschien, wusste er um seinen Leib als Gegenüber, und er war sterblich geworden."* Die Frau ist dem Mann immer der Leib gegenüber. Sein Trieb zu ihr macht ihn sterblich. Für die Frau ist der Leib des Mannes ihr eigener Leib. Sie spürt sein Leben und ist für ihn sterblich. So sind sich Mann und Frau durch das Geschehen des Lebens, durch Geburt, Liebe und Tod heilsam verbunden.

Eine besondere Probe war es für mich, wieder nach Nazareth zu kommen, der Stadt, in der wir aufgewachsen waren. *Und da der Sabbat kam, hob er an zu lehren in ihrer Schule. Und viele, die es hörten, verwunderten sich seiner Lehre und sprachen: Woher kommt dem solches? Und was für Weisheit ist's, die ihm gegeben ist, und solche Taten, die durch seine Hände geschehen? Ist er nicht der Zimmermann, Marias Sohn, und der Bruder des Jakobus und Josephs und Judas und Simon? Sind nicht auch seine Schwestern allhier bei uns? Und sie ärgerten sich an ihm.* Ich blickte auf die mir bekannten Leute, und ich ärgerte mich über ihre abschätzigen Blicke.

Ihn Marias Sohn zu nennen war eine gewollte Beleidigung. Niemand wurde nach seiner Mutter genannt, außer man wollte ausdrücken, dass kein Vater da war. Und das war eine Schande. Er hörte ihre Bosheit und spürte, wie wenig sie an seine Taten und Worte glaubten und sagte: *„Ein Prophet gilt nirgend weniger denn im Vaterland und daheim bei den Seinen. Ein Arzt heilt nicht solche, die ihn kennen."*

Er hielt sich in Nazareth nicht lange auf. Abends gingen wir vor die Stadt und er sagte: „Wenn sie mich Sohn Marias nennen, sollen in meinem Stammverzeichnis auch *Thamar* und *Rahab, Ruth* und *Bathseba* für alle Zeit stehen." Ich wunderte mich, denn diese waren Heidinnen, Ehebrecherinnen, Straßendirnen. Und wo immer er später nach seiner Linie gefragt wurde, bestand er darauf, in seine Zeugungsväter seit Abraham gerade diese vier Frauen aufzunehmen: *Juda zeugte Perez und Serah von der Thamar, Ram zeugte Boas von der Rahab, Boas zeugte Obed von der Ruth, David zeugte Salomo von der Bathseba.* Vor meinem inneren Auge standen diese vier auf, so wie es in der Schrift von ihnen heißt:

Thamar, die Witwe, die, weil sie nicht wieder verheiratet wird, sich wie eine Dirne vor das Stadttor setzt und mit ihrem Schwiegervater Juda beiseite geht und von ihm schwanger wird, der, als ihre Niederkunft naht, nichts besseres zu sagen hat als: *„Bringt sie hervor, dass sie verbrannt werde"*, bis sie ihm mit seinem Ring die Vaterschaft beweist und er zugeben muss: *„Sie ist gerechter als ich."*

Rahab, die Hure aus der Stadt der Feinde Jericho, die israelischen Kundschaftern weiterhilft, indem sie diese versteckt und ihnen die Stimmung im Lande verrät.

Ruth, die sich auf den Rat ihrer Mutter hin *„gesalbt und gebadet"* in der Nacht auf der Tenne zu Füßen des reichen Grundbesitzers legt, der sie auf seinen abgeernteten Feldern Ähren sammeln ließ und von dem sie dann zur Frau genommen wird.

Bathseba, die Frau des Soldatenführers Uria, die König David betört, als er sie von seiner Burg aus sich waschen sieht, die er sich sofort bringen lässt und schwängert. Doch Uria hat ein Gelöbnis getan, seine Frau während des gerade stattfindenden Krieges nicht zu berühren. So ist David als Ehebrecher bloßgestellt. Er befiehlt ausdrücklich, Uria in diesem Krieg da einzusetzen, wo er sterben muss und heiratet die Witwe Bathseba.

Ich fragte Joschua, warum er aus zweiundvierzig Generationen seiner Abstammung gerade diese Frauen zur Erwähnung in seiner Linie wählte, obwohl er bereits als Sohn der Maria verspottet wurde. Er antwortete, und es war mir, als lächelte er in die Ewigkeit hinein: „Diese Frauen empfingen die Liebe des Himmels und brachten sie ohne Gesetz auf die Erde, sonst würde niemand mehr von ihnen sprechen. Denn aus Mann und Frau allein geht die göttliche Art nicht hervor."

Ich dachte an die Sünder, Huren und Zöllner, die er um sich sammelte, und die ihn mehr liebten als die argwöhnischen Wächter des Gesetzes. Er fuhr fort: „Männersöhne ehrt man wegen ihrer Väter, Frauensöhne schimpft man nach ihren Müttern. Aber Frauensöhne sind Gott nahe." Da spürte ich, dass auch ich wie ein Männersohn immer nur das rechtschaffene Erbe meines irdischen Vaters Joseph gesehen hatte, Arbeit, genaues Maß, gute Wahl des richtigen Materials und der Werkzeuge, Selbstzufriedenheit nach getaner Arbeit. Ich dachte an König Salomo, den Fürsten der Liebe und des Friedens, der ein Frauensohn der Bathseba war.

Joschua sah mich durchdringend an. „Männersöhne werden mich kreuzigen und einen Männersohn an meiner Stelle freilassen. So bleiben sie bei Krieg und Verfluchung und züchtigen die Menschen mit ihrer selbstherrlichen Art." Dann machte er diese achselzukkende Bewegung, die ich so gut kannte und die besagte, dass auch er damit einverstanden war. Er warf einen Blick zum Himmel und sagte: „Die Männer werden Frauen, die Frauen werden Männer, denn sie sind eins im Licht des einigen Vaters."

Und wie abschließend ergänzte er: „Die mich treffen wollen, haben Recht. Ich bin mehr das Kind Marias als Josephs." Lächelnd fügte er hinzu: „Aber sie wissen nicht, warum sie Recht haben."

Da erst wurde mir klar, warum er Männer wie auch Frauen um sich hatte. Die ihn offen *‚Fresser und Weinsäufer'* nannten, sprachen sicher heimlich von ihm auch als Knecht der Frauen.

Warum waren es überall die Männer, die ihn ablehnten, die sich zueinander hielten und Frauen ausschlossen, wo es nur ging? Warum waren ihnen ihre Ahnentafeln, die nur Männer aufzählten, so wichtig? Woher kommt der Graben zwischen Mann und Frau, wenn sie doch Geschöpfe des einen Gottes sind?

Auch Petrus wollte Maria aus Magdala, der Stadt mit den lockeren Sitten, nicht mehr bei uns haben: *Es sprach Simon Petrus so: Maria soll von uns weggehen! Denn Frauen sind des Lebens nicht wert. Es sprach Jesus so: Seht, ich werde sie ziehen, um sie männlich zu machen, damit auch sie ein lebender Geist wird, ähnlich euch Männlichen. Denn jede Frau, die sich männlich macht, wird eintreten in die Herrschaft der Himmel.* Ich betrachtete daraufhin Maria immer wieder. Wer hatte ihre Schönheit gemacht, wenn nicht Gott selbst? Und sie war mutig und offen und lachte viel. Keine Spur von Unterwürfigkeit. Ich dachte an die sieben Sünden, die ihr der Herr ausgetrieben hatte. Eine Sünde, Frau zu sein, war bestimmt nicht dabei.

Einmal, wir waren im Tempel, brachten die Oberen eine ehebrecherische Frau vor ihn. Sie sollte nach dem Gesetz zu Tode gesteinigt werden. Doch die Priester wussten, dass er aus Liebe und Mitleid das äußere Gesetz brechen und dem inneren Gesetz unterordnen würde. Um ihn zu fangen, fragten sie scheinheilig, denn sie brachen das gottgegebene Gebot zuerst, da sie es in Frage stellten, ob das todbringende Gesetz Moses nun für die Frau anzuwenden sei.

Wir hielten den Atem an. Es ging um Leben und Tod. Wie konnte er sich zu ihr bekennen, die nicht zu retten war, da sie nach dem göttlichen Gesetz ihr Leben verwirkt hatte? Und doch stand er unverrückbar auf der Seite des Lebens. Er machte nur einige Zeichen auf den Boden. Dann sagte er: *„Wer unter euch ohne Sünde ist, der werfe den ersten Stein auf sie."* Unbeteiligt malte er weiter seine Zeichen. Doch in allen Anklägern war Ehebruch, Sünde, Fraß und Gier. Sie ließen die Frau los, aber in ihnen züngelte Wut und Rache. Ihn würden sie dafür töten. Er sagte zu der Frau: *„Wenn dich niemand verdammt, so verdamme auch ich dich nicht."*

So hatte noch keiner gesprochen. Ich machte mir meine Gedanken. Er hatte die Priester entlarvt, die Wasser predigten und Wein tranken. Sie selbst taten, was sie wollten. Es war bekannt, dass sie Frauen für eine Nacht in die Ehe nahmen und sie am nächsten Morgen mit der Scheidungszeremonie verstießen. Was war dies anderes als Ehebruch und Hurerei, aber gesetzlich und daher unantastbar. Dafür hatten sie ihre Gesetze, dass sie die in der gleichen Tat Ertappten züchtigten. Aber so waren sie schuldig. Ihr schuldiges Tun hatten sie auf die Frau geworfen.

Jetzt verstand ich wie nie zuvor: In Sünde lebten alle, aber man lädt Schuld auf sich, wenn man die eigene Sünde in anderen verdammt. Doch sie waren vor ihm eingeknickt. Sie hatten ihm eine Falle gestellt, doch er war so rein, so göttlich, dass er durch sie hindurchging wie Mose durch das Rote Meer. Er aber schritt über den Abgrund, den sie zwischen sich und der Frau aufreißen wollten. Er führte sie vor wie Schulkinder.

Immer, wenn sie ihm eine arglistige Falle stellten, fielen die Gegner selbst hinein. Mir fiel wieder ein, dass er zu mir gesagt hatte: die größten Sünder sind die versteckten Sünder. Ihre Boshaftigkeit war die Falle, in der sie lebten, ihre verborgene Falschheit hielt sie in

Schuld gefangen und hob sich für alle, sogar für sie selbst sichtbar vor ihm ab wie ein dunkler Schatten vor der Sonne.

Gegen diese Schuld war er angetreten! Ein Wort von ihm fiel mir ein: *„Das Reich des Vaters gleicht einem Manne, der einen Gewaltigen umbringen will. Er zieht zu Hause sein Schwert aus der Scheide und stößt es durch die Wand um zu prüfen, ob seine Hand stark genug ist. Dann bringt er den Gewaltigen um."* Das wollte er! Er probte den Aufstand gegen irdische Gewalt und auch für die Frauen, die bevorzugten Opfer der amtlichen Heuchelei.

Meine Gedanken an den Zorn der Priester, an die Volkswut, die über die Frau hereingebrochen waren, ließen mich nicht mehr los. Was geschah in den Menschen, wenn sie sich so schnell wendeten? Die selbstgerechte Empörung der Menschen war vor ihm abgeebbt wie das galiläische Meer, das er einst beruhigt hatte, um uns zu retten. Bis jetzt hatte ich die Menschen nur von außen betrachtet, ob das, was sie taten und wie sie es taten, dem Gesetz entsprach. Äußerlich schienen sie verschieden zu handeln, ihr Inneres betreffend nahm ich an, sie seien alle gleiche Geschöpfe Gottes, immer willig, doch nicht immer fähig, ihm zu dienen. Nun machte ich die Erfahrung, dass die offenen Sünder bereit waren, meinem Bruder zu folgen und auf ihn zu hören, die Hohenpriester und Herren sich ihm jedoch in starrer Härte verweigerten.

Ich verstand die Menschen immer weniger. Uns allen ging es ebenso. Als wir ihn danach befragten, erzählte er vom Pharisäer, der so betete: *„Ich danke dir, Gott, dass ich nicht bin wie die anderen Leute, Räuber, Ungerechte, Ehebrecher, oder auch wie dieser Zöllner. Ich faste zweimal in der Woche und gebe den Zehnten von allem, was ich habe. Und der Zöllner sagte nur: Gott sei mir Sünder gnädig!"* Dann sprach er mild über den Zöllner, nicht aber über den verstockten Pharisäer: *„Denn wer sich selbst erhöht, der wird erniedrigt werden; und wer sich selbst erniedrigt, der wird erhöht werden."* Da sah ich, dass es das erste Bestreben vieler Menschen war, sich auf Kosten anderer nicht nur zu bereichern sondern auch besser zu machen. Mein Bruder verzieh alles, nur dies nicht.

Ab dieser Zeit nannten wir ihn unter uns oft den Retter. Er wollte uns also nicht vor äußeren Zorneszeichen Gottes retten, vor Plagen, Teuerung, Dürre und dem Einfall der Feinde, sondern etwas in uns bedurfte notwendig des Heils. Ohne das innere Heil sind die Menschen mit sich selbst bestraft. In ihrer Bosheit und Unwissenheit bringen nur sie selbst Zerstörung, Krieg und Not hervor und nennen ihr Böses Strafen Gottes.

In der nächsten Zeit hörte ich besonders hin, wenn er über das wahre Innere des Menschen sprach. *„Das Auge ist des Leibes Licht. Wenn nun dein Auge einig gut ist, so ist dein ganzer Leib licht; so aber dein Auge boshaft ist, so ist auch dein Leib finster. So schaue darauf, dass nicht das Licht in dir Finsternis sei. Wenn nun dein Leib ganz licht ist, dass er kein Stück von Finsternis hat, so wird er ganz Licht sein, wie wenn ein Licht mit hellem Blitz dich erleuchtet.“* Also war es wichtig, sich im Innern zur Wahrheit hin zu verändern. Und dass es möglich war, hielt er uns immer wieder vor: *„Der Heilige Mensch ist gänzlich heilig bis zu seinem Leibe. Denn wenn er das Brot genommen hat, wird er es heilig machen. Oder den Becher oder alles sonst, was er nimmt, er wird es reinigen. Wie sollte er da nicht auch den Körper reinigen?“*

Immer wieder warnte er uns vor den Priestern im Tempel und ihren leeren Amtshandlungen: *„Das Reich Gottes kommt nicht mit äußerlichen Gebärden; man wird auch nicht sagen: Siehe, hier! oder: da ist es! Denn sehet, das Reich Gottes ist inwendig in euch.“* Ich verstand, was er meinte. Der Mensch ist innerlich rein, heilig, des Himmels. Dies gilt für Mann wie Frau.

Dennoch fühlten wir uns seltsam unerlöst. Manchmal fragten wir uns, warum gerade wir bei ihm sein durften. Und warum er zu uns von den Dingen sprach, die wir doch nicht verstanden. Ich erinnerte mich, wie mir gleich nach seiner Rückkunft klar wurde, dass seine Worte nicht die meinen waren.

So sagte er uns immer wieder: *„Die Namen, die man den Dingen gibt, verursachen großen Irrtum. Wer das Wort Gott hört, erkennt nicht das Feststehende, sondern er hat das Nichtfeststehende erkannt. So verhält es sich auch mit Heiliger Geist, Leben, Licht und allen anderen Namen. Sie umgreifen nicht das Feststehende, sondern sie begreifen das Nichtfeststehende, es sei denn, einer kennte das Feststehende. Die Namen, die gehört werden, sind in der Welt, um zu täuschen. Wären sie im Himmel, würde man sie in der Welt keinen Tag aussprechen."*

Gab es zwei Welten? Veränderte sich Gott, wenn er in die Menschen eintrat? Besonders dann, wenn sie ihn ständig im Munde führten? In ihrer Zeit, in ihrem Handeln, in ihrem Reden und Sehen, wovon wurde Gott überdeckt? Immer, wenn Joschua vom Feststehenden, vom Endgültigen sprach, schien es mir nichts Lieberes zu geben, als dieses zu erreichen. Dies würde mich von meinen Zweifeln erlösen.

Wenn ich mit anderen über diese Dinge sprach, nannten sie mich einen Zweifler, ich sollte alles nicht so genau nehmen, ich sollte mich an den schönen Dingen erfreuen, die wir mit ihm erlebten. Ihn zu fragen war zwecklos, er sagte uns alles, nur verstanden wir ihn nicht so, wie er zu uns sprach. Redete er zum Volk, waren wir auf seiner Seite. Redete er zu uns, waren wir wie das Volk.

So spitzte sich alles immer mehr zu. Die Menschen wollten sich für das Neue entscheiden, aber sie wussten nicht, was das Neue war. Dies nutzten die Priester und Pharisäer. Sie wollten zeigen, dass sie auf der Seite des Rechts standen. So fragten sie ihn, wem nach der Auferstehung des Fleisches eine Frau gehören sollte, die in ihrem Leben als siebenfache Witwe sieben Ehemänner gehabt hatte. *Jesus antwortete und sprach zu ihnen: „Die Kinder dieser Welt freien und lassen sich freien; welche aber würdig sein werden, jene Welt zu erlangen und die Auferstehung von den Toten, die werden weder freien noch sich freien lassen. Denn sie können hinfort nicht sterben; denn sie sind den Engeln gleich und Gottes Kinder, dieweil sie Kinder sind der Auferstehung. Gott aber ist nicht der Toten, sondern der Lebendigen Gott; denn sie leben ihm alle."*

So trennte er wieder die irdischen Erfahrungen und Ordnungen, die wir kannten, vom himmlischen Leben ab, das unser höchstes Ziel war. Manche wurden auch seines Redens vom Himmel müde und fielen von ihm ab. Doch wohin gingen sie? Ich hörte genau hin, wenn er über solche sprach. Sie gingen ins Vergessen.

Sie vergaßen sich, wenn sie sich nur noch in der Welt spürten. Sie wurden von der Welt verschluckt und lebendig getötet. Sie bildeten sich nur ein, ihre eigenen Erfahrungen in den Läuften der Welt zu machen. So waren sie vom Himmel getrennt.

Er sprach dies genau an: *„Weil das Vergessen entstanden ist, damit man den Vater nicht erkenne, wird dann, wenn man den Vater erkennt, das Vergessen nicht mehr existieren. Von diesem Zeitpunkt an."* Wie hing ich an seinen Lippen, wenn er über die irdische Weltlichkeit der Menschen sprach: *„Ich, der Himmel, dulde nicht, dass die Taten der Leibhaftigkeit endgültig sind. Als ein guter Hüter verschließe ich die Tür der bösen Tat. Doch schneide ich niemanden ab."*

In mir schrie es auf, als ich das hörte. Das war es! Die äußere vergängliche Welt fraß die Menschen auf, zog sie unzufrieden ins Grab. Kannten sie nur sich, wurden sie von ihrem Fleisch durch ihre eigene Vergänglichkeit und Endlichkeit vernichtet. Sie waren tot, wenn er sie nicht erweckte. Ihre Taten waren Schaum im Traumschlaf des Vergessens, doch er verbot sie ihnen nicht.

So sammelte er immer mehr Männer und Frauen um sich, denen er predigte, erzählte, die immer mehr über ihn staunten. Denn unser Leben war wie ein Fest, dessen Genuss einzig unsere Unfähigkeit trübte, ihn wirklich zu verstehen und zu lieben. Dennoch, es geschah, dass zwölf von uns ausgeschickt wurden, zu heilen, zu taufen, von ihm zu berichten, auf ihn aufmerksam zu machen. Als er uns dies verkündete, entstand in mir Unsicherheit. Ich war kein Arzt, kein Schriftgelehrter, ich war ein einfacher Mensch wie die anderen. Und doch, gegen ihn gab es nichts zu tun.

Auch ich ging los. Zum erstenmal in meinem Leben war ich nur mir selbst verantwortlich. Ging ich an einer Kreuzung rechts, ging ich an einer Kreuzung links, es lag an mir, dies zu entscheiden. Ich lernte, dass es nur eins gab: vorwärts zu gehen. Ich war mir etwas wert durch die Botschaft, die ich trug. Es war mir neu, Aufmerksamkeit zu erregen, unbekannte Menschen anzusprechen, in ihr Leben einzugreifen. Manchmal setzte ich mich auf einen Hügel, betrachtete die Siedlung, in die ich dann ging. Ich fühlte mich nicht getrieben wie früher, ich wollte den Menschen erzählen, dass Gott für sie da war, dass sie sich nicht zu sorgen brauchten.

So predigte ich mit seinen Worten, freute mich an Menschen, denen es so erging wie mir, die sich mitreißen ließen, sich taufen ließen, die auf das neue Gesetz in sich hören wollten. Seine Stimme klang durch mich. Ich wunderte mich, wie sehr seine Botschaft bereits in mich eingegangen war. Ich vergaß meine Geschichte als Zimmermann, ich betrachtete immer weniger die Dächer, die Schreine und Truhen, die Arbeit meiner Berufsleute zum Vergleich mit meinem Können.

Zunächst sah ich meine Aussendung als Gegenmittel zu der allgemeinen Falschheit, die ich nun überall sah. Auch ich war nur im Gesetz gewesen, auch ich hätte die Ehesünderin gesteinigt, weil es so befohlen war. Auch ich hatte andere verklagt, wenn sie meine Bezahlung schuldig blieben. Nach meinem neuen Verständnis hatte ich so falsch und in Sünde gelebt, ohne dass man mich einer geringsten Gottlosigkeit bezichtigen konnte. Als Zimmermann, der vor aller Augen im Sichtbaren arbeitete, hatte ich dennoch ein verborgenes, sündiges Leben geführt.

Ich spürte, dass ich mit diesem geregelten Leben eine geheime Scham bedeckt hatte. Die Scham, ich selbst zu sein, einen Körper zu haben, wie er war, mit seinen Ausscheidungen, mit seinen Erregungen, wenn ich schöne Frauen sah. Ich hatte mich vor mir selbst abseits gehalten, mich vor mir durch meine Arbeit versteckt. Ich hatte dabei den festgelegten Reinigungen durch die Priester vertraut, die mich mir selbst gegenüber jedoch so unrein beließen, wie sie selbst es waren. So versteckte ich mit ihrer Hilfe mein Leben vor Gott. Ich war jemand und doch nicht. Ohne meine Seinsscham zu erkennen und zu überwinden, hätte ich nicht in Joschuas Namen predigen und heilen können.

So lernte ich, zu mir zu stehen und mich anzunehmen. Ich wurde zum offenen Sünder vor mir selbst. Ich durfte da sein, als Kind des Vaters weitergeben, was dieser mir schenkte. Joschua gab mir Kraft und Erlaubnis dazu. So fühlte ich Leben in mir.

Ich sah überall die verborgenen Wurzeln vieler Krankheiten, die auch in mir waren, vor denen der Retter mich befreit hatte, bevor sie ausgebrochen wären. Wenn ich zu einem Kranken gerufen wurde, legte ich die Hände auf, fasste mich innerlich und gab mein neues Lebensgefühl weiter. ‚Du darfst sein, nimm dich an, so wie du bist, lass geschehen, was geschieht, lebe...‘, so übertrug ich mein beginnendes Heil in die Kranken. So taufte ich. Ich erwarb und gab weiter, was mir selbst gefehlt hatte, und lernte dabei zu sein, was ich für mich suchte.

Wenn ich nun beim Weiterziehen einen großen Vogel über der Wüste sah, wurde mir klar: Als ich noch Zimmermann war, sah ich nichts in ihm. Es war gleichgültig, ob es ihn gab oder nicht. Er hatte in meiner Welt keine Bedeutung, auch wenn ich seine Größe und sein Schweben bewunderte. Er hatte nichts mit mir zu tun, der ich meine Hölzer maß und zuschnitt. Solche Vögel waren irgendwie überflüssig, es gab sie eben, Gott musste wissen, warum er sie geschaffen hatte. Galt dies vor kurzem nicht auch für mich? Jetzt verstand ich, was mein Bruder meinte, als er von dem *Gegenüber der Natur als größtem Leid der Menschen* sprach.

Mein früheres Leben war darauf gegründet, dass die Welt außerhalb von mir zu meiner Verfügung stand und für mich nutzbar vorhanden war. So konnte ich mir Sicherheit und Wohlstand verschaffen, sonst hätte sie nicht zu sein brauchen. Es war mir damals leicht vorstellbar, dass sie plötzlich aufhörte, mich verschlänge, in Flammen aufging, durch den Zorn Gottes über Unreinheit und Missetaten im übrigen Volk zerstört wurde. Dagegen hätte ich nichts tun können. Es hätte mich wie alle anderen getroffen.

Doch je mehr ich zu mir selbst kam, je mehr ich meine Scham zu sein vor mir aufdeckte, umso mehr ließen diese Vorstellungen nach. Die Welt war da, weil Gott sie für alle Wesen, wie auch für mich, gewollt hatte. Nicht nur, weil ich sie mir redlich verdiente, damit ich sie für mich gebrauchte.

'Sei einfach da', diese heilende Formel sagte ich mir selbst immer wieder, 'lauf, erzähle, heile, fliege wie der Vogel, geh deinen Weg zu und mit den Menschen, fließe mit dem Fluss...' Alles war, mein Bruder, die Vögel am Himmel, die Menschen, die Gräser am Weg, alles war sich Bruder, alles lebte aus dem gleichen Sein heraus, auch ich. So kam ich bei mir an, als Teil der Welt, in der Umkehr meines vorigen Daseins; ich war offen, bereit, ich konnte heilen, war gesund, konnte Härten ertragen und mich der schönen Dinge freuen, die mir auf der Sendung geschenkt wurden. So wurde ich immer wirklicher der Bruder eines Gottessohns.

Nichts war mehr wie vorher, alles geschah mir durch Joschua. Ich spürte ein neues Leben, doch auch dieses schien mir noch dem Tod unterworfen. Gerade weil es mir jetzt gut erging, erschreckte mich plötzlich die Vorstellung meines Todes. Jetzt zu sterben schien noch grausamer zu sein, als wenn ich als mühsam arbeitender Zimmermann vom Dach gefallen oder von einem Balken erschlagen worden wäre. Das hätte eine unverdiente Erlösung von mir selbst bedeutet, aber die wollte ich jetzt nicht mehr. Ich wollte leben! Ich lebte! Und gerade jetzt spürte ich die Bedrohung durch den Tod besonders schrecklich. Plötzlich hatte ich Trauer für jeden Tag, den mir ein jäher Tod nehmen würde.

Meine stille Scham dem Leben gegenüber wandelte sich in wütende Ohnmacht angesichts des Todes, der mir all das an Leben nehmen würde, das ich mir mühsam erkämpft hatte. Ich begann, den Tod als ungerecht zu hassen, heilte und verbreitete die Botschaft von neuem Leben aus Liebe zu meinem Bruder, dem Tod zum Trotz, der mein Wollen und Tun nicht verhindern konnte. Stand mir zuvor die Welt abgegrenzt wie eine Mauer gegenüber, war es nun der Tod... So wurde mir der Tod ein bitterer Begleiter, ein Schatten des Lebens. Der letzte Kummer, den ich mit meinem neuen Lebensgefühl nicht überwinden konnte. Ein Gott, der zerstörte, schwand immer mehr in meinem Denken. Nur der Mensch zerstört sich in dem, was er hasst.

Immerhin, machte ich mir klar, sah ich meinen Tod neu - vorher hätte er mich kaum getroffen - aber jetzt lebte ich und je mehr ich lebte, umso weniger wollte ich sterben!

Und doch wusste ich dank Joschua im Geheimen, dass ich in meinem ganzen Leben nie so glücklich sein würde, wie im Augenblick meines Todes.

Über allem sah ich das Lächeln meines Bruders, der mich unsterblich machen würde, es war ja sein Versprechen, nicht meine Hoffnung. ‚*Nur wer sein Leben verliert, wird es finden*', hatte er gesagt. Doch ich war noch nicht bereit, mein Leben zu verlieren. Ich hatte es ja erst einmal für mich gefunden, auch wenn es noch nicht das Leben war, von dem er predigte.

Wer war ich nun? Ich kam mir vor wie ein seltsames Ding zwischen Himmel und Erde, zwischen ihm und den Menschen. Was hatte ich in seinem Namen getan? Denn ich, noch nicht er, hatte gehandelt, als ich verkündigte, taufte und heilte. All dies schien aus mir gekommen zu sein und war doch von ihm.

So fragte ich ihn eines Abends, sobald ich nach meiner Rückkehr mit ihm alleine war: „Was geschah mit mir, als ich von dir sprach und in deinem Namen taufte und heilte?" „Du hast gelernt, wie man Teufel austreibt", sagte er kurz. Ich war erstaunt. „Ich habe keine Teufel gesehen. Wie habe ich dann welche ausgetrieben?" „Ich habe dir die Macht dazu gegeben." Er wandte sich ab und sagte nur: „Morgen wirst du sehen." Durch die Nacht klangen noch seine Worte: „Es ist das Einfachste der Welt." Dann war er verschwunden. Unser Zusammensein war beendet.

Am nächsten Tag wurde *ein Besessener zu ihm gebracht, er war blind und stumm; und er heilte ihn, also dass der Blinde und Stumme redete und sah. Aber die Pharisäer, da sie es hörten, sprachen sie: Er treibt die Teufel nicht anders aus denn durch Beelzebub, der Teufel Obersten. Er sprach: So denn ein Satan den andern austreibt, so muss er mit sich selbst uneins sein; wie kann denn sein Reich bestehen? So ich aber die Teufel durch den Geist Gottes austreibe, so ist ja das Reich Gottes zu euch gekommen.* Er nickte mir zu, als er dies sagte, als habe er meine Frage vom Abend zuvor beantwortet. Doch ich verstand ihn nicht.

Er sprach weiter zu den Pharisäern: Alles Falsche würde dem Menschen vergeben, aber nicht die Sünde wider den Geist. Ein guter Mensch brächte Gutes hervor, ein schlechter Mensch könnte nicht Gutes reden aus seinem bösen Schatz. Ich war noch mit meiner Frage beschäftigt, womit man Teufel austreibt. War es denn wichtig, mit welcher Kraft man Teufel austrieb, wenn sie nur vertrieben würden? Er erkannte meine Gedanken, kam zu mir und sagte: „Wer seine empörte Gerechtigkeit gegen die Ungerechtigkeit stellt, der lügt. Wer das Böse mit dem Bösen austreibt, wird böse in seinem

Herzen. Wer das Unreine in sich einlässt, um gegen das Unreine zu sein, wird selbst vom Unreinen besessen."

Ich spürte den heiligen Eifer, der in seinen Worten lag. „Ich sage den Menschen wieder und wieder, sie selbst sollen die andere Wange hinhalten, statt mit dem Gleichen in sich andere zu verteufeln." Er wandte sich den übrigen Jüngern zu: „Als ihr heiltet, habt ihr euch nicht vermischt. Das Böse der anderen konnte in euch nichts Böses hervorbringen, womit ihr gegen das Böse gekämpft hättet. Diese Kraft gab ich euch, sonst hätte ich euch nicht ausgeschickt."

Da war mir klar, dass unter seinem Schutz stand, wer friedfertig und gerecht blieb und anderen nicht Gleiches mit Gleichem vergalt. Wie zur Bestätigung meiner Gedanken fuhr er fort: „Denn sonst hättet ihr die bösen Geister der anderen mit Teufeln in euch ausgetrieben. Dann wären ihre Teufel auf euch gesprungen." Nachdenklich fügte er hinzu: „Die Menschen werden von den Teufeln besetzt, gegen die sie am meisten sind. Deshalb sammle ich einfache und aufrichtige Menschen um mich, die noch keinen geordneten Bund mit irgendwelchen Teufeln haben."

Doch ich bin, wie ich bin, ich wollte es genau wissen. Deshalb fragte ich: „Gibt es Teufel in mir, auch wenn ich sie nicht sehe?" „Die Kinder der Menschen machen ihre Teufel selbst, deshalb sehen sie sie nicht." Erstaunt sagte ich: „Wie kann man Teufel selbst machen?" Da erwiderte er in seiner unnachahmlichen Art, die so sanft war, auch wenn das, was er sagte, wie ein Peitschenhieb wirkte: *„Richtet nicht, auf dass ihr nicht gerichtet werdet. Denn mit welcherlei Gericht ihr richtet, werdet ihr gerichtet werden; und mit welcherlei Maß ihr messet, wird euch gemessen werden."*

Er nickte, als ob er sich freute: „Sie werden mich verlachen und verspotten und kreuzigen und glauben, sie tun das Richtige. Aber ihre Teufelei wird nicht in mich kommen." Er lächelte mir zu: „Wir glauben einfach nicht mehr an Teufel, Thomas. So findet kein Teufel Platz in uns"

Ich ging beiseite, um all dies zu verstehen. In meinem Kopf wirbelte es. Waren meine Teufel die Hohenpriester? Alles, das ich nicht leiden konnte? Das, was mich an mir selbst ärgerte? Verteufelte ich also immer nur mich selbst, auch wenn ich gegen andere war? Joschua schien außerhalb von alledem zu stehen. Hatte er diese Teufel nie gehabt? Aber er kannte sie, denn niemand sprach so treffend von ihnen wie er.

Bei nächster Gelegenheit fragte ich ihn: „Aber auch du wurdest versucht. Hast auch du den Satan, der dich versuchte, in dir gemacht?" Dabei schoss mir durch den Kopf: dann wäre Joschua ungerecht, denn dann hätte auch er seine Art von Teufeln in sich! Er lachte nur über meine Frage. Die alte Vertrautheit zwischen uns war ganz wieder da: „Du machst Fortschritte, Thomas. Du fragst schon so scharf wie ein Schriftgelehrter."

Er wurde ernst: „Auch wenn ich niemanden richte, stehe ich doch vor einem Gericht. Ich tue die Dinge des Vaters, so wie er sie will, nicht wie ich sie vielleicht wollte." Ich dachte an unsere Spiele als Kinder, wie mutwillig er oft war. „War dein eigener Wille die Versuchung, die du hattest?" fragte ich. „Nein, alles ist der Vater, alles trägt den Vater in sich", sagte er und umarmte mich. „Ich stand vor der letzten Versuchung. Diese kommt vom Vater selbst, nicht vom Satan. Denn die letzte Versuchung hört sich genauso an, wie die Stimme des Vaters..." „Wie hört sich die falsche Stimme des Satans an, die wie die Stimme des Vaters klingt?" fragte ich gespannt.

„Sie sagt, und man meint, den Vater selbst zu hören: ‚*Bist du Gottes Sohn, so lass diese Steine zu Brot werden, bist du Gottes Sohn, so werden dich die Engel tragen, so gehören dir alle Reiche und alle Herrlichkeit. Sei wie ich!*'" „Und was sagt die wahre Stimme Gottes?" fragte ich, und die Worte kamen aus mir, bevor ich über sie nachdenken konnte. Er murmelte leise, und es war wunderbar, dies von ihm zu hören: „Der wahre Vater sagt, du bist von Engeln getragen, dir gehören alle Reiche, ich liebe dich. Du bist mein Sohn. Alles ist wie ich, also auch du."

Da wusste ich: Was Joschua wollte, war, dass wir die reine Stimme Gottes hörten, nicht nur die Nebenstimmen unserer Wünsche und Einbildungen.

Dann war es das Einfachste von der Welt, Joschua nachzufolgen und zum Vater zu gelangen, so wie wir waren, nicht so wie wir uns einbildeten, sein zu müssen. Doch manche machten sich dies schwer. Ich dachte nach. Manche von uns kleideten sich wie Joschua, redeten wie er, sie ahmten seine Bewegungen nach. Also folgten auch sie einer inneren Stimme, die sagte: „Werde wie er, hebe die Augen wie er, trage Kleidung wie er, so wie er!" Auch Judas Ischariot kam mir oft so vor. Mich dagegen hatte immer etwas davon abgehalten, Joschua nachzuahmen, sein zu wollen wie er. Ich hätte es auch nicht gekonnt. Ich wollte ich bleiben, und dies erschien mir manchmal wie Widerstand.

Joschua raffte sich auf, und als ob er zu sich selbst redete, sagte er: „Die letzte Versuchung ist, sein zu wollen wie Gott ohne selbst zu erkennen, dass man Gott ist." Und zu mir gewandt, mit diesem Verstehen, das alles umschloss: „Nur diese eine Versuchung ist von Gott gegeben. Sie ist göttlich, sonst wäre sie nicht vom Vater selbst."

Er ging, ich blieb noch auf dem Hügel, wo wir gestanden hatten und dachte nach. Auch wenn die Menschen Gott nicht erkannt hatten, wollten sie doch sein wie er, obwohl sie sich noch sterblich und verloren fühlten. Damit wurde seine Unermesslichkeit zu ihrer Maßlosigkeit, seine Kraft zu ihrer Gewalt, seine Fülle zu selbstherrlichem Prunk und eingebildeter Meisterschaft.

Daher hatte ich Menschen nicht leiden können, die im Namen Gottes, um so zu sein wie er, nachahmerisch das offen auslebten, was ich mir nicht gestattete. Ich strebte keine eingebildete Gottesnähe an... Denn mein Fleisch war noch alles, was ich kannte, es formte mein Denken, auch meine bescheidenen Vorlieben, mein Wesen!

Fast unbarmherzig schien es mir, wenn er sagte: *„Wer hier unten ist, ist fleischlich. Und das heißt es, wenn geschrieben steht: was aus dem Fleische geboren ist, ist Fleisch. Was aber aus dem Geiste geboren ist, ist Geist."* So schärfte ich meine Sinne für das Fleisch, das ich war, für das Unwissen in mir und für die nötige Geburt des Neuen. An mir wollte ich lernen, mich unbedingt auf die Seite des Guten zu stellen, das Joschua lehrte und verkörperte, ohne immer wieder neu gegen die Falschheit in anderen zu sein.

Ab dieser Zeit hielt er sich von uns fern. Er wirkte für uns anders. Er schien in sich gekehrt. Er beachtete uns kaum, befragte uns auch nicht über die Ergebnisse unserer Aussendung. Wir hätten ihm so gerne darüber berichtet, aber es schien ihn nicht zu interessieren. Unsere Begeisterung, mit der wir getauft und missioniert hatten, war schnell verflogen. Gerade dadurch schien er uns noch mehr an sich zu binden. Auch mich beachtete er kaum noch.

Er sprach mehr in Rätseln als zuvor. Wir waren zunächst verwirrt und berieten uns lange, was dies zu bedeuten hatte. Neu war, dass er immer wieder von Bildern sprach, über die wir die Welt und ihn erfuhren. Doch ich war voller Fragen. Seine Zurückhaltung machte uns nur noch begieriger, uns ihm zu nähern, ihn zu erfassen, ihn in uns aufzunehmen. Er ging weniger zu den Menschen, er folgte nur noch Einladungen und wandte sich an Gastgeber, die er bereits kannte. Wir erfuhren, dass er lange Zeit in der Wüste gewesen war. Von dort war er ernst und schweigsam zurückgekehrt.

Es ging in eine neue Richtung, er schien nicht mehr das ganze Land für sich einnehmen zu wollen. Er sprach zu uns, als hätten wir direkt vor unseren Augen eine Aufgabe, die wir aber nicht sehen konnten. *„Denn die Bilder und Symbole deuten andere Dinge als die ursprünglich Gemeinten an. Sie waren gut, solange die Wahrheit nicht da war. Wo aber die Wahrheit ist, muss man sich an Wahrheit halten und nicht an Bilder."* Es gab also zweierlei Bilder und Symbole, wahre und falsche. Wir verstanden, er war da, in unserem Bild, in seiner, aber noch nicht in unserer Wahrheit. Jeder sah in ihm nur, was er selbst sah und hörte. Er war für jeden ein anderes Bild, für die Schriftgelehrten, für die Menschen, die er geheilt hatte, für die Frauen, für uns Männer.

Das konnte nicht die Wahrheit sein. Doch sie war es, die er uns vermitteln wollte: Die eine Wahrheit, die endgültig war und nicht mehr durch den einzelnen verändert und so verhindert wurde.

Der Retter war immer gleich, etwas Einzigartiges strahlte aus ihm heraus. So sagte er zu uns: *„Der Herr ging in die Färberei des Levi. Er nahm 72 Farben, warf sie in den Färbekessel und zog sie doch alle weiß geworden heraus. Und er sprach: also ist auch der Sohn des Menschen als Färber gekommen."* Zwölf Jünger waren wir, bis zum Erreichen der höchsten Stufe der Einheit waren bei jedem sechs irdische Siegel zu öffnen. In uns waren 72 Farben, die zu einer Einheit werden sollten! Er wollte aus unser aller Verschiedenheit die eine göttliche Wahrheit des Vaters entstehen lassen.

Etwas großes Neues würde kommen, wir zweifelten, ob wir ihm dahin folgen konnten. Wir waren oft ein verzagter Haufen. Wir waren wie gebannt von ihm und suchten daneben doch jeder seine eigene Sicherheit und Bequemlichkeit. Genau diese wollte er uns nicht gestatten. Sobald wir uns als sein Gefolge an einem Ort, wo wir zu Gast waren, gut eingerichtet hatten, hieß es: Aufbruch, weiter, niemand wusste wohin. Immer wieder erzählten wir uns aufgeregt, er wollte sich Land schenken lassen, Spitäler für die Kranken gründen, eine feste Schule für seine Lehre einrichten. Doch dies waren nur irdische Wunschträume, das wussten wir, die wir zusammen mit ihm nie erleben würden.

Dieses Unstete, hinter dem sich seine Festigkeit verbarg, verwirrte uns. Jeder hatte aus seinem alten Leben seine festen Regeln und Gewohnheiten mitgebracht. Immer wieder erstaunte uns seine gänzliche Unbekümmertheit den Dingen der Welt gegenüber. Es war, als gäbe es sie für ihn nicht. Besitz, Grenzen, Geld, was die einzelnen Menschen wichtig nahmen, es berührte ihn nicht im Geringsten.

Besonders wenn Menschen ihn zum Richter über irgendwelche Streitigkeiten machen wollten, verstand er kaum, worum es ging. *So sagte einer zu ihm: „Sage meinen Brüdern, dass sie die Sachen meines Vaters mit mir teilen sollen!" Er sagte zu ihm so: „O Mann!, wer wäre es, der mich zum Erbteiler gemacht hätte." Er wandte sich an uns und er sagte zu uns so: „Bin ich etwa ein Erbteiler?"* Ich hätte dem Mann gleich sagen können, dass mein Bruder an Erbzwistigkeiten kein Interesse hatte!

Eines Tages bat ein Schüler den Herrn um eine Sache der Welt. Er sprach zu ihm: „bitte doch deine Mutter, und sie wird dir vom Fremden geben!" Auch in unserem Kreis gehörte alles Nötige allen. Keiner sollte etwas besitzen, außer dem, was jeder bei sich tragen konnte. So hatte er es ausdrücklich gewollt. Damit kein Besitz uns in Besitz nahm.

Aber dies sahen wir jetzt wenigstens, immer wieder mit Hilfe seiner Worte: *„Gott ist aber nicht der Toten, sondern der Lebendigen Gott; denn sie leben in ihm alle."* Wieder wurde mir klar, dass er mich wie einen Toten vorgefunden hatte, mit meiner Arbeit, meinem Esel, meinem Sinnen auf mein irdisches Erbe. Und er meinte jetzt uns, die noch nicht Erweckten, wenn er sagte: *„Wahrlich, wahrlich, ich sage euch: es kommt die Stunde und ist schon jetzt, dass die Toten werden die Stimme des Sohnes Gottes hören; und die sie hören werden, die werden leben."* Ja, die Toten waren wir! Ich hörte ihn zwar vom Leben sprechen, aber ich lebte dieses Leben noch nicht. Ich musste das alte Leben erst abstreifen wie die Haut einer Schlange. Aber wie?

Ich dachte neu über die Sünde nach, auch im Fall der Ehebrecherin, die er vor dem Tod gerettet hatte. Zu den Schriftgelehrten hatte er gesagt: *„Ihr richtet nach dem Fleisch; ich richte niemand."* Dann war Verurteilen und Steinigen ebenso sündig wie Ehebrechen! Das Fleisch erzeugte also nicht nur sein sündiges Handeln, es brachte auch die Verachtung und eifernde Verteufelung dieser Sünden in anderen Menschen hervor. Das waren die Bilder, gegen die er war: Wut, Zorn, Ärger, Hochmut... Mir schwindelte. Würde ich diese Bilder je verlassen und von ihrer lebensfeindlichen Wirkung befreit leben können?

Wie tröstlich erschien es mir dann, als er sagte: *„Verachtet nicht das Lamm, denn ohne es sieht niemand den König! Keiner wird seinen Weg zum König nackt gehen können."* Es war also zunächst notwendig, zu sein wie der Mensch war, irdisch geboren, in kreatürlicher Gestalt an sich selbst leidend, um ihm nachzufolgen. Das söhnte mich auch wieder mit dem Ärger aus, den ich immer an mir hatte. Ich konnte ja nichts dafür, dass ich war, was ich war, ein falsches Bild von mir selbst.

Er sprach von unserem irdischen Sein wie vom Wachsen eines Weinstocks: *„Er wird beim Wachsen Herr über das Land und bringt seinem Besitzer reiche Frucht. Das Unkraut, das gemeinsam mit ihm wuchs, vertilgt er und erstickt es von sich aus. Es starb und wurde dem Boden gleich."* Ich hatte also ein Recht zu sein, wie ich war. So lange, bis das Unkraut in mir durch mein Wachstum ausgetrocknet war und darüber hinaus.

Manchmal ging ich des Nachts durch die Orte, in denen wir zur Herberge waren, spürte in mich hinein, hörte das Schnaufen der Tiere in den Ställen. Ich sonderte mich ab, fragte mich, wozu ich da war, warum ich mir nicht mehr genug sein durfte, seit mein Bruder mich auf die Reise genommen hatte. Aber wieder zurückgehen? Das Werkzeug wieder aufnehmen, als ob nichts gewesen wäre? Jetzt, wo ich gerade anfing zu sehen, was er meinte? Wo ich begann, mich aus dem Wirbel, aus meinem Trott zu befreien? Wo ich mich selbst beispielhaft für die Wirkung des Fleisches erkannte? Wenn er sagte: *„Auch nicht von irgend anderem, ausgenommen vom Fleische allein, das sie gebrauchen, werden sie ergriffen“*, war mir klar, dass ich für das Fleisch allein gelebt hatte, nur aus mir selbst heraus nach Gewinn und Verlust, nach Gefallen und Missfallen. So war ich einen Vertrag mit mir selbst eingegangen, prüfte, was ich tun wollte, was ich erreichen wollte, danach hatte ich mich ausgerichtet wie eine Fahne im Wind - und sogar stolz war ich gewesen, mich so einmalig gut in meine eigene Sklaverei zu verkaufen, so wie er sagte: *„Es gibt eine Hurerei der Seele, aus ihr entstand die Hurerei des Leibes.“* Mit mir selbst verstrickt hielt ich all mein Sein, alles, was ich tat, für richtig, wahr und gewinnbringend, ganz wie er weiter sagte: *„Das Feuer erweckt in ihnen eine falsche Vorstellung von der Wahrheit, lässt vorgetäuschte Schönheit vor ihnen aufscheinen, doch richtet es sie so zugrunde.“*

Mein Feuer war mein Wille zur eigenen Bestätigung, die Lust, meinen Körper für meine Ziele einzuspannen, die Freude am Gelingen einer schönen Arbeit. So war ich mit mir zufrieden gewesen, wie eine Hure, die sich schminkt und meint, sie selbst bietet ihren Körper dar, der doch von Gott geschaffen ist.

Einmal sahen wir einen Samarier, der ein Lamm trug und nach Judäa hineinging. Er sprach zu uns so: Was will der mit dem Lamm? Wir sagten zu ihm: Damit er es schlachtet und verspeist. Er sprach zu uns: Solange es lebt, wird er es nicht verspeisen, sondern wenn er es geschlachtet hat und es eine Leiche geworden ist. Wir sprachen so: Anders wird er das nicht machen können. Er sprach zu uns so: Suchet auch ihr euch einen Ort zur Ruhe, damit ihr nicht zur Leiche werdet und man euch verspeist. Diese Ruhe der Endgültigkeit, die über die Unzufriedenheit des Fleisches hinausgeht, das wollte er uns zeigen, erreichten wir nur über ihn: *„Dann lasst ihr die Mühe und den Druck des Herzens hinter euch. Wenn ihr der Mühe und dem Verlangen des Körpers entkommt, erreicht ihr die Ruhe durch den allein Guten. Und ihr werdet herrschen mit dem König, weil ihr eins seid und er mit euch eins ist, von jetzt bis in die Zeiten.“*

Wenn er solche Dinge sagte, war all mein Ärger über mich vergessen. Sie gaben mir Kraft, in mich zu dringen, mich immer wieder zu fragen, warum ich von diesem Einssein noch entfernt war.

Salome, eine seiner Begleiterinnen, erzählte mir, er habe gesagt: *„Zwei werden ruhen auf einem Bett. Einer wird sterben, einer wird leben. Es sagte Salome: Wer bist du, Mensch, wie aus einem? Du hast mein Bett bestiegen und du aßest von meinem Tisch! Es sprach Jesus zu ihr so: Ich bin der, der von dem ist, der gleich ist. Mir ist gegeben aus dem meines Vaters. - Ich bin deine Schülerin! - Deswegen sage ich: Wenn er gleich ist, wird er sich füllen mit Licht. Wenn er aber geteilt ist, wird er sich mit Finsternis füllen."* Sie fragte mich, was ich von seinem Wort hielte. Da erzählte ich von mir, dass äußerer Besitz mich mit mir selbst entzweite, dass ich Dinge wollte und auch wieder nicht. Doch mein Bruder war mir und allem und jedem gegenüber immer mit sich eins und gleich. Ich wollte auch mit allem eins werden. Wer noch nach den zwiespältig machenden Dingen strebte, konnte ihm deshalb nicht dienen. Die spaltende Art der Welt wucherte in der doppelzüngigen Art des Fleisches.

Immer wieder sagte er: *„Es ist unmöglich, dass ein Mensch auf zwei Pferden reitet und zwei Bogen spannt, und es ist unmöglich, dass ein Knecht zwei Herren dient. Man flickt nicht einen alten Lappen auf ein neues Kleid, weil dies einen Riss geben wird."* So wollte er, dass man erst das Alte ablegte, damit man eins mit dem Himmel in sich werden konnte. Dazu wollte er uns auf diesem Teil der Reise bewegen: Zur Einheit.

So sagte er: *„Wenn zwei Frieden haben, einer mit dem anderen, in einem Haus, werden sie zum Berge so sagen: Stell dich auf den Kopf! Und er wird sich auf den Kopf stellen."* Und ein andermal war es die Einheit mit ihm, dem Menschensohn und seiner Welt, die er meinte: *„Wenn ihr die zwei zu einem macht, werdet ihr Söhne des Menschen, und wenn ihr sagt: Berg, stell dich auf den Kopf, so wird er sich auf den Kopf stellen."*

Von da an wurde ich noch aufmerksamer auf die Zerrissenheit des Fleisches. Ich fand sie überall. Auch da, wo sie sich hinter vorgetäuschter Einheit versteckte. Oft zwischen Mann und Frau. Mehr noch bei Priestern und Pharisäern. Ihr Einhalten der Gesetze, ihre Opfer, ihr Strafen im Namen Gottes, all das täuschte Einheit mit dem einigen Gott vor.

Doch das äußere hervorgekehrte Tun war notwendig uneins mit dem wahren Gott im Innern der Menschen. So sagte er: *„Wenn ihr fastet, werdet ihr euch Sünde schaffen, und wenn ihr betet, wird man euch verdammen, und wenn ihr Almosen gebt, werdet ihr eurem Himmel schaden."* Joschua wollte die wirkliche Einheit! *Und der Herr sprach: ich bin gekommen, um das Untere wie das Obere und um das Innere wie das Äußere zu machen. Ich bin gekommen, sie an jenem Orte zu vereinigen.* Die Priester hielten sich gerechtfertigt vor ihrem eingebildeten Gott, von diesem Gott wollte er uns trennen und zu dem für alle gleichen Vater an den wirklichen Hohen Ort führen.

Die Ehebrecherin stand mir wieder vor Augen. Der sie verdammende Hass der Priester und der Menge stammte aus dem zwiespältigen, unzulänglichen Fleisch. In der Frau hätten sie am liebsten ihr eigenes Fleisch gesteinigt. So spaltete man auf und setzte gegenüber: gesund und krank, rein und unrein, jüdisch und heidnisch, sündig und gesetzlich, tot und lebendig, innerlich und äußerlich, gut und böse.

Mir fiel auf, dass mein Bruder eine andere Trennungslinie zog. Sie war lebendig. Gut war für ihn, was aus dem Vater wuchs, er lehnte ab, was die Menschen in ihrer Scheinwelt aus sich heraus taten. Diese Scheinwelt lebte doppelzüngig aus ihren falschen Kräften: sündig oder gerecht, rein oder unrein... Jede Eingebung dieser Scheinwelt hatte immer auch ihr Gegenteil, sie brachte nie einige Frucht, die in den Menschen wuchs und blühte! Sie machte nur blind und in ohnmächtige Hälften geteilt, auch gegenüber dem einigen Gott, der nichts Geteiltes schuf.

Und mein Bruder war sein Bote: *„Ihr werdet herrschen mit dem König, weil ihr eins seid und er mit euch eins ist, von jetzt an bis in die Zeiten. Amen!“*

Doch das aus dem Schein-Selbst entstandene Zwiespältige blieb immer abhängig vom vergänglichen Fleisch! Also trennte Joschua die Menschen nicht von Gott, denn sie hatten ihn ja noch gar nicht erkannt - nur vom Feuer ihres unsteten Fleisches, das den unvergänglichen Gott in ihnen überdeckte. Im Fleisch lebten die Menschen nicht, sie bewegten sich wie der Esel am Brunnen immer nur nutzlos im Kreis der Wiederholung und Nachahmung innerhalb ihrer selbstgemachten Bilder und Scheingefechte hin und her.

Mir wurde schwindlig. Gegen all das war mein Bruder angetreten. Dagegen würde auch ich kämpfen müssen. Aber wenn es doch die Wahrheit war, die mein Bruder predigte und der er befehlen konnte!

Wir, die um ihn waren, spürten seine über allem Schein erhabene Wahrheit immer mehr. Um so erstaunter waren wir, wenn die Unterschiede des Fleisches für andere noch galten, sogar ihr Leben bestimmten. Haben oder nicht haben, verurteilen oder lossprechen, arm oder reich, Herr oder Diener sein, vor ihm verschwanden diese Unterschiede wie aufsteigende Nebel in der Sonne.

Als wir ihn danach fragten, warum es für die Menschen so schwierig war, sich aus ihrer Falschheit zu lösen, sagte er: *„Sie schlafen und meinen vom Unvergänglichen, es verginge. Ihre Hoffnung ruht auf der Welt und ihr Gott ist dieses Leben. So richteten sie ihre Seelen zugrunde. Wehe ihnen im Feuer, das in ihnen brennt, denn es ist nicht zu sättigen. Wehe ihnen durch das Rad, das sich in ihren Gedanken dreht.“* Dieses Rad waren die Sorgen, die beständig die Gedanken der Menschen antrieben. Auch in mir drehte sich das Rad meiner begierigen Fragen, ich war also noch nicht angekommen. Das Unkraut wuchs noch in mir. Da wurde mir klar, zuerst würde er uns retten müssen, danach die ganze Welt. Doch wie würde er das beginnen?

Ich hatte mir eingebildet, mich für dies oder jenes zu entscheiden, mich geplagt, etwas besonders gut auszuführen, wenn möglich für alle sichtbar. Doch so war ich nie eins mit mir, stritt ich nur mit mir selbst, war ich nie bei mir. Wenn ich ihn ansah, gab es meine Selbstzweifel nicht mehr. Ich spürte, der äußere irdische Weg mit ihm aus Freude, Wundern, Begrüßungen, verzückten Menschen war nur ein Zeichen, eine äußere Vorbereitung auf einen himmlischen Königsweg mit ihm zu mir.

So lebten wir alle, das Alte haftete noch an uns, doch wir streiften es immer mehr ab und das Neue wurde sichtbar. Einmal sagte er: *„Werdet Vorübergehende!“* und das wollten wir. Ich spürte, wie auch ich ein Vorübergehender wurde. Was war, das war, dann kam Neues, ich ging weiter. So wurden wir alle immer mehr eins mit der Gegenwart und mit seiner Anwesenheit. Wir hatten nichts mehr, wir waren nichts mehr, wir wollten nichts mehr, nur bei ihm sein. Nun hatten wir dem Alten entsagt und lernten, für uns selbst zu leben.

Unsere früheren Ziele und Angewohnheiten lebten immer weniger in uns. Ganz wie er sagte: *„Was nämlich aus sich selbst ist, führt ein eitles Leben. Vorsehung ist eine Torheit. Und was angeordnet ist, ist blind.“*

Wir mussten unser fleischliches Bild von ihm und uns ablegen, Söhne und Töchter des Himmels werden... Worauf unser Geist sich wendete, das würde auf uns kommen. Dazu sollten wir unser gewohntes Bild der Welt überwinden und mehr sehen und spüren als die bloßen Sinne zeigten. Das war die Sendung, zu der auch wir auf die Erde gekommen waren.

Er sagte es ja ganz deutlich: *„Genau dem, den eine Frau liebt, gleichen jene, die sie gebären wird. Ist es ihr Mann, gleichen sie ihrem Mann; ist es ein Ehebrecher, gleichen sie dem Ehebrecher. Oftmals, wenn eine Frau mit ihrem Mann gezwungenermaßen schläft, ihr Herz aber bei dem Ehebrecher ist, mit dem sie sonst Verkehr hat, gebiert sie den, den sie gebären wird, als einen, der dem Ehebrecher gleicht. Ihr aber, die ihr mit dem Sohne Gottes seid, liebt nicht die Welt, sondern den Herrn. Dann werden jene, die ihr zeugt, nicht der Welt gleichen, sondern sie werden dem Herrn gleich werden.“* So trennte er und sprach von Menschenkindern und Menschenbildern und von sich als Gottessohn, der uns Gottesbilder weisen würde.

Was wir Menschen untereinander redeten und taten, war nichts vor ihm. Wir waren aus dem Vater, aber wir erkannten uns nicht als Söhne und Töchter des Vaters. Als ich ihn deswegen befragte, sagte er: „Was aus mir kommt, ist nicht aus dir. *Der Vater macht ein Kind, doch das Kind kann keine Kinder machen. Denn wer ‚gezeugt‘ wurde, kann nicht zeugen, sondern das Kind macht sich Brüder, nicht Kinder.“* Er lachte: „Ich kann in dir schaffen und zeugen, denn ich bin von oben. Du bist von unten. Du musst noch warten und tun, was aus dir kommt, denn du kannst noch nicht tun und zeugen, was von mir kommt.“ Zusammenfassend sagte er: „Du kannst mein Kind sein, aber ich noch nicht deins.“

Vermittelnd fuhr er fort: *„Es gibt den Sohn des Menschen“*, damit meinte er sich, das wusste ich, dann sprach er mich an: *„Du bist der Sohn des Sohnes des Menschen. Du wirst durch mich, durch den Sohn des Menschen geschaffen.“* Ich verstand, er hatte die leibliche Form des Menschensohns angenommen, um mit mir und seinen Schülern auf der gleichen Ebene zu sein. Wie sonst hätte ich ihn sehen können?

Er sagte: *„Wer aus meinem Munde trinkt, wird werden wie ich. Ich aber werde er werden, und das was verborgen ist, wird ihm be-*

kannt sein.“ Er war über alles erhaben, und in mir war das gleiche. Aber warum richtete mich das nicht auf, warum schwebte ich nicht im Himmel, warum war mir diese Verkündigung über alle Maßen groß?

Manchmal gingen wir zu zweit. Er gab mir ein Zeichen, mich mit ihm abzusondern. Es war, als ob er an mir hören wollte, wie es um sein Werk stand. Für mich waren es kostbare Momente mit ihm allein. Da er immer meinen besonderen Unglauben belächelte, durfte ich auch fragen, was sonst niemand gewagt hätte: „Wozu tust du das alles?“ Er sagte: *„Wer sucht, soll nicht aufhören zu suchen, bis dass er findet. Und wenn er gefunden hat, wird er verwirrt sein. Und wenn er verwirrt ist, wird er verwundert sein und über das Universum herrschen.“* Er lächelte mich an: „Nur wer sich wundert, kann herrschen. Früher hast du gezweifelt, jetzt wunderst du dich nur noch. Du gewöhnst dich an das Unsichtbare, obwohl du es noch nicht erkennst.“

Er erinnerte mich an meine frühere Zeit: „Weißt du noch, wie verwundert früher deine Esel waren, wenn du ihnen einen Balken zum erstenmal aufpacktest? Doch dann lernten sie, ihr Gepäck zu tragen. Dann machte es ihnen Spaß, irgendwann spürten sie es nicht mehr. So bist du. Das ganze Universum ist in dir. Dieser Schatz verwundert dich noch. Aber du wunderst dich nur, weil du dich gering schätzt.“

Er stieß mich freundlich an. „Ich tue das Werk des himmlischen Vaters, weil die Menschen sich gering schätzen. Doch so sind sie nicht seine Kinder.“ Er blickte in die Ferne: „Ich werde alles für die Menschen tun. Dann wissen sie, dass sie alles und über allem sind.“ Er hob ein paar Steine auf und ließ sie wieder fallen. *„Selig bist du, denn du warst bevor du wurdest. Diese Steine werden dir dienen.“* Er hob ein paar Blätter auf. *„Es gibt fünf Bäume im Paradies, die sich nicht bewegen sommers und winters. Jeder, der sie erkennt, wird den Tod nicht kosten.“*

Als wir wieder einmal zu zweit gingen, sprach ich darüber zu ihm: „Du kannst ich sein, aber ich bin immer noch nicht du, auch wenn du es sagst.“ Er machte eine weite Handbewegung und wies um sich. „Du bist der Welt und die Welt ist dir eingepflanzt, und du bist sie, weil du aus ihr bist.“ Wie mit sich sprechend sagte er: „Aber ich pflanze mich der Welt ein. Ich zeuge. Auch in dir.“ Und mit der bei ihm sonst üblichen Sicherheit sagte er: „Auch du wirst dereinst zeugen. Von mir, nicht von dir.“

Wir gingen weiter. „Das wirst du lernen. Ich werde dir alles zeigen.“ Wieder war alles anders. Alles schien so klar und einfach, nur dass ich da hineingestellt war, schien mir das Seltsamste auf der Welt zu sein. „Noch trägst du an deiner Welt. Du wirst diese letzte Last abwerfen und nur noch mich tragen.“ Er lächelte: „Ich bin nicht gekommen, die Rücken der Menschen zu verbreitern, mit der sie die Fleischeslast ihrer Welt tragen.“

Ich spürte meinen Rücken und wie oft ich früher das Gefühl hatte, eine Aufgabe zu schultern, etwas auf mich zu nehmen oder mich gegen Dinge zu stemmen, die ich nicht wollte. „Ich bin keine Last, die man tragen kann“, sagte er und seine Bewegungen waren, als ob er schwebte. Hindernisse gab es nur für mich, nicht für ihn. Doch was war das Geheimnis? Ich sah ihn mit Menschen, ich sah ihn allein, ich war um ihn am Morgen, wenn er sich erhob, ich kannte seinen Schritt, wenn er uns in der Nacht verließ und zu den Sternen ging. Ich hätte auf Knien die Steine aus seinem Weg räumen wollen, doch er schwebte über sie hinweg. Dieses Gefühl würde einst auch in mir sein. Er würde es in mir einpflanzen.

So zogen wir durch die Lande. In mir geschah ein seltsamer Wandel. Ich folgte ihm. Ich betrachtete ihn nicht mehr wie vorher: Was tut er, was halte ich davon? Was er tat, das wusste ich. Wovon er sprach, das spürte ich. Was er auf Fragen antworten würde, das konnte ich voraussehen. Er war in mich eingedrungen. Er lebte in mir.

Manchmal ging ich nachts durch die Straßen und fühlte mich wie eine Braut, die Hochzeit machen wird. Die sich schmückt und ganz ihrem Geliebten schenken will. Es war ein Hochgefühl. Ich lebte durch ihn. Ich war mehr geworden durch ihn. Ich saugte ihn auf wie ein Schwamm das Wasser. Ich liebte ihn.

Es war, als ob ich dazu einen Teil von mir wegwarf. Ich wollte nicht mehr an ein Morgen denken, ich wollte überhaupt nicht mehr denken. Nur noch sein. Ohne Ziel. Mit ihm. Sein trunkenes Schaf.

Ich blickte ihn immer wieder an, denn er war all das, wovon er sprach. Ich sah, was in ihm über mich hinausging, aber es war nicht in mir. Ich fühlte mich leicht. Ich lebte in seiner Rede. Ich lebte in ihm.

Es gab mich und den Schatz in mir. Es gab keine besondere Gewissheit aus mir heraus. Ich spürte, nur meine Fragen machten mich sterblich. Ich musste sie aufgeben, mich opfern, meine Suche nach Zustimmung, Ablehnung, Sicherheit, im Grunde mich selbst beenden. Damit der Platz in mir leer würde, dass er in mich eintreten konnte.

Ich sah, was Menschengeburt war: Eintritt in den körperlichen Schein, in das, was die Hände tun, in das, was die Augen sehen. In den Schmerz des Seins. In den Zwang zum Guten. In die Herrschaft der Anfänge ohne Anfang und Enden ohne Ende. In die Zweiheit der Scham vor dem Besitz und dem, was man verzehrt. In oben und unten, in vorwärts und rückwärts. Und doch, das unglaublichste Versprechen schien greifbar nahe!

Nicht wie ich jetzt war, konnte ich ihm gleich sein, sein Sohn und sein Erbe werden. Er würde mich verwandeln, dann würde ich ihn und die Herrlichkeit Gottes weiterzeugen dürfen...

Also schuf er in mir, er lebte und wirkte in mir. Ich wusste deutlich, was von mir kam, was von ihm. Es war, als ob ich mit ihm schwanger war. Ich hatte eine Ahnung, dass er in mir größer und größer wurde, und ich mit seiner Kraft eines Tages aus mir heraus springen würde in eine Welt, die ganz aus seinem Geist war. Das würde meine geistige Neugeburt sein. In dieser Welt würden alle Menschen meine und seine Brüder sein. Darauf durfte ich hoffen.

Zunächst war es noch seltsam, mir einzugestehen, dass ich nicht mehr mir alleine gehörte, dass er jetzt in mir war.

Wir hatten eine Vergangenheit als Knechte und ersehnten eine Zukunft in Licht und Freiheit. Dies würde über eine Umwandlung geschehen, die uns wie ein Tod vorkommen würde. Aber weil dieser Tod nicht echt war, kein Tod des Fleisches, wurde Joschua nicht müde, diesen zu beschreiben, bis wir uns danach sehnten: Er verglich unseren Übergang vom falschen Leben zur Wahrheit mit dem Zustand eines Baums: *„Solange seine Wurzel verborgen ist, treibt er und lebt. Wenn seine Wurzeln aber sichtbar werden, verdorrt er. So ist es auch mit allem, das durch diese Welt gekommen ist, sichtbar und unsichtbar. So lange nämlich die Wurzel des Bösen verborgen ist, ist sie stark. Wenn sie aber sichtbar wird, ist sie schon überwunden. Ausgerissen aber wird sie, wenn wir sie erkennen. Wenn wir sie aber nicht erkennen, bringt sie ihre Frucht in unserem Herzen hervor. Dann ist sie der Herr über uns und wir sind ihr Knecht. Sie nimmt uns gefangen, dass wir tun, was wir nicht wollen, und was wir wollen, das tun wir nicht.“*

Darin erkannte ich mich sofort wieder. Hatte nicht mein Leben daraus bestanden, meine Pflicht zu tun? Zum Feiern, Vergnügen, Hammelschlachten hatte man mich zwingen müssen. Oft hatte ich gearbeitet bis die Werkzeuge stumpf waren und den Dienst verweigerten und mich geärgert, dass ich sie nicht frisch geschliffen mitbrachte. Aber ich hatte sie nicht geschliffen, weil ich schnell zur

Arbeit wollte und glaubte, das Tagewerk hielten sie noch aus. Selbst am Sabbat waren mir die Geschäfte nicht aus dem Sinn gegangen, hatte ich mich mühsam zur Ruhe gezwungen, die dann keine war. Einmal sagte er zu allen, den Blick aber auf mich gerichtet: *„Wenn ihr nicht den Sabbat zum Sabbat macht, werdet ihr den Vater nicht sehen.“*

So hatten wir uns alle das Leben selbst schwer gemacht. Jeder auf seine Art. Oft unterhielten wir uns darüber, wie greifbar wichtig unsere damalige Unwirklichkeit uns erschienen war, die uns an die Angelegenheiten der Welt fesselte und uns an nichts anderes denken ließ. So mussten wir zuerst unsere nur für jeden selbst vorhandene Unwissenheit, die Wurzel des Übels, begreifen, um sie zu überwinden. Wir mussten uns verändern, zu seiner Art werden, lernen, ihn zu sehen. Dies schien so unwahrscheinlich.

Wir begannen, an uns zu leiden. Wir von unten, er von oben. Es genügte uns nicht mehr, ihm zu folgen. Wir wollten wissen. Denn wir waren bereit einzusehen, dass wir Sicherheit nicht in uns und in der Menschenordnung von Besitz und Rang, sondern nur in ihm finden konnten. Immer wieder begeisterte er uns mit Worten wie: *„Da die Endgültigkeit des Universums im Vater ist, muss das Universum zu ihm hinaufsteigen. Und jeder einzelne empfängt, was ihm gehört.“* Wie sehr wollten wir das erreichen und alles Irdische dafür abstreifen. *„Wer so erkennen wird, erkennt, woher er gekommen ist und wohin er gehen wird.“* Noch waren wir im Zustand der Unerkenntnis, dies stand so fest wie dass er im Stand der höchsten Erkenntnis war. Doch alles war sein wie auch unser Vater, sein wie unser Reich. Uns dies zu zeigen, war er gekommen. Aus diesem Reich stammten auch wir, und wir würden es erkennen. So sagte er einmal : *„Wer Vater und Mutter kennt, wird der Hurensohn gerufen?“* Ich dachte an die Gemeinde von Nazareth, die ihn verächtlich Sohn der Maria genannt hatte. Was zählte für ihn seine irdische Geburt – nichts!

So waren wir hin- und hergerissen: Einerseits saugten wir gierig alles auf, was uns ihm gleichmachen konnte, andererseits mussten wir uns eingestehen, wie viel uns von ihm trennte. Und in seiner neuerlich ernsten Art stellte er uns die Aufgabe vor Augen, die auf uns wartete: *„Wenn ihr die Wahrheit erkennt, wird die Wahrheit euch frei machen! Die Unwissenheit ist Knecht. Die Erkenntnis ist Freiheit."* Solche Worte ließen uns nicht mehr los. So wiederholten wir bei uns immer wieder sehnsüchtig: *„Wenn wir die Wahrheit erkennen, werden wir die Frucht der Wahrheit in uns finden. Und wenn wir uns mit ihr verbinden, wird sie unsere Endgültigkeit annehmen."*

Waren wir nicht schon einen ungeheuren Weg gegangen, ihn jetzt so zu verstehen, wie wir es vermochten? Waren wir nicht auch Kinder gewesen wie die, die er oft zu sich holte, die ihm so nahe standen? Immer wieder erinnerten wir uns an das erste Zusammentreffen, das jeder von uns mit ihm hatte, wie blind und taub und in uns gefangen wir dazumal waren.

Er sah, dass wir danach drängten, seinen Ort zu sehen, der das Heiligste enthielt. Wir wollten von uns selbst gerettet werden. *Es sprachen seine Schüler zu ihm so: Lehre uns den ‚Ort', an dem du bist, denn es ist notwendig, dass wir ihn suchen. Er sprach zu ihnen so: Wer Ohren hat, soll hören! Licht ist innerhalb eines Menschen des Lichts, und er erleuchtet die ganze Welt.*

Er erfüllte unsere Sehnsucht auf die unglaublichste Weise. Er nahm uns auf den Berg *Tabor*. Auf dem Gipfel angekommen, setzten wir uns um ihn. Er umhüllte uns mit einer Lichtwolke. Mein Körper wurde angenehm starr, ich spürte ihn nicht mehr. Ich sah meinen Bruder auf einem Berg. Er verklärte sich vor uns. *Seine Kleider wurden helle und sehr weiß wie der Schnee, dass sie kein Färber auf Erden kann so weiß machen.* Er winkte mir, zu ihm zu kommen. Es war, als ob ich mich aus meinem Körper löste und zu ihm flog. Es verwunderte mich, dass dieser Flug zunächst über aufgepeitschte Wellen ging, wo doch weit und breit kein Wasser war. Es war, wie wenn eine Feste am Meer von See aus mit Steinen beschossen wurde, die aber ins Meer fielen und das Wasser hoch aufspritzen ließen.

Als ich bei ihm anlangte, war mir, als ob ich ein völlig neues Land betrat. Ich verstand nicht sofort, was anders war. Er zeigte nach unten, nach dort, von wo ich gekommen war. Ich blickte hinunter und konnte dort nichts mehr wahrnehmen. Ich erinnerte mich an die aufgeregten Wellen, die ich so deutlich gesehen hatte. Da geschah mir: Ich wusste, dass ich sie gesehen hatte. Doch die Vorstellung der Wellen, das Bewusstsein, mit dem ich sie erblickte, war verschwunden.

Ich wunderte mich, versuchte aber alles so genau wie möglich zu erfassen. Ich wusste, wie die bewegten Wellen aussahen, ich hatte mich noch gewundert, warum sie so spitz und hoch wirkten, wie die Stacheln eines riesigen, laufenden Igels waren sie mir erschienen, als ich sie überflog. Nun war es, als ob das Tor sich mir verschlossen hatte, durch das ich sie gesehen hatte und dass sie nicht mehr zu mir gehörten...

Ich war nun so ruhig, dass mir nicht einmal mehr die Vorstellung von Bewegung möglich war, obgleich ich noch wusste, dass es sie gab. Ich hatte sie ja gesehen. Von etwas in mir war ich getrennt. Eine innere Bewegtheit war zu Ende.

Ich blickte ihn an. Er lächelte. Da sah ich, dass er sich bewegte, dazu, dass ich dies sah, dass aber meine eigene Vorstellung über bewegliche irdische Dinge nicht mehr vorhanden war. Licht umgab uns, eine lichte Ruhe. Alles war, wie es war, unglaublich klar und scharf. Irdische Schwere war zu Leichtigkeit verwandelt, Gebäude und Paläste türmten sich wolkenartig auf, himmlische Gestalten glitten und tanzten durch sie hindurch, wie sie wollten. Spiele aus Licht bestrahlten alles, als ob viele Sonnenaufgänge von allen Seiten diamanten strahlende Lichtsäulen entsandten. Das innerste Licht der Dinge ließ sie tanzen wie Staubfäden in der Sonne. Ich versuchte zu erfassen, ob in den Gebäuden Balken waren und wie diese eingesetzt waren, aber sie waren windleicht aus Kristall geschnitten und brauchten keine Stützen. Was ich sah, schien aus Joschua heraus zu steigen und war wie er. Sein schwebender Gang, sein leichtes Lächeln, das noch nachdauerte, wenn es von einem anderen Gesichtsausdruck abgelöst wurde, seine Gesten und Handbewegungen, wenn er sich setzte oder sein Gewand glatt strich, wenn er das Brot brach oder Menschen segnete, sie schienen nie eine Ursache zu haben und so war all das, was ich um mich sah. Alles war in allem enthalten. Meine Liebe zu ihm, meine Bewunderung, meine Hingabe, mit der ich in dem aufging, was ich an ihm sah, ließen den hohen Ort zu dem werden, was ich sah und schenkten ihm etwas eigenes, das durch mich kam, weil es ihn bereits kannte.

Dies verzückte und beseligte mich. Was von ihm war, und was durch mich war, vereinigte sich. Dies füllte mich wunderbar aus. Als ich vom oberen Ort zurück und wieder auf der Erde war, wunderte ich mich, dass alles sich wieder bewegte, ich aber dennoch die Erinnerung wunderbarer Ruhe und vollständiger Schönheit in mir trug. Das Tor zum oberen Ort war wieder verschlossen und doch noch offen. Überirdisches Licht durchdrang meine Welt und bewegte sich in all ihren Bewegungen freudig und lebendig leicht mit. Jetzt erst sah ich wirklich, was ich in Joschua bewunderte. Ich verstand, dass durch das Betreten dieser anderen Welt mein inneres Sein und seine Bewegtheit anders geworden waren. Nur meine stumpfe Gewöhnung hatte alles bewegt und gezeigt, was ich sah! Ich war dieser Gewöhnung nun nicht mehr so selbstverständlich ausgeliefert wie zuvor, als ich nichts anderes kannte. Ich war nicht mehr bei jeder Tat beherrscht vom Willen, sie zu tun. Ich konnte etwas tun und gleichzeitig eine Ruhe spüren, in der ich nichts tat. Jede Bewegung war wie ein Geschenk aus einer himmlisch entrückten Welt, in der es keine gezielte Bewegung gab.

Meine Seele war nach oben geöffnet und ich erkannte: Das überirdische Weiß seines Gewandes war den irdischen Farben der Färber so überlegen, wie die Absicht, die aus ihren Farben spricht, nicht rein und göttlich ist! Der Körper und sein Auge sehen nur ihre eigene Aufregung und Forderung. Dies macht den Menschen schwach. Aber er glaubt an seine mutwillige Unruhe so selbstverständlich wie an die Bewegungen der Gestirne und fühlt sich stark!

Als wir wieder zu den Menschen gingen, gebot er uns, *dass wir niemandem erzählen sollten, was wir gesehen hatten, bis er von den Toten auferstehen würde.* Und wir fragten ihn: *„Was ist doch das Auferstehen von den Toten?"* Er lächelte und sagte: *„Alle Dinge sind möglich dem, der da glaubt. Bei Gott ist nichts unmöglich."*

Ab da sahen wir, wie er über zwei Welten sprach, wie auch wir ihn in seiner anderen Welt erlebt hatten. Da verstand ich, dass er uns mehr geben wollte als nur körperliche Rettung. Mehr als nur die Rede vom Vater und das Zeigen seiner Werke. Er wollte uns in das Geheimnis hineinführen, dass es alles, von dem er sprach, die ganze Welt, auch Leben und Tod beherrschte.

„Euer Wohnplatz ist nämlich die Unvergänglichkeit." Immer wieder sprach er vom Heiligtum des Vaters, von einem Ort der Einheit, von einer grenzenlosen, unsterblichen Welt des Geistes. Doch dieser Ort und die getriebene Art des Fleisches waren getrennt. *„Denn die Seele wird den Geist niemals begreifen können, weil sie eben von unten stammt."* Dies verstand ich nun, denn ich hatte in meinem Aufstieg zur höheren Welt die Bewegtheit des Fleisches und die davon eingenommenen Sichtweisen der Seele hinter mir gelassen. *„Es gibt also einige, die Flügel haben, mit denen sie über die Welt der bloßen Erscheinungen hinwegeilen. Die anderen sind fern von der Wahrheit."*

Diese Flügel hatte er uns gegeben! Wir fühlten uns leicht, und wir wussten, dass uns Großes geschehen war. *„Vor uns hat niemand erkannt, was es mit dem Unermesslichen auf sich hat, nur der, der in ihm gewohnt hat. Er erkennt sich selbst in seinem eigenen Lichte."*

Ich sprach mit Petrus, der auch die Reise an den Ort gemacht hatte. Er bezeugte: *„Mir war im Nu und auf einen Schlag alles klar: ich sehe eine undurchmessene Schau. Alles ist Licht. Alles ist gelöst und heiter. Und ich war in Liebe zu diesem Augenblick."* Ich verstand: die Liebe, die er in diesem Augenblick empfand, war eine höhere Liebe, losgelöst vom Irdischen, eine umfassende Erlösung. Er erzählte weiter: *„Es wurde der Schlaf meines Körpers zu einem Erwachen der Seele. Die geschlossenen Augen wurden zum Sehen. Heilig ist der Gott, der eingesehen werden muss.“* Was ich als Einheit und Ruhe erfahren hatte, war für ihn etwas Besonderes, Heiliges, Anziehendes!

Wir wunderten uns über unseren Retter, der dies in uns hervorgebracht hatte: „Er hat mit einem Wort alles hervorgebracht. Heilig ist er. Ihn hat Natur nicht gestaltet.“

Wir hatten etwas von ihm erhalten, das über alles Bekannte hinausging. Es war durch ihn gekommen und existierte nun in uns. Etwas von ihm war in uns übergegangen. Wie ein Flügel oder Gedanke waren wir von unten nach oben gekommen. Wir hatten uns im seligen Bereich des hohen Ortes gefunden. *„Denn wegen des Übermaßes an Schönheit und Gefallen strebt dorthin alle Natur. Das eine so, das andere anders. Wer diese Flügel anlegt, erhält Gutes. Dieses Gute hilft, weil ein Vogelflügel allein für sich niemals in die Höhe und emporkommen würde. Und der Vogel erhält Gutes, da er ohne den Gebrauch der Flügel nicht in die Höhe kommen könnte.“*

Auch das Reden des Meisters wurde nun anders. So lehrte er uns nun: *„Denn an dem Ort, an dem der Anfang ist, dort wird auch das Ende sein.“* Er wusste nun, dass um ihn Menschen waren, die den heiligen Ort erkannt hatten, von dem er sprach. Wir waren *‚zum ersten Menschen, zum Bild des Unsichtbaren geworden.‘* Der Himmel war aus uns heraus entstanden, wir hatten ihn mit unseren geistigen Augen gesehen.

„Niemand kann etwas von dem Feststehenden sehen, es sei denn, dass er von jener Art wird. Nicht so wie der Mensch die Sonne sieht, ohne Sonne zu sein, und den Himmel und die Erde und alles andere, ohne es je zu sein, verhält es sich mit der Wahrheit. Denn wenn du von jenem Ort etwas gesehen hast, dann bist du es geworden. Du hast den Geist gesehen, du wurdest Geist. Du hast Christus gesehen, du wurdest Christus. Du hast den Vater gesehen, du wirst Vater werden.“

Wir hatten dies nicht nur gesehen, durch das Hohe Bild würden wir sein wie er. Und es würde uns über die Welt erheben: *„An dem Tag, an dem Ihr euer Gleichbild seht, werdet Ihr euch freuen. Wenn ihr aber Eure Bilder seht, die vor euch entstanden sind - sie sterben nicht, sie erscheinen nicht - was alles werdet ihr ertragen?“* Wir verstanden das Wesen der Ruhe jenseits des Fleisches, das Wunder des Ersten und Letzten. Eine neue Welt erschloss sich uns. Durch ihn, durch sein Wirken.

Immer wieder bestätigte er, was wir gesehen hatten. *„Sie haben weder Neid noch Klage, noch ist der Tod unter ihnen. Nein, sie werden ruhen in dem, der ruht. Sie werden nicht geplagt, sie sind nicht verwirrt in das Suchen der Wahrheit. Sie selber sind ja die Wahrheit.“* Wir waren es, von denen er sprach, von unserer Neugeburt, denn: *„Die fleischliche Geburt wirft ab, der seine geistige Geburt erfährt.“*

Doch wir durften erst nach der Auferstehung darüber sprechen. Vielleicht, um Verwirrung zu vermeiden, wenn es Eingeweihte gab und solche, die noch nicht wussten. Oder wir waren noch nicht reif genug, um darüber zu reden. Zu vieles Reden hätte die zarte Pflanze in uns zerstören können. Denn wir nährten uns nun neu von ihm. Seine himmlische Nahrung lebte in uns. *„Ehe Christus kam, gab es kein Brot in der Welt. Sie hatte keinen Weizen als Nahrung für den Menschen. Der Mensch nährte sich wie die Tiere. Als aber Christus kam, der endgültige Mensch, brachte er Brot vom Himmel, damit sich der Mensch von der Nahrung des ‚Menschen‘ ernähre.“* Er sagte zu uns: *„Im Paradies, dem Ort Adams, hatte die Welt viele Bäume als Nahrung für die Tiere. Doch als der Baum der Erkenntnis zu Adam sagte, iss dieses und iss jenes nicht!, da wurde er der Anfang des Todes.“*

Nun wussten wir um zwei Arten der Erkenntnis: Der Erkenntnis, die herrührt von Angst und Verbessern, wie wenn man vor einer Schlange zurückweicht oder die Pfeiler eines Hauses verstärkt, wenn sie Risse zeigen, und die andere Art der Erkenntnis, die erlöst, weil sie nicht dem Fleisch entsprungen ist, die keine Schwäche zeigt und nie einstürzt.

Also hatten wir himmlische Nahrung erhalten, die keiner Entscheidung bedurfte. Wir konnten nun zu einem inneren Ort in uns Zuflucht nehmen, der Trost und Erlösung von allen weltlichen Regungen bereit hielt. Und dieser Ort war wunderschön.

In uns existierte nun eine heilige Quelle lebendigen Wassers, stille Ruhe und Licht. Unsere Seelen waren von unten nach oben gereist. *Jesus kam von jenem Ort und brachte Nahrung von dort. Und wer will, dem gibt er Leben, damit er nicht sterbe.* So waren wir durch ihn erst zu Menschen geworden. Durch seine himmlische Nahrung, die aus dem Paradies war.

Er gab uns Hinweis, dass wir später davon zeugen sollten in seinem Namen, in seinem, in unserem Licht: *Es sprach Jesus so: wenn sie zu euch so sagen: woher seid ihr geworden?, sagt zu ihnen: Wir sind aus dem Licht gekommen, dem Ort, wo das Licht geworden ist aus sich selbst. Es stand und wurde kund in unserem Bilde.* Dann fuhr er fort, und ich hatte den Eindruck, dass er besonders mich dabei meinte: *„Wenn sie euch fragen, welches ist das Siegel eures Vaters an euch? sagt ihnen so: Es ist Bewegung und Ruhe."* Da war sie wieder, die bewegungslose Ruhe, die vor jeder Bewegung ist und war.

Danach wusste ich, dass ich ihn nach den zwei Arten des Lichts, von denen das eine die Menschen in ihrer geistigen Finsternis belässt, fragen durfte: *„Herr, warum geht das sichtbare Licht, das des Menschen wegen scheint, auf und unter?" Und so sagte er: „Selig bist du, Thomas. Das sichtbare Licht scheint euretwegen, nicht damit ihr an diesem Ort bleibt, sondern damit ihr herauskommt."*

Nun war uns klar, das allen sichtbare Licht zeigte das willkürliche Unvollkommene, die bestrebte Kunst des Menschenwerks, die Farben der Färber, das Vergängliche des äußeren Wandels. Und so nannte er dieses Licht: *„Bei denen aber, in die der Geist der Nachahmung kommt, wird von ihm die Seele verführt, und sie geht irre."* Wir hatten also über unsere Leibhaftigkeit hinausgeblickt und so den ängstlichen Todesgeist der Wiederholung verlassen. Wir waren über die sterbliche Welt hinausgegangen, und dies sagte er zu uns: *„Kurz, sterblich ist jede Geburt hier unten, unsterblich aber die, die ‚oben' geschieht. Der Ort nämlich, an dem es Eifersucht und Streit gibt, ist leer. Der Ort aber, der die Einheit ist, ist endgültig."*

Ich verbrachte noch lange Zeit damit, über seine Verklärung und ihre Wirkung auf uns nachzudenken. Er war mir völlig anders erschienen, dieses veränderte nun mich. Ich hatte einen Ort gesehen, an dem es mich nicht gab. Ich hatte das nicht Seiende gesehen, etwas in mir war ebenfalls zum Nichtseienden und nicht Ursächlichen geworden.

Hatte ich zuvor geglaubt, alles Seiende sei untrennbar mit Leibhaftigkeit verbunden, so sah ich nun, dass der Leib der Ursprung aller irdischen Mühe und Not war. So hatte ich nichts anderes gewusst, nichts anderes gekannt als mein leibliches Leben. Das, was ich mein Leben nannte. Es kannte nur sein eigenes Bestehen.

Es war in seiner Gesamtheit etwas gänzlich anderes als jenes Weiße seines Gewandes, das kein irdischer Färber so hätte machen können. Dieses Weiß hätte auch nie angerührt oder befleckt werden können, es beinhaltete nichts, das Schmutz oder Kummer tragen konnte. Also konnte auch ich es nicht gemacht haben. Meine leiblichen Sinne hätten mir ein solches Weiß nie enthüllen können. Sie konnten nur ihren Teil der 72 Farben des Färbers sichtbar machen.

Ich fragte mich, womit ich dieses Weiß, wenn es von ihm kam, hatte sehen können, und warum ich es zuvor nicht sehen konnte. Da wurde mir klar, mit meinem Körper lebte ich an einem Ort, an dem ich nur den Wettstreit der Farben der Färber mit meinen irdischen Augen sehen konnte. Dieser Ort ist die begrenzte Wirklichkeit des Körpers. Doch der andere Ort beschert eine neue Welt. Am körperlichen Ort sah ich nur die Mühen und Nöte der Menschen, wie auch meine eigenen. Am Hohen Ort ist all dies aufgehoben. Wenn ich nur an diesen Ort dachte, war mir sofort alles um mich herum ganz leicht, alles geschah wie von selbst. Es gab keine Veränderung, keine Zerstörung, und doch war der Ort um mich lebendig, und er ist es noch, überall. Dieser Ort blieb in mir, weil ich selbst mich immer wieder darauf einstimmen konnte. Dennoch hatte ich den Ort selbst gemacht, wenn auch die Kraft dazu vom Retter gekommen war.

Jetzt wusste ich, warum er so oft vom Unvergänglichen sprach, vom Salz, von der Perle, vom Schatz, den keine Motten fressen. Ich fragte ihn, was mir geschehen war, wie es möglich war, dass ich trotz meiner irdischen Seele vom unteren Ort her den Ort der Reinheit zu erblicken vermochte. Ich aber sprach: *„Christus, als meine Seele aus dem Fleisch ging, wo ist sie hingegangen?“* Er aber sprach lächelnd: *„An einen Seelenort, das ist die Kraft, die weit mehr vermag als der Geist der Nachahmung. Diese Kraft ist stark und flieht die Werke des Schlimmen. Durch die unvergängliche Sorge wird sie gerettet und hinaufgebracht zur Ruhe des Lichts.“* Er sagte weiter: *„Du bist von jener Art, die nicht wankt. Du wirst nicht von irgend anderem, ausgenommen vom Fleisch allein, das du brauchst, ergriffen. Du schaust einzig darauf, herausgebracht zu werden. Du duldest und erträgst alles, um den Kampf zu beenden und das ewige Leben zu erben. Wenn nun der starke, göttliche Geist zum Leben gekommen ist, stärkt er die Kraft, das heißt die Seele, und also irrt sie nicht ab zum Schlimmen.“*

Ich freute mich, dass es die Kraft meines erkannten Irrtums war, die mich an den Hohen Ort gebracht hatte. Ich hatte meine rechtschaffen-sündige, unbeugsame Welt geliebt und war doch bereit gewesen, über sie hinauszugehen, also durfte ich auch ihn in seiner Entrückung sehen und lieben. *„Denn keiner ist der Rettung wert, der noch den Ort des Irrens liebt“*, sagte er, als ob er meine Gedanken gelesen hätte. Ich fühlte, dass er dies zu mir sagte, damit ich es später lehren würde. Ich dachte an die Menschen, denen solche Dinge schwer zu zeigen sein würden und fragte: *„Wie können die*

Seelen aller Menschen in das reine Licht gerettet werden?" Er antwortete: *„Diejenigen, auf die der Geist des Lebens herabgekommen ist und sich mit der Kraft verbunden hat, die werden gerettet werden."* Ich sah, die Kraft der Seele war die Liebe, das rechte Maß, die Freude an Friede und guten Taten, um sich damit selbst zu stärken, bis die Seele Flügel erhielt. In meine Überlegungen hinein sagte er: *„Die Kraft kommt in jeden Menschen, ohne sie könnte ja keiner stehen."*

Bei diesen Worten erkannte ich, dass ich mein Leben lang aufrecht zu mir gestanden hatte. Vielleicht hatte ich deshalb meinen Esel geliebt, weil er schlau war und sich zu nichts zwingen ließ, aber umso freudiger dabei war, wenn wir beide etwas gern taten. Ich sah die andere Gefolgschaft meines Bruders, es waren einfache, starke, aufrechte und genügsame Menschen, die er sich erwählt hatte.

Das Erlebnis seiner Verklärung brachte uns Schüler ganz neu zueinander. Wir verstanden, es ging nicht um ihn, unseren Retter, es ging um uns, dass wir seinen Auftrag erkannten und erfüllten. Wir hatten auf der Fahrt zum anderen Ort nicht das Gleiche gesehen. Jeder hatte seinen Ort erfahren, und dennoch waren wir an einem gleichen göttlichen Ort gewesen, der für jeden in seinen Farben und Gestaltungen erschienen war. So erkannten wir uns im gleichen Vater, jeder auf seine Art. Dieser Ort stärkte uns nun mit Licht, Unsterblichkeit, Endgültigkeit.

Die Welt des Irrens ließ uns verschiedene Wege gehen, die Welt der Wahrheit ist immer gleich. Ich sah, dass ich mit dem Bruder über den himmlischen Vater Gemeinsames hatte, nicht über Familie, Heirat und Geburt.

Die Menschen sind Kinder des Himmels, nicht der Eltern. Etwas in mir ist bewegt und ist angekommen zur Unbewegtheit der Einheit von Anfang und Ende.

Oft dachte ich nach und bewahrte mein Staunen. Etwas war da, das nicht von mir abhing und meine diesseitige Vernunft überstieg. Man konnte es nicht anders machen als es war. Es gehörte nicht mir. Es hatte keinen festen Platz in der Welt der Menschen. Es würde immer sein, auch wenn ich nicht war.

Wenn ich meine Gegenwart darauf richtete, war es, wie wenn ich die Verklärung meines Bruders sogleich wieder erlebte. Ohne dieses Erlebnis war ich allein und abhängig, suchte, hatte den Drang, immer etwas zu tun, obwohl mir mein Leben sehr gefiel. Ohne es spürte ich nur den Stoff des sterblichen Feuers der irdischen Bewegtheit. Durch mich geschah also meine Unerlöstheit und mit Joschuas Hilfe nun auch Erlöstheit.

Ich ging durch die Dörfer. Wenn es nur den Hohen Ort gab, wie er sagte, was war dann vor meinen Augen? Gab es mich? Wodurch gab es mich? Ich dachte nach. Woanders würde ich andere Dinge sehen. Aus mir heraus würde sich nichts je gleich sein. Ich spürte, und es gefiel mir, alles irdisch Erlebte war nichts als die Folge dessen, was ich tat. Das nannte ich mein Leben. Das war mir geschenkt. Alles, was ich hatte, war zufällig, war abhängig von meinem Drehen und Wenden. So waren meine Möglichkeiten immer nur durch mich beschränkt. Was hatte ich wirklich, was war unabhängig von meinen Entscheidungen und Gewohnheiten? Denn auch wenn ich überirdische Klarheit von ihm empfangen hatte, blieb ich doch Menschenwerk. Wie ging das zusammen? Wer war ich, der ich nun mehr als ich war?

Wie konnte ich diese Last abwerfen, die nur aus mir bestand? Wozu, wenn überhaupt, war diese meine Last gut? Jeden Morgen erhob ich mich neu mit ihr. Und doch, ich war dankbar. Ich spürte, ich durfte Einzigartiges erleben: Mich und ihn. Nichts würde uns auseinander bringen, auch wenn wir noch getrennt waren.

Dann sah ich sein weißes Kleid wieder. Ich konnte es mir nicht vorstellen, weil es nicht da war. Dennoch sah ich es, in mir eingebrannt mit seinem überirdischen Glanz. Immer wieder, wann immer ich wollte. Es war wirklicher als die nächste Straße, in die ich einbog. Es würde immer wirklicher bleiben als alles, was ich tat. Und es geschah durch mich.

Die Ewigkeit, der Himmel, auch sie geschahen durch mich, sie brauchten mich, um manifest zu sein, wie das Feuer das Holz braucht und das Holz durch das Feuer der Sonne wächst. Wie konnte ich noch sterben? Früher dachte ich, der Tod würde mir geschehen. Doch wenn ich an das weiße Kleid dachte und dann an den Tod, geschah nichts. Nur große Freude war da, ich konnte sie spüren, aber sie entstand nicht aus meinem gewöhnlichen Leben. Sie gehörte nicht zu mir und war doch da. So spürte ich, die Perle, das Salz, der Tod, in ihnen ist ein Geheimnis, das nicht geschieht, das nicht verdirbt, und doch wollen sie angesehen, geschmeckt, bewundert und letztlich überwunden werden. Von mir, auch wenn ich sterblich blieb und dem Retter so nie gleichkam.

Ich betrachtete diejenigen seines Gefolges, die ihn nachahmten. Sie trugen Kleider wie er, sie liefen wie er, sie schienen zu sprechen wie er. Zu allem wussten sie etwas, das er gesagt hatte. Sie folgten ihm nur äußerlich in den Trugbildern der irdischen Nachahmung. Sie zeigten so, dass sie ihn nicht verstanden. Ich wollte ich selbst bleiben und dabei frei werden. Ich wollte die Lösung des Rätsels über mich finden.

Und ich fand sie! Vielleicht fand jeder sein Selbsterlebnis in einem anderen seiner Worte, aber bei mir war es dies: Er sagte: *„Wer auf dieser Welt Kleider anzieht, ist mehr wert als die Kleider. In der Herrschaft der Himmel aber ist das ‚Kleid' wertvoller, das einer angezogen hat."* Da war mir klar: Das Kleid, als das ich in dieser Welt mein Leben trage, besteht aus allem, was ich tue. Und es ist die lichte Ewigkeit des Himmels. Sie zerschneide ich immer neu. Alle Ewigkeit steht mir zur Verfügung, ich zerschneide sie in dies und das. Wie ich mich drehe und wende, zu was ich mich entscheide, ist unweigerlich mein Kleid. Daher die Unzufriedenheit, die ich nicht verstand! Auf der Erde muss ich notwendig mit meinem Stückwerk unzufrieden sein, doch von meinem Himmel, dem hohen Ort aus, frage ich mich, was werde ich durch mein Tun?

Nun war mir auch klar, was er mit diesen Worten meinte: *„Man muss in diesem Fleische auferstehen, da alles in ihm ist. Es ist nichts außerhalb des Fleisches."* Der Geist erkennt sich im Fleisch als der handelnde Mensch, der sein Fleisch als ein Stück Ewigkeit auf seine Art benutzt. Das Fleisch, in das der Mensch hineingeboren ist, macht sich zunächst als der blinde Gott bekannt, der nur sich selbst kennt und ehrt. Und so sagte der Meister später dazu: *„Euer Licht, das euch gegebene Gewand, ist von der Wolke der Finsternis verdeckt."* Und weiter: *„Wehe Euch, die ihr auf das Fleisch hofft und auf das Gefängnis, das zugrunde geht."*

Ich schaute um mich. Das Anderssein, das ich früher in den Menschen gespürt hatte, gab es nicht mehr. Jeder schneidet sein besonderes Leben wie sein Kleid aus dem gleichen Stoff der allumfassenden Ewigkeit. Nun wusste ich: Man ist im Fleisch, doch wichtig ist es, dass man über das begrenzte Fleisch hinaus auf das allen Gemeinsame in ihrem Tun blickt.

Das Fleisch ist Schule des Menschen. Man braucht das Fleisch und seine Bilder, um es zu verlassen. Man kann das Fleisch nicht von seinen Wünschen und seinem Treiben erlösen, aber man kann den Geist von der Last des Fleisches befreien. Auch dies würde mir der Meister zeigen. Dazu war er gekommen.

War ich zuvor begierig gewesen, Dinge der Welt zu erwerben, so war ich jetzt begierig, die Welt nicht mehr zu sehen. Ich verstand: Das Kleid, von dem er sprach, war die innere Gestalt ihrer äußeren Welt, der die Menschen sich anpassen. Nichts anderes sehen sie. Jetzt wurde mir klar, wovon er sprach: *„Erst aber reiß ab das Kleid, das du trägst. Es ist Stoff der Unwissenheit, der Grund für das Böse, die Fessel der Vernichtung, die trübe Mauer, der lebendige Tod, der fühlende Tote, das herumgetragene Grab, der Räuber in dir."* Ich sah, dass alle Not daraus entsteht, dass die Menschen zum Bild ihrer

Welt werden. Ich wollte nur noch sein Bild in mir tragen. Das konnten mir alle Schätze, aller Besitz, alle Ehrungen der Welt nicht geben. Jetzt war ich bei mir. Durch ihn.

Früher war ich mein Gegner gewesen. Ich hatte mich angetrieben, ausgenutzt, nur für meine Zwecke und Begierden gelebt. Ich war *'angefüllt mit Tand. So hörte ich nicht, was ich hören sollte. So sah ich nicht, was ich sehen sollte.'* Doch nun kam ich zu mir. Jedes Mal, wenn ich ihn sah, wenn ich ihn hörte, schien ein Stück Unwissenheit von mir abzubrechen.

Wir redeten untereinander weiter über die Verklärung. Wir waren davon nicht irre geworden oder von etwas Fremdem besessen, obwohl wir die Welt verlassen hatten. Wir waren doch wir selbst geblieben. Als ob er unser Gespräch gehört hätte, sagte er am Abend am Feuer: *„Denn wenn ihr zwar die Welt auflöst, selbst aber nicht aufgelöst werdet, dann seid ihr Herren über die ganze Schöpfung und über die ganze Vergänglichkeit."*

Denn niemand vergeht, der sein Reich erkennt und in sich trägt. Der Tod, mein Leben, mein Besitz, meine Arbeit, all dies war nur in meiner irdischen Vorstellung wirklich. Ich versuchte, wieder an das geistige Sterben zu denken, das über alle Dinglichkeit hinausgeht. Da sah ich Joschua vor mir, wie er lächelte und mir aus seinem Bild heraus die Botschaft übermittelte: „Niemand kann sich den Tod vorstellen, weil niemand stirbt oder aufgelöst wird. Niemand kann reich sein, weil niemand reich ist. Niemand kann etwas über Gott denken, weil er selbst Gott ist. Wie kann das Wasser nass sein? Für wen ist es nass? Wer ist der Niemand in dir, der sich etwas vorstellt?"

Ich fragte sein Bild: „Woher kommen die Irrtümer meiner Vorstellung?" Er verwies auf die Erinnerung seiner Verklärung in mir. „Die Irrtümer deiner Vorstellung kommen daher, dass du glaubst einen Körper zu haben. Dann glaubst du, du bist dies oder das, Hebräer oder Ausländer. Doch du bist aus jener Welt. Diese Welt ist der Ort deines Irrtums." „Aber ich spüre sie doch," kam es aus mir heraus, denn ich wollte es genau wissen. „Spüre diese als jene Welt, und sie wird sich verändern, und dein Fleisch mit." Damit verschwand sein Bild.

Etwas Neues war mir geschehen: Ich konnte mit seinem Bild in mir reden! Und es gab die Antworten, die ihm entsprachen. So lebte ich nun in zwei Welten: In der Welt meiner Wünsche und Vorstellungen, ständiger Genuss immer noch in meinem Körper, die Duftwellen der Blüten, die Pracht der Sonnenuntergänge; darüber gelagert und alles durchdringend sein Bild, die Ewigkeit, das Unzerstörbare.

So würde ich den Tod für mich auflösen, die drängende Zeitlichkeit, meinen Glauben an Orte, an mich selbst und dennoch in Festigkeit bleiben. Gegen den Widerstand der gesamten Welt, wenn es sein musste. Diese Hoffnung auf Erlöstheit ließ mich alles ertragen, wie er gesagt hatte. Auch Joschua spürte die neuen Fortschritte in mir: *Einmal sprach Jesus zu uns Schülern so: Vergleicht mich und sagt mir, wem ich gleiche. Es sprach zu ihm Simon Petrus so: Du gleichst einem gerechten Engel. Es sprach zu ihm Matthäus so: Du gleichst einem Philosophen, einem intelligenten Menschen. Ich sprach zu ihm so: Rabbi, mein Mund wird es nicht tragen, zu sagen, wem du gleichst. Es sprach Jesus so: Ich bin nicht dein Rabbi. Du hast getrunken und dich an der sprudelnden Quelle berauscht. Und er nahm mich, zog sich mit mir zurück und sagte mir drei Worte. Als ich zu meinen Freunden zurückkam, fragten sie mich so: Was hat dir Jesus gesagt? Ich sprach zu ihnen so: Wenn ich euch auch nur eins der Worte sagen würde, die er zu mir gesagt hat, würdet ihr Steine nehmen und auf mich werfen, und aus den Steinen würde Feuer kommen und euch verbrennen.* Ich bewahrte das unsagbare, ungeheuere Geheimnis in mir, als Grundlage für alles, das ich noch sehen und später lehren würde.

Immer wieder erkannte ich, dass mein Bruder Christus war, der die Menschen in ein Reich nicht von dieser Welt führte und erlöste.

Und wenn dies nur wenigen Menschen ganz geschähe, würde es allen Menschen möglich sein.

Wir waren und wir waren nicht. Nichts stimmte mehr. So weit hatte er uns gebracht. Wie kann man sich einem Menschen so nah und immer noch getrennt fühlen! Die Sonne des Glücks mit ihm, und ich spürte noch den Schatten meines Andersseins. Leicht wie einen Hauch.

Ich betrachtete die Menschen, die noch dem Geld hinterherliefen und nichts von ihren inneren Möglichkeiten wussten, wie arme Wesen aus einer vergangenen Zeit. Manchmal sammelten wir am Sabbat Ähren, und wir machten uns lustig über die Aufregung, die das verursachte. Die Menschen wussten nichts vom neuen Sein, das wir lebten. Manche fragten uns, woher wir den Mut nähmen, ihm nachzufolgen. Doch für mich war klar, dass man viel mehr Mut brauchte, sein Leben nur nach Recht und Pflicht wie tot auszuhalten.

Mir wurde klar, dass ich auf einem göttlichen Weg war, den niemand mir nehmen konnte. Das Göttliche lebte durch meinen Bruder, durch mich, durch alle, die es sehen konnten. Manchmal fragte ich mich im Geheimen, warum dies alles nicht aus mir heraus hatte geschehen können. Warum ich meinen Bruder brauchte, um mich so göttlich zu fühlen. Da sah ich, dass ich zuvor dumm war, dass ich mich aus dieser Dummheit nicht allein hatte retten können, denn sie war die Dunkelheit, die mein Licht verdeckte. Manchmal stellte ich mir meinen Tod vor, als Schritt in ein noch höheres, befreiteres Leben. Dann fühlte ich eine Einheit von Leben und Tod, die wie verschiedene Töne auf einem gleichen Instrument gespielt wurden. Alles war rein, alles war wunderbar.

Kleine Ärgernisse erkannte ich als Rückfälle in alte Zeiten. Sie machten mir nichts mehr aus. Wenn mich das Rot der untergehenden Sonne einmal traurig machte, gab ich mich der Trauer hin wie einer Sehnsucht, die größer war als ich. Auch darin erkannte ich meinen Bruder wieder. Er hatte mich zu allem geweckt, was in mir war und es größer gemacht, als ich selbst es war.

Ich spürte eine übermenschliche Lust am Sein. Die Welt trug mich, nahm mich auf in Freud und Leid. Wenn ich mir nun an einem Dorn die Hand verletzte, war ich mir noch dankbar für diesen Schmerz. Ich verstand, dass die Heiden die Sonne anbeteten, die alles ernährte. War nicht auch mein Bruder eine menschliche Sonne, die mir mein Leben immer wieder neu gab? Die Dunkelheit von Angst und Krankheiten besiegte er mit seinem bloßen Erscheinen. Klein und erbärmlich waren die, die sich ihm entgegenstellten.

Ich befragte mich über sie. Mir schien, sie hatten sich nicht gefunden. Sie waren gegen sich selbst. Sie hassten sich. Doch ich durfte nicht auf sie herabschauen. Aber wie konnte ich es verhindern, da sie mein neues Anderssein auf ihre Weise bestätigten? Hinter ihrer Empörung gegen uns waren sie versteckte Sünder. Sie kannten nichts außer ihren Regeln und Gesetzen. Dahinter verschlossen sie ihr wahres Inneres. Gegen uns zu fluchen gab ihnen Befriedigung und Bestätigung. Doch es war unsere, nicht ihre Wahrheit, die ihre Gesichter verzerrte und tödliche Pläne schmieden ließ. Wer tötet, hat Unrecht. *„Sie hassen mich ohne Grund“*, so drückte es mein Bruder aus. Man brauchte ihn nur anzusehen, und man erkannte in sich Bereitsein oder Verstocktheit.

Doch das einfache Volk lief uns zu. Die Menschen spürten sich im Retter genauso wie ich. Viele heilten sich an ihm. Sie öffneten sich ihm und sofort drang eine Veränderung in sie ein. Er konnte die Menschen im Innersten ansprechen. So folgten sogar Tote seinem Ruf ins Leben. Hatte er mich nicht auch wie von den Toten erweckt?

Nur seine Gesetzlosigkeit machte vielen Menschen zu schaffen. In jedem Moment, den er lebte, lag das gesamte Gesetz von Himmel und Erde. Er lebte aus dem Moment heraus, was im Augenblick richtig und gut war, war sein Gesetz. Er hätte aus den heiligen Schriften ein Feuer gemacht und sich die Hände an ihnen gewärmt, wenn ihn gefroren hätte. Ihm erschienen die Gesetze der Priester wie kleinliche Gängelungen für Kinder. Denn durch die bloße Einhaltung der alten Gesetze war noch niemand klug und gerecht geworden.

So sagte er einmal vor den Hohenpriestern: *„Ich sage euch: Ehe denn Abraham ward, bin ich. Da hoben sie Steine auf, dass sie auf ihn würfen."* Sie wussten wohl, dass er sich damit über die Gesetze des Moses erhob, denn die gab es erst nach Abraham. Einmal sagte er Gleiches sogar zu uns und von uns: *„Selig, wer existierte, bevor er entstanden ist. Denn wer existiert, entstand und wird bestehen."*

So wurden wir Teil seiner Unermesslichkeit. Ich lebte mit ihm einen endlosen Moment, seit ich ihn bei seiner Rückkehr erblickte. Alles wuchs aus sich heraus, aus ihm heraus, aus mir heraus. Wir feierten ein beständiges Fest des Lebens. Ich war die Wolke am Himmel, das Blatt am Baum, ich spürte alles Werden und Vergehen wie nie zuvor. Ich konnte das Leben mit Händen greifen. Und er setzte allem die Krone auf. Er war wie ein Fluss, der alles fortriss, und ich bedauerte die, die an ihrem Ufer verblieben, um den Alltag zu bewältigen. Einmal sagte einer aus seiner Schar zu ihm: *„Herr, erlaube mir, dass ich hingehe und noch meinen Vater begrabe. Aber Jesus sprach zu ihm: Folge du mir und lass die Toten ihre Toten begraben!"*

Wir hatten uns auf die Seite des Lebens gestellt und wussten nicht, wie uns geschah. Alles war klar und einfach. Und doch, manchmal, wenn ich abseits meiner Wege ging, fragte ich mich, was in mir neu entstanden war. Ich war Teil des Lebens geworden, doch was gehörte mir wirklich? Hatte ich mich nicht eher an ihn verloren als mich gewonnen? Außer ihm hatte ich nichts, im Grunde nicht einmal mehr mich selbst. Ich war aus der Bahn geworfen, alles bebte und wogte um mich herum, ich erschien mir wie Wasser, das vom Wind aufgepeitscht und aufgewühlt war und doch einen ruhigen Grund hatte. Was würde sich nach dem Sturm verändern? Was würde bleiben? Er hatte uns zu gänzlich Neuem aufgefordert, doch was war am Leben selbst neu? Wo waren meine Wurzeln? Warum verachtete ich immer noch andere, die ihr Leben anders lebten als ich jetzt meines? War es meine Leistung, ihm zu folgen?

Es war angesagt, nach Jerusalem zu ziehen. Uns graute davor. Joschua wirkte plötzlich fest und entschlossen. Er wusste, dass er gekreuzigt würde. Er ermutigte uns eindringlich zu Neuem, zum Vater im Himmel, zum Licht. Es war, als ob er uns mit sich aufladen wollte, damit wir die Probe bestanden, die uns erwartete. Er schlug einen völlig neuen, ungewohnten Ton in seiner Rede an. Es war, als ob er mit uns Gericht hielt. Er warnte uns mit Ernst in der Stimme: *„Dem, der in seiner Hand hält, wird man geben, und von dem, der nichts hält, wird man auch das bisschen, das er hat, wegtragen."*

Wir spürten, er meinte das, was von seinem Wirken in uns bleiben würde. Auf der Fahrt mit ihm waren wir wie auf dünnen Spinnweben gelaufen, deren Fäden er in der Hand hielt. Ohne ihn in der Mitte würden diese jetzt reißen. Die Berge, würden sie weiter Kopf stehen? Was würde von allem bleiben? Würden wir uns ohne ihn in namenlosem Unglück auflösen? Oder würden wir in dem, was er uns geworden war, bleiben können, wie in einer neuen Welt? Ich dachte an das Weiß, das weißer war als alle Färber es machen konnten – würde es weiter in mir strahlen?

Jetzt kam die Bilanz, die Aufrechnung. Was er bereits in uns gezeugt hatte, es würde bestehen oder nicht. Sie versuchten, sein Lied zu ersticken, auch in uns. Dies könnte für uns tödlich sein: *„Wenn ihr jenes in euch erzeugt, so wird euch das, was ihr habt, retten. Wenn ihr jenes nicht in euch habt, so wird das, was ihr nicht habt, euch töten."* Der Weg war zu Ende. Wir hatten Sein geübt, dabei das Haben vernachlässigt. In der Zufälligkeit des Wegs waren wir Vorübergehende geworden. Er wollte, dass wir mehr zurück behielten, als ihm nur gefolgt zu sein. Mehr sollte uns bleiben, mehr sollten wir haben, als das Leben, das wir gerade lebten.

Wir waren erstaunt. Er hatte uns auf den Himmel des Vaters vorbereitet, nicht auf irdisches Scheitern. Was sollten wir in uns haben? Er forderte von uns, dass wir uns selbst retteten? Aber er war doch der Retter? Auf dem Weg hatte er uns verwirrt, die Ankunft machte uns verstört. Die Frucht, die wir vielleicht noch nicht waren, sagte er, war wie ein Kind, das die Mutter tötet, wenn es nicht geboren wird. Oder war seine Rede eine Mahnung, das zu verstehen, was in Jerusalem geschehen würde?

Wieder sagte er: *„Denn wer da hat, dem wird gegeben; wer aber nicht hat, von dem wird genommen, auch was er meint zu haben."* Er säte Zweifel, um unsere Sinne anzuspannen. Nach so vielen Höhepunkten wartete das Nichts auf uns. Er war wie ein Hirte, der seine Schafe verließ und ihnen befahl, sie sollten sich selbst in seinem Andenken hüten, sie hätten gesehen, wie er mit ihnen umging und keines verließ. Waren nun wir die Schafe, die in Gute und Schlechte zu scheiden waren? Hatten wir genug von ihm gelernt?

Die Probe von Jerusalem stand unumgänglich bevor: Waren wir gerüstet, in ihm zu bleiben, wie immer der Abschied geschehen würde? Jede seiner Gesten, jedes seiner Worte hatte uns erfüllt und vorwärts gebracht. Zu einem Ziel, das wir nicht wollten. Was war überhaupt das Ziel? Noch einmal sagte er bedeutungsvoll: *„Ich sage euch aber: Wer da hat, dem wird gegeben werden; von dem aber, der nicht hat, wird auch das genommen werden, was er hat."* Er hatte uns ja schon genommen, was wir in der Welt hatten! Zuerst trennte er uns vom früheren Gewinn, jetzt trennte er uns vom bevorstehenden Verlust, er trennte uns von jedem Ansatz, mit uns umzugehen. Aus dieser Trennung sollte erwachsen, was uns über alle Not und über alles Scheitern erheben würde, wenn es wirklich in uns war. Haben sollten wir, aber was?

Ich merkte mir genau, wenn er immer wieder auf diese Art sprach, denn dies schien besonders auf mich zuzutreffen, der ich alles genau wissen und mir merken wollte, was ich an ihm, meinem Bruder, hatte. So sagte man denn auch über mich später: *„Thomas aber war für das Werk Jesu von hoher Bedeutung und Jesus liebte und vertraute ihm sein Werk mit großer Hoffnung an. Denn es war ihm die Leidenschaft und Erregung fremd, wenn es nicht um etwas Wahres geschah und er prüfte alles mit scharfen Sinnen, ehe er überzeugt wurde."* So hatte ich gespürt, dass ich aus mir heraus nichts hatte, dass meine Welt aus Arbeit und Anerkennung ein Nichts war, das mich dennoch gefangen gehalten hatte. So hatte er zuvor zu mir gesagt, und ich bewahrte die Worte in meinem Herzen: *„Wenn man dich aber meinen Bruder nennt, dann kann es sich für dich nicht gehören, dass du über dich selbst unwissend bist. Und ich weiß ja, dass du zur Erkenntnis gelangt bist. Denn du hast mich schon erkannt, dass ich die Erkenntnis der Wahrheit bin, während du mit mir unterwegs bist, selbst wenn du es nicht weißt."*

Es würde sich erweisen, ob ich bereits etwas hatte, oder ob ich eine Leiche wie die anderen war, die man eines Tages wie ein welkes Blatt entfernen würde aus der geschmückten Stadt des Lebens, nach vielen Festen, selbst mit ihm. Jerusalem würde es zeigen.

Ich dachte nach: So hatte er gelehrt: Jeder Mensch baut die Scheinwelt auf, die ihn verdirbt, obgleich ihm ihre Kräfte Vorteile und Anerkennung zu geben scheinen. Diese Scheinwelt hatte er uns verleidet. Was wir zuvor nur in unserer fleischlichen Einbildung besaßen, hatte er uns abspenstig gemacht: Berufe, Sicherheit, Zugehörigkeit zu Recht und Gesetz. Wir hatten nichts als das, was wir auf dem Leib trugen. Oft wurden wir von denen, die an ihre feste Welt glaubten, verlacht und verspottet. Wie ein Spaß war uns dies erschienen. Sorglos, unabhängig waren wir auf dem Weg geworden, mit *Lilien auf dem Felde* hatte er uns verglichen. Geheilt hatten wir, Teufel ausgetrieben, uns befreit und unabhängig gefühlt. Freude hatten wir gehabt am Verlust des Gewöhnlichen. Doch wenn aus diesem Verlust nichts Neues entstanden war, würde es finster um uns werden.

Er hatte uns aus der Verblendung gerettet, die in uns war. Er musste auch das Gute von uns nehmen, das er uns gebracht hatte. Damit alles nur noch auf uns ankäme. Damit wir nach seinem irdischen Tod die Erde für uns erbten. Er hatte mit uns den Himmel geteilt, doch die Erde sollten wir uns angesichts seines Leides neu erwerben. Doch wie würde unser Überleben ohne ihn aussehen? Dies mussten wir erfahren, damit wir sahen, was wir wirklich von ihm hatten, wenn er nicht mehr bei uns war. Jerusalem würde es zeigen.

Er war anders. Ihm konnte man nichts nehmen, denn er hatte nichts außer Himmel und Ewigkeit und damit alles: *„Denn ich habe nicht von mir selber geredet; sondern der Vater, der mich gesandt hat, der hat mir ein Gebot gegeben, was ich tun und reden soll. Und ich weiß, dass sein Gebot ist das ewige Leben. Darum, was ich rede, das rede ich also, wie mir der Vater gesagt hat."* Er war völlig eins mit dem Vater, er forderte von uns völliges Einssein mit dem, was in Jerusalem geschehen würde.

Ich sah meinen himmlischen Bruder an und erschauerte. Für die, die es sehen konnten, stand er weit abgehoben über der Welt, höher als jeder Berg ihn erheben konnte. Er würde die Trennung für sich wieder vollbringen müssen, indem er sie allen sichtbar anzeigte, damit die Menschen endgültig wussten, dass es zwei Welten gab. Er würde vor aller Augen über die bloßen Sinne hinausgehen, *‚seine Leibhaftigkeit dem Tode übergeben'* und dennoch bleiben, damit man sah, dass das Körperliche nur ein angenommenes irdisches Gewand war. Er würde für alle Zeiten und für alle Menschen ein neues Zeichen setzen. Er würde Ungeheures tun.

Mit dieser Mahnung und seinem Vermächtnis zogen wir ein in die Stadt der Väter. Jerusalem würde uns nehmen, was wir nicht hatten. Oder wir würden dort endgültig erhalten, was wir von seinem Geist hatten. Oh, Jerusalem!

Die Kraft, die Wahrheit

Es würde zu einem Zusammenprall der beiden Welten kommen. Er würde den endgültigen Beweis antreten. Die Wahrheit würde uns ernüchtern. Vor aller Augen. Mich schauderte und ich fühlte mich unsicher. Ich spürte den Hass der Pharisäer und Schriftgelehrten, und dass sie ihn töten wollten. Und er würde ihnen zeigen, dass sie genau dazu nicht die Macht hatten. Sie konnten ihn nicht töten. Er hatte sein Leben nicht von den Menschen.

Feierlich kündete er an, dass er unbeschadet wiederauferstehen würde. So sagte er: *„Darum liebt mich mein Vater, dass ich mein Leben lasse, auf dass ich's wiedernehme. Niemand nimmt es von mir, sondern ich lasse es von mir selber. Ich habe Macht, es zu lassen, und habe Macht, es wiederzunehmen. Solch Gebot habe ich empfangen von meinem Vater."* So tröstete er uns, weil er uns liebte. Wir sollten nicht leiden. Dennoch scharten wir uns angstvoll um ihn. Er wollte nicht, dass wir in dem zukünftigen Geschehen seinen Tod sahen. *„Es ist noch um ein kleines, so wird mich die Welt nicht mehr sehen; ihr aber solltet mich sehen; denn ich lebe, und ihr sollt auch leben."* Wir wussten, was geschehen würde, aber wir konnten uns nicht vorstellen, wie es wirklich sein würde.

So zogen wir in Jerusalem ein. Man feierte und begrüßte uns, die Menschen legten ihre Kleider auf den Boden, damit er darüber ritt und sie diese dann als Zeichen von ihm behielten. Ihn sollten sie bewahren, nicht die Jacken, über die er reitet, dachte ich.

Er war in Eile. Das hatte ich noch nie an ihm bemerkt. Es sollte schnell gehen. Etwas musste geschehen, und es würde geschehen. Er hatte uns zu Fall gebracht, nun würde er fallen. Und doch, er würde wieder aufstehen. Wir würden es erleben. Aber wie? Ich betrachtete die Menschen, ich betrachtete ihn, ich war in etwas hineingestellt, wurde davon durchströmt, ich würde den Rest meines Lebens dazu verwenden, es zu verstehen.

Noch nie zuvor hatte er sich selbst um ein Quartier gekümmert. Er gab an, wie wir es zu finden hätten. Wir liefen umher, wir bereiteten unseren Aufenthalt, wir spürten die Aufgeregtheit der Leute. Die Anspannung überall war wie ein Geburtsschmerz, der etwas Neues hervorbringen würde. Ich hätte alles getan, um die Zeit anzuhalten, doch ich spürte, es war eine alte Zeit. Diese alte Zeit der Mühe musste besiegt werden.

Und dann war da etwas Gefährliches, das ich so noch nie gespürt hatte. Wer gegen ihn war, zog sich zurück. Pharisäer, Lehrer und Amtspersonen waren verschwunden. Auch ihre Zuträger und Spitzel hielten sich fern. Das Alte verbarg sich, um zum Schlag auszuholen. Wir scharten uns ängstlich um ihn, obwohl wir wussten, dass er allen Feinden überlegen war. Er ritt auf einer Eselin, *die noch nie einen Menschen getragen hatte.* Es war, als ob er uns auf eine Hochzeit des Fleisches mit der Ewigkeit vorbereitete. Er verband sich mit dem jungen Fleisch des Tieres, er ließ sich schaukeln und lustvoll wiegen, wie er es, seit er als Kind bei seiner Mutter war, nie mehr getan hatte.

Er lächelte mir zu und es war, als ob er sagte: ‚Ab jetzt nehme ich mein Fleisch auf mich, du wirst sehen. Ich werde wie du. Wir tauschen.' Etwas in mir wollte das nicht. Ich betrachtete die junge Eselin, die ihn leicht trug, als wäre sie eins mit ihm. Ich dachte an meine alten, vertrauten, fügsamen, eingearbeiteten Esel. Es genügte damals, dass ich wie sie sein musste, und wir so waren, wie wir waren, damit brauchte er sich nicht auch noch zu beschweren.

Auch die Menschen sahen das Neue. So entstand Spannung. Zum Passahfest waren dreißigtausend Menschen in die Stadt gekommen. Alles war überfüllt, Gerüchte liefen schnell. Es war unklug von den Priestern, ihn öffentlich zu fragen, sich gegen ihn zu stellen. Doch sie waren so getroffen, dass sie ihn nicht mehr übersehen konnten. Besonders als sie hörten, er habe gesagt, er könne den Tempel in drei Tagen abreißen und wieder neu aufbauen. Ich dachte nach. Den Tempel hatten sie zum Platz Gottes gemacht. Doch Gott braucht keinen irdischen Platz. Er ist überall. Auch Joschua beanspruchte keinen Platz auf der Erde. Sagte er nicht: *„Die Füchse haben ihre Löcher, und die Vögel haben ihr Nest. Der Sohn des Menschen aber hat keine Stelle, um seinen Kopf zu betten und zu ruhen."* Er war wie der Wind aus einer anderen Welt, und er sollte zum Sturm werden. Er sagte: *„Ich werde dieses Haus umstürzen und niemand wird es wieder bauen können."*

Sie konnten sich darunter nichts anderes vorstellen als ihren Tempel aus Stein. Doch uns wurde klar, er meinte den Tempel aus Regelwerk und Vorschriften, der nur ihrem fleischlichen Nutzen diente. Sie würden ihn für diese Drohung töten und er würde binnen drei Tagen als neuer ewiger Tempel wieder auferstehen. Nicht einmal im Grab würde er einen Platz finden. Aber sie merkten es nicht. Er wollte einen neuen Tempel aus dem Verborgenen bauen: Er wies so darauf hin: *„Belehrt mich über den Stein, den die Bau-*

leute verworfen haben! Jener ist der Angelstein.“ Er meinte sich damit.

So stand Menschenwerk gegen Gotteswerk, und es brachte Leid, gegen das althergebrachte, versteinerte Menschenwerk anzugehen. Er wusste es: *„Selig, die verfolgt werden in ihrem Herzen! Jene sind es, die den Vater in Wahrheit erkannt haben.“*

Doch er wurde noch mehr Mensch, wütender, gewaltiger, tätiger, als ich mir das je hätte vorstellen können. Als ob sie ihn noch nicht festnehmen wollten, waren die Wachen vom Tempel abgezogen, als er hineinging, wie es nach seiner Abstammung die Sitte befahl. Nachdem er geopfert hatte, war es, als ob sein neugefundenes Fleisch ihn packte und Leidenschaft in ihm weckte. Doch er diskutierte nicht mehr mit Worten. Er war im Haus seines Vaters niedergekommen, sein Fleisch schrie aus ihm. Er war ein erwachsener Mann und hatte Kraft. Plötzlich stieß er die Tische der Wechsler um und nannte den Tempel *„eine Räuberhöhle“*.

Man war es gewohnt, dass die Besucher aus aller Welt ihre mitgebrachten Münzen in die Silberlinge umwandeln mussten, die der Tempel als allein gültig für das Opfer annahm. Denn an diesem Wechsel verdiente man den zehnten Teil. Und er zerbrach die Käfige der Tauben, die zum Geburtsopfer dienten. Diese wurden für den Tempel besonders gezüchtet und waren um ein mehrfaches teurer als auf dem Markt und wohl deshalb den Priestern und ihrem Gott besonders wohlgefällig. Auch Maria hatte bei seiner Geburt *dem Tempel ein Paar Turteltauben gegeben, wie es gesagt ist im Gesetz des Herrn.* Aber das Gesetz besagt nicht, dass diese Tauben einen Aureus, den Monatslohn eines Tagelöhners kosteten und nur im Tempel zu kaufen waren.

Er redete nicht mehr. Er warf um, die Ordnung, das Umstoßbare, Gewinnliche, wohl wissend, dass er sein Todesurteil unterschrieb. Ewige Verachtung sprach aus ihm. Unendliches Mitleid mit Generationen, die von Zins und Opfern im Namen Gottes unterdrückt waren. Der gesammelte Langmut Gottes wurde sichtbar, der die Priester in der Form eines Menschen strafte, was sie nicht erkannten, weil sie sich nur Strafen gegen die anderen, gegen das sündige verdorbene Volk vorstellen konnten, nicht aber gegen sich.

Es war mir, als begehrte auch ich auf, als stürzte auch ich die Tische der Händler um. Aber ich betrachtete nur die ausgeschabten Gruben der Tische mit ihren sonnengewachsenen Maserungen aus unschuldigem Holz, aus denen die vielen verschiedenen Münzen aus aller Welt sprangen und sich am Boden versammelten. Selbst zuzuschlagen hätte ich nie den Mut gefunden. Auch das tat er für mich.

Plötzlich war er mehr im Menschsein angekommen als alle Menschen der Welt. Er hatte deshalb die Priester gegen sich. Ihre tötende, steinigende Zeit war vorbei. Er brachte ihre amtliche Angst vor dem Menschsein zur Welt, da er ihren Tempel wie mit den Stößen eines Erdbebens zum Wanken brachte.

Am Abend nahmen wir das letzte gemeinsame Mahl mit ihm ein. Sein letzter Kampf lag in der Luft und umgab ihn mit der leisen Schwermut des Abschieds. Es war, als ob er uns nie mehr mit Nahrung versorgte, nie mehr das Brot mit den Händen brach, nie mehr die Becher nachfüllte, nie mehr Sicherheit gab. Wir hatten gelernt, das Einmalige in seinen Gesten zu spüren. Er schien immer zwischen uns und dem Vater zu stehen. Hinter ihm, über ihm, unter ihm sahen wir den Vater. Von dessen Reich erzählte er, von dessen Kraft, von dessen Güte. Nun kam er selbst auf uns zu. Er hatte uns zu ihm hin gewendet und verändert, jetzt war er mitten unter uns. Das Brot, das er gab, der Wein, den er füllte, schienen mehr und mehr zu werden.

Er wusch uns die Füße. Wir widerstrebten. Seine neue Wirklichkeit machte uns ohnmächtig. Immer hatten wir das Gefühl, von ihm zu nehmen, von ihm zu zehren, zu erwarten. Er hatte uns nie darauf hingewiesen, dass er selbst uns etwas gab, er selbst etwas für uns tat. Alles kam vom Vater, sagte er immer.

Er war wie ein Windhauch des Vaters, er wärmte, er behütete, wir waren Schafe, die einem Hirten folgten, der sie im Auftrag eines Herrn über ihm weidete. Er hielt uns fern von den Wölfen, die zu durchschauen er uns gelehrt hatte. Alles deutete nun darauf hin, dass er so irdisch geworden war, dass er nun zu diesen Wölfen gehen und sich ihnen ausliefern würde.

Einer von uns würde ihn verraten, sagte er. Er sprach von Verrat an sich selbst, nicht mehr wie vorher vom Verrat am Vater. Plötzlich ging es um ihn selbst. Wir betrachteten ihn verwirrt und aufgeregt. Zum erstenmal tat er etwas nicht allein für den Vater, er wurde einer von uns, er trat in das niedere, greifbare Geschehen der Welt ein. Er nahm den Verrat an sich an, als ersten Schmerz, von den vielen weiteren, welche ihm die niedere Welt zufügen würde. Das war unvorstellbar nach all den Jahren, in denen er nur für den Vater da und uns teuer war. Er würde seinen eigenen Weg auf der Erde gehen, sich so seinen Feinden hingeben. In der Kraft seines Lebens würde er uns verlassen, dazu löste er uns von sich.

Wir waren wie eine einzige Angst, eine Furcht, eine versammelte Unsicherheit um ihn herum. Die Reise mit ihm hatte uns erschöpft und alles gegeben, doch wir wollten weiter mit ihm umherziehen, weiter ihm lauschen, weiter seine Schritte hören. Die Stille der Nacht ohne ihn war unvorstellbar. Er hatte uns an den Rand unserer selbst gebracht.

Wir wussten noch längst nicht alles, wir waren nicht fertig. Wir konnten uns nicht mit ihm vergleichen. Ohne ihn waren wir nichts. Ich blickte in die Runde. Die bevorstehende Trennung machte uns einsam. Um so enger scharten wir uns um ihn. Sein Überfluss hatte uns erfüllt. Wir brauchten ihn. Wir dienten ihm. Dabei fühlten wir uns manchmal selbstsüchtig und unrein. Als seine Hinterlassenen würden wir die Steine beneiden, über die er geschritten war, als wir noch ein Ziel mit ihm haben durften.

All dies kreiste in uns, ohne dass wir es recht wussten. Doch sein Reich war nicht von dieser Welt, das hatte er immer gesagt. Was war dann von dieser Welt, ohne ihn? Da gab er die Antwort. Er erhob sich, nahm das Brot, gab es und sagte: *„Nehmet, esset, das ist mein Leib."* Er hatte alles für uns und die Welt getan, uns sogar die Füße gewaschen und nun noch das. Wie betäubt aßen wir. Dann nahm er den Kelch, gab ihn uns und sagte: *„Trinket alle daraus, das ist mein Blut, das für euch vergossen wird."* Was immer er zuvor für uns getan hatte, wurde nun einmalig. Er hatte sein Fleisch angenommen, nun gab er es. Nichts wollte er für sich behalten.

Ich bewunderte ihn. Denn er gab auch Judas, den er gerade zuvor als Verräter angekündigt hatte, den Becher. Er war wirklich für alle da. Vielleicht sogar mehr für Judas, den Verräter, als für uns! Doch ich verbot mir weitere Überlegungen über Judas, denn nur die alte Welt in mir war verwundert und wollte ihre Unterschiede, sogar an diesem Abend, behalten.

Das Fest ging weiter. Wir wussten, Wein war für ihn der Rausch der Ewigkeit, der unzerstörbar immer neu wirkte. Er hatte aus Wasser Wein gemacht, aus Wein machte er nun die immerwährende Süße eines Abschieds, den keiner von uns wollte, der keiner sein durfte. Da war uns klar: alles in dieser Welt war durch den Gott in ihm, durch seinen Geist, durch seinen Körper. Brot war mir immer erschienen, als ob ich es durch Arbeit und Bemühung verdiente. Wein war mir immer tröstlich als etwas, das meinen Willen und meine Lust am Leben verstärkte. So hatten Brot und Wein innerlich mir gehört, waren mir irdisches Eigentum und Zweck gewesen.

Das Brot, das ich nun aß, der Wein, den ich nun trank, waren nicht mein Zugriff auf meine nutzbare Welt, auf mein erweitertes Sein. Sie waren Gott. Sie kamen mir von ihm, dem Menschen und machten mich einmalig.

Ich nahm das Brot, ich nahm den Wein. Sie waren rein, sie waren von der Selbstverständlichkeit meiner Welt befreit. Unberührt durch meine Bemühung, nicht befleckt von meiner Erwartung. Brot und Wein durchdrangen mich auf eine neue Weise. Ich wurde froh. Wenn ich nie an ihn geglaubt hätte, ihn nie gesehen hätte, schon der freigiebige Genuss des Brotes, die wohlige Süße des Weines hätten mir zeigen müssen, dass es Gott gab. Wie kläglich war meine Traurigkeit, ihn nicht mehr immer bei mir zu haben. Was kam es noch auf dieses Verlangen an? Wie kleinmütig die doch waren, die nur an ihm hingen und ihn nicht in allem sahen. Immer schon hatte er sich mit uns geteilt, als ob er in jedem von uns lebte, und wir hatten es nicht gemerkt. Es uns nicht zugetraut.

Jetzt aßen und tranken wir ihn, sein Leben, das Einfachste und das Höchste. Mitten in unsere Gemeinsamkeit hinein sagte er, der das Zeichen gäbe, ihn an die Feinde zu liefern, sollte es bald tun. Wir waren versteinert. Er, der nur von Ewigkeit sprach, den es schon vor Abraham gegeben hatte, fügte zum Verrat auch noch die Zeit hinzu. Es sollte schnell gehen. Einer von uns sollte das Zeichen geben, dass er bereit war, an die Feinde ausgeliefert zu werden.

Wir blickten uns an. Judas fragte, *ob er es sei, der es täte,* aber er hatte schon immer gewusst, dass er es tun würde. Er glaubte noch an die Macht des Handelns und des Geldes. So hatte er sich vor dem Retter gerettet. Wir hatten ihn heimlich verlacht, wie kleinlich genau er all unser Geld bei sich trug und verschwenderische Freuden ablehnte. Nur er konnte die Tage unseres Herrn verkürzen. Nur er glaubte noch an sein Tun.

Das Fleisch ist nicht irre, aber es macht irre, wenn man daran glaubt. Das Verlorene versteht die Einheit nicht. Erbärmlichkeit drang in das Fest des Lebens.

Wie anders Joschua! In dieser Nacht predigte er eine rein menschliche Liebe, die wir unter uns haben sollten: *„Das gebiete ich euch, dass ihr euch untereinander liebet."* Wir, die Schwachen! Er sprach einmalig und direkt, nicht mehr in Gleichnissen. *Sagten zu ihm sei-*

ne Jünger: *Siehe, nun redest du frei heraus und sagst kein Sprichwort.* Ein irdisches Feuer glühte seinen Widersachern entgegen.

Er hatte an diesem Abend unsere Füße gewaschen. Ich sah, wie unwillig Judas dabei war, er konnte es kaum ertragen, dass der Retter seine Füße anfasste. Er wollte immer nur das Höhere, Macht, Rituale, er verstand nicht, dass der Retter nun dem einmaligen Gott im Fleisch jedes Menschen dienen wollte. Verriet Judas ihn deshalb, weil er glaubte, der Meister wurde zu menschlich?

Die Welt des Verrats drang in dieser Nacht in den Retter ein. Es wurde ernst im Tal der Menschen. Er handelte, nahm Stellung, sprach mit Entschiedenheit. Er war ab jetzt der irdische Weinstock und wir waren die irdischen Reben. Er konnte die Menschenwirklichkeit nur als Mensch zeigen und überwinden.

Am nächsten Morgen erwachten wir, und so einmalig bereichert wir durch das Geschehen am Abend waren, so unglücklich waren wir über das, was kommen sollte.

Am Morgen stritt er zum erstenmal mit Judas und wies ihn zurecht. Es war so: Er redete davon, dass er gekreuzigt würde. Wir waren in einem Haus in Bethanien, da kam eine Frau und wusch seine Füße mit kostbarem Nardenöl. Judas wurde unwillig und sprach davon, dass dieses Öl viel Geld einbrächte, womit man die Armen unterstützen könnte. Doch der Herr wies ihn ab: *„Ihr habt allezeit Arme bei euch; mich aber habt ihr nicht allezeit. Dass sie dies Wasser hat auf meinen Leib gegossen, hat sie getan, dass sie mich zum Grabe bereite.“* Wieder wusste eine Frau mehr als wir männlichen Schüler und tat aus diesem Wissen heraus das Richtige. Und nur der Herr und sie verstanden sich darin.

Ich spürte Joschuas neue Wirklichkeit in dieser Zurechtweisung. Der Kelch seines irdischen Daseins war bis zur Neige geleert. Letztes Tun in seiner endlichen Zeit stand bevor. Es war, als sei er menschlich irdisch geworden, um sich Kampf und ungerechtem Streit zu stellen, um sich auf die Stufe seiner Gegner herabzubegeben, damit er sie und ihre Falschheit überwand.

Er, der Endgültige, konnte dieses Werk nicht vollenden, die Menschen selbst mussten erkennen, worum es ging. Das war seine freiwillig angenommene Last, von der er jedem seinen Anteil gab. Doch sogleich fand er wieder zu seiner großen Herrlichkeit zurück: *„Wahrlich, ich sage euch: Wo dies Evangelium gepredigt wird in der ganzen Welt, da wird man auch sagen zu ihrem Gedächtnis, was sie getan hat."* Da war er wieder, so wie ich ihn verehrte, ewig und überirdisch, ohne den Schatten, der sich seit unserer Ankunft in Jerusalem auf ihn gelegt hatte. Und ich spürte, wie gierig ich war nach seiner Größe, nach seiner Erhabenheit, die ich so liebte und dass ich mich vor seiner beginnenden Schwäche fürchtete, die unser aller Schwäche war. Wie leicht hatte ich einen übermenschlichen Bruder ertragen, wie schwer fiel es mir nun, den Menschen anzunehmen!

Am Abend gingen wir über den Bach Kidron in einen Gartenhof, der hieß Gethsemane. *Und er riss sich von uns einen Steinwurf weit und kniete nieder, betete.* Ich hörte ihn in seiner Anfechtung zum Vater sprechen: „Du hast mich unsterblich gemacht, doch ich bin auch Mensch und ich weiß nicht, wie es ist, zu sterben." Weiter verstand ich nicht, denn der Wind drehte sich. Dann hörte ich ihn sagen: „Ich habe ihnen nur Gutes getan, wie du auch. Woher werden sie ihr tödliches Gift nehmen? Wird es stark genug sein? Oder kannst du mir den Kelch ersparen?" Undeutlich hörte ich so etwas wie: „Zum erstenmal zwingst du mich." Dann wieder: „Ich werde dein Zeichen setzen und mich dem Gesetz der Menschen opfern. *Doch nicht mein, sondern dein Wille geschehe." Und es kam, dass er mit dem Tode rang und betete heftiger. Es ward aber sein Schweiß wie Blutstropfen, die fielen auf die Erde.*

Ich erinnerte mich, wie ich mich einst als sein Bruder für ihn verantwortlich gefühlt hatte. Ich versuchte, ihn vor sich zu retten. Obwohl nichts in ihm zu retten war. Welcher Schwache kann einen Retter retten? Ich wusste, nur die Juden waren wütend auf uns und sie hatten keine Soldaten, wie die Römer. „Es ist einfach", flüsterte ich ihm zu, „in einer Viertelstunde sind wir über den Ölberg, dann zwanzig Minuten bis hinunter nach Bethanien, dort beginnt die Wüste, wir wären in Sicherheit."

Doch er lächelte nur. „Ich habe die Schlange wütend gemacht, ich habe die Axt an ihren Tempel gelegt. Ich habe ein endgültiges Schwert zwischen alle Menschen getrieben, zwischen die Unnachgiebigen, Gesetzesblinden, Geldverseuchten, und die Mitleidigen, die Gott suchen und finden wollen. Dafür wird das purpurne Tier der Macht mich stechen, allen Menschen zum Mut. So soll es sein."

Als wir zu den anderen zurückgingen, sagte er, sein Leid ankündigend: *„Aber ich sage euch die Wahrheit: es ist euch gut, dass ich hingehe. Denn so ich nicht hingehe, so kommt der Tröster nicht zu euch; so ich aber gehe, will ich ihn zu euch senden."* Nun sprach er von Gehen, sich fortbewegen, er war in die Körper der Menschen eingegangen, damit er uns verlassen konnte, um uns in seiner wahren Form, der des Auferstandenen, zu trösten. Ich war überwältigt, ich verstand nichts, nur, dass ich zu klein und zu irdisch war, um zu verstehen. Denn unwillig war ich über mich, dass ich noch immer nur an mich denken konnte, an das, was ich sah und was ich wollte, und an das, was ich nicht wollte. Aber auch das gehörte dazu. Auch hieraus würde er mir helfen, mich aus dem Unverständnis retten. Noch war ich nicht frei von der Schlange, die er erlegen würde.

Als Judas mit der Schar kam, die ihn festnehmen sollte, sah er ihn direkt an: *„Judas, verrätst du des Menschen Sohn mit einem Kuss?"* und dreimal sagte er zu den Häschern mit festem Ton: *„Ich bin's"*, als ob er sich nun zum Menschsein bekannte und ihnen so erlaubte, den sterblichen Menschgewordenen zu ergreifen. Judas war der erste, dem er sein Menschsein und sein sich daraus ergebendes Versagen entgegenhielt. Petrus war der nächste, denn als der Hahn dreimal krähte, hatte er seinen Meister und sich dreimal mit den Worten *„Ich bin's nicht"*, verleugnet, wie dieser ihm vorausgesagt hatte. Bei mir sollte es seine Wunde sein. Davon später.

So stürzte er uns dadurch, dass er Mensch wurde, von der Wolke, auf die wir ihn gestellt hatten, um unserem Menschsein durch seine Göttlichkeit zu entkommen. Wer war noch, der er einmal war?

Sie führten ihn ab. Das überirdische Fest unserer Wanderung, unserer geistigen Lehre und Heiligung war aus. Ich sah unsere Fahrt plötzlich wie geträumt und hatte Heimweh: Die Zeit der Finger, die nach seinem Rock ausgestreckt waren, die flehende Traurigkeit der Menschen, die sie von Gott trennte, die Schönheit, die uns allenthalben umgab. Der See, die Wüste, die bittenden Augen, die wie die Sterne die Reise führten, das war vorbei. Sie hatten ihn gefasst. Irdische Menschengewalt hatte den Menschen Joschua weggezerrt und eingesperrt.

In meiner Verwirrung ging ich zu Johannes, der vieles besser wusste als ich. Er erklärte mir aus der Schrift, worum es ging. Gott hatte so zu Mose gesprochen: *‚Alles, was ich euch gebiete, das sollt ihr halten, dass ihr hernach tut. Ihr sollt nichts dazutun, noch davontun.'* Er zuckte mit den Schultern. „Damit hat der Gott des Mose gesagt, dass alle seine Verbote ausnahmslos zu halten sind. Wer also nur ein Gebot nicht halten will, hält sie alle nicht."

Johannes war klug und sagte, worauf es den Hohenpriestern ankam. „Unser Bruder muss somit fallen," sagte er, „alle verstoßen gegen das Gesetz, aber er hat gegen das Gesetz im Gesetz verstoßen", er machte eine bedeutungsvolle Pause und fuhr fort: „dass man nicht offen und eigenmächtig dagegen verstoßen darf."

Ich schaute ihn ungläubig an. „Kaiphas wird ihm eine Falle stellen", sagte er. „Wenn unser Retter zugibt, dass er ohne Not am Sabbat geheilt hat, dass er eine Ehebrecherin ungestraft davonlässt, dass er die Reinheitsgebote bricht, und vor allem, dass sein Gott ihm die Erlaubnis dazu gibt, er es also immer wieder tun wird und deshalb nichts bereut, dann ist er nicht mehr zu retten." Er sah ernst aus. Ich gab mich immer noch ungläubig und sagte: „Wer hat nicht schon gegen Gesetze verstoßen? Wenn sie das bestrafen, können sie das ganze Volk umbringen." „Er tat es öffentlich und wurde von keiner Strafe Gottes vernichtet. Er brachte damit das gesamte Gebäude des Gesetzes zum Einsturz."

Ich wusste all dies, aber dass es so war, sah ich jetzt erst ein. „Die alten Schriften passen wunderbar, um Joschua zu vernichten", sagte Johannes und fuhr fort: „Sie müssen ihren Gott verteidigen, und damit sich selbst und nicht zuletzt ihre Einnahmen. Ihre Gesetze sind aus der Vergangenheit, damit töten sie das Leben. Joschua ist die Zukunft, die Befreiung des Lebens zu sich selbst." Johannes verdeutlichte: „Der liebende Vater im Himmel, von dem unser Retter spricht, ist für sie ein anderer, ein neuer Gott. Jedenfalls ist es nicht ihrer, der die alten Gesetze erlassen haben soll und bei Todesstrafe ihre genaueste Befolgung fordert." Er zuckte mit den Schultern. „Es darf keine zwei Götter geben, das ist gegen das Gesetz. Dabei verstoßen sie selbst dagegen."

Wieder zitierte er das alte Gesetz: *„Wenn dich dein Bruder heimlich überreden würde und sagen, lass uns gehen und anderen Göttern dienen, so willige nicht darein und gehorche ihm nicht, sondern du sollst ihn erwürgen. Deine Hand soll die erste über ihm sein, dass man ihn töte, danach die Hand des ganzen Volkes."* Als ich ihn erstaunt ansah, erklärte er: „Sie verstehen nicht, was sie tun. Wenn es keinen Gott außer ihrem Gott gibt, wozu verbieten sie dann andere Götter? Dadurch beschäftigen sie sich mit ihnen und fallen selbst von ihrem einzigen Gott ab."

„Aber Joschua hat Wunder getan, Gott hat selbst gezeigt, dass er mit ihm ist", sagte ich. „Auch da haben sie eine Stelle gegen ihn", sagte er. „Mose hat auch hier vorgesorgt, mit dem, was er sich als Gesetz eingeben ließ." Und er zitierte: *„Wenn ein Prophet oder*

Träumer unter euch wird aufstehen und gibt dir ein Zeichen oder Wunder und er spricht, lass uns andern Göttern folgen, die ihr nicht kennt, so sollst du nicht gehorchen, denn Gott der Herr versucht euch. Der Prophet aber oder Träumer soll sterben."

Es leuchtete mir ein, was er weiter sagte: „Joschua erfüllt die Gesetze nicht buchstabengetreu. Und Wunder sind für Kaiphas keine göttlichen Wunder, wenn sie sich nicht sklavisch genau an das Gesetz halten. Sie sind sogar gefährlich und könnten das Volk verwirren. Er wird sich auf den Standpunkt stellen, *‚besser einen Menschen vernichten, als das ganze Volk verderben lassen.'*"

„Du sagst das so ruhig", sagte ich ärgerlich darüber, dass Johannes alles so genau verstand und die Seite der Hohenpriester so gut darstellen konnte, als ob der Retter uns nicht gelehrt hätte, dass ihre Anordnungen blind und eigennützig waren. „Das Gesetz wird in aller Ruhe noch viele Menschen umbringen", sagte Johannes, „das ist das Gesetz, es ist alt und eigennützig. Es hat nichts mit dem Herzen zu tun, es liebt die Menschen nicht." „Dann hasse ich das Gesetz und alle seine kalten Anwender, es ist kleinlich, so kann kein Gott sein", rief ich ärgerlich.

„Wenn du das sagst, bist auch du ein Schädling, den sie bekämpfen müssen", sagte Johannes, „und wir alle." Er wandte sich ab. „Er wird sich töten lassen müssen, so wie die Gesetzestreuen ihn töten müssen. Wenn ihre Gesetze nicht mehr wirken, ist auch ihr Gott erledigt. Man kann nicht zwei Herren dienen. Er kann es nicht, und sie wollen es nicht."

Er nahm mich am Arm. „Doch wir werden das neue Gesetz im Herzen weitertragen. Wir können sowieso nicht mehr anders." Auf meinen fragenden Blick erklärte er: „Auch wir sind nach dem Gesetz des Todes. Sie können uns genauso hinrichten." „Daran habe ich nie gedacht", stammelte ich. „Sie werden sich mit ihm begnügen, er reicht ihnen. So gesetzestreu, dass sie auch uns umbringen, sind sie nicht." Mich schauderte. In welche Welt war ich geboren. Und ich sah, dass ich Johannes nur gefragt hatte, um mich abzulenken. „Sie hätten ihn auch ohne Schriften getötet. Denn kein Gott darf Mensch sein, kein Mensch darf Gott sein. Von dieser Trennung leben sie. Und darum geht es“, sagte Johannes abschließend.

Doch die Priester fürchteten einen Aufstand, wenn sie ihn sofort umbrächten, also wollten sie, dass Pilatus, der Oberste der Römer, dies für sie tat. Doch der wollte seinerseits keinen Anlass für einen Aufstand geben und schickte den Meister zu Herodes, dem Herrscher von Galiläa, in dessen Vaters Erdenreich der Meister geboren war. Auch dieser erklärte sich nicht für zuständig, da man nicht in Galiläa, sondern in Jerusalem tagte, und er kam wieder vor Pilatus. Um sich abzusichern, dass er nicht am Tod Joschuas schuld war, bot dieser dem Volk eine Auswahl zwischen Joschua und einem Soldatenmörder an, den die aufgestachelte Menge zur Freilassung wählte.

Man konnte keine Schuld an ihm finden, außer seinem wirklichen Menschsein unter Menschen.

Ich ging hin, als sie ihn zur Schädelstätte hinauftrieben. Ich sah ihn an. Er vermischte sich nicht. Er bestrafte keinen Menschen mit seinem Schmerz. Das Licht ist neugeboren und wird nie alt. Es bewahrt keine Schuld. Die Bilder des Lebens können nichts Festes bewahren, denn sie verändern sich. Doch man legt etwas scheinbar Festes in sie hinein. Die Menschen halten sich für das, was sie in ihre Bilder hineinlegen.

Hier war nichts zu deuten. Und doch, es konnte nicht sein. Es war unmöglich. Er war alles in einem. Sie litten unter ihrem Fleisch, spuckten ihn an, riefen ihm Spottreden zu, verhöhnten seinen Körper, über den sie Macht zu haben glaubten. Ihr Verrat und sein

Schmerz waren von untenher und doch nicht gleich. Er nahm auf sich auch das, was nicht von ihm war.

Ein rettender Gedanke kam mir: Sein Schmerz ist wirklich und unwirklich zugleich. Er spielt der Welt einen Streich. Er lässt sich vom Dunkel der Welt nicht berühren. Die Kranken können das Licht nicht krank machen und mit sich besiegen. Früher dachte ich, Licht und Dunkel hätten etwas gemeinsam. Doch die Perle kann nicht beschmutzt werden. Der Weg ins Licht führt über kein Dunkel.

Es gibt eine Zeit, in der Zeit still und leer steht. So war es jetzt. Der Gottessohn des Menschen kann weder Gott noch den Menschen geopfert werden. Doch warum dies? Welche Last trug er? Da wuchs in mir ein rauschhafter Glaube, dass alles nicht wahr sein konnte. Zum erstenmal in meinem Leben zweifelte ich an dem, was ich sah. Sein irrlichterndes, seidenschimmerndes Fleisch, aus dem nun Blut kam. Blut für die Welt, und die Welt sah nur sich und schlug ihn aus Angst vor sich selbst. Der Stoff, aus dem die Schläge waren, war leeres Feuer, hohles Wahnzeug. Das Bild seiner Unschuld brannte sich in mir ein.

Er begab sich wie ein Tier, keuchte wie ein Weib unter einer Geburt, trieb sich stolpernd voran. Und doch, er machte die Schläge seiner Verfolger unwahr. Er trug die Welt der Einbildung, er hatte die Welt der Erscheinung auf sich genommen. Der Hohn, die Verachtung, sie konnten nicht sein, ihn nicht treffen. Was vor mir war, konnte nicht sein. Ein Gott lässt sich töten, und es ist nicht so. Gott konnte sich den Menschen nicht opfern. Bei seinem Einzug war er auf einem Füllen geritten, *auf dem noch nie ein Mensch gesessen hat*. Auch er war Fleisch, das sich noch nie gebeugt hatte.

Dann war es kein Fleisch. Und Fleisch, das nicht war, das er nicht hatte, konnte nicht beleidigt werden. Noch nie hatte er etwas für die Augen der Menschen getan. Nun tat er es, damit die Augen der Menschen über sich hinaus sahen.

Das ist die Wahrheit! Das Kreuz, das er trug, war nur eine Erscheinung. Um dies zu zeigen, war er Mensch geworden! Einst hatte er mir gesagt, dass wir unsere Last tauschen würden. Nun trug er schwer am irdischen Holz meiner und aller Menschen Sünde und Einbildung, und ich spürte, wie dieses Holz in mir leicht wurde. Sein Körper quälte sich, damit mir leicht wurde, damit ich neu sehen lernte. Ich sah, was ich sah, und es bedrückte mich auf einmal nicht mehr. *‚Mein Joch ist leicht'*, hatte er gesagt. Ich sah ihn taumeln, dann wurde er von der Last niedergedrückt. Höhnisch half man ihm hoch. Das tat er für mich! Scham und Freude vermischten sich in mir. Ich wollte wegsehen, doch ich konnte nicht. Ich war dazu da, zu sehen.

Plötzlich machte die Menge keinen Eindruck mehr auf mich. Ich war nicht mehr gegen sie. Die aufgerissenen Mäuler, die höhnischen Verneigungen. Ihr Gesetz, das sie so sicher sein ließ, so gerecht machte. Ihre Schläge kamen aus niederer Lust und dem kalten Rausch der Hohenpriester, die Gott misstrauten und den Menschen im Menschen ablehnten. Ich war verletzt, doch die Verletzung gab es nicht mehr. Ich schüttelte mich. Ich lief ein Stück Weges am Straßenrand mit, die Bewegungen der Menschen standen still, sie waren plötzlich hohl und leer.

Er beachtete niemand, er schien völlig allein zu sein. Er ging durch ein Meer, das sich vor ihm teilte, das es für ihn nicht gab. Es schien fast, er tanzte, oder war es mein Wunsch, ihn tanzen zu sehen? Ich hätte anfangen können wild zu tanzen, auf dem Nebel ihrer Dumpfheit und tierischen Wut. Ich trat aus ihrer Macht heraus. Als Mensch sah ich Menschen, und sie waren nur noch bewegte Schatten. Sie rüttelten an ihren Käfigen, und bespuckten den, der sie befreien wollte. Sie lebten ihr tierisches Leben, für mich starben sie in diesem Moment.

Gefangene Geister. Unwirklich in ihrem Tun. Wirklich nur sich selbst gegenüber. Von ihm getrennt konnten sie nichts wirklich spüren. Sie hatten über nichts Macht, nicht einmal über sich selbst.

Wen glaubten sie zu demütigen? Ihr Stumpfneid schnitt in ihn ein wie ein Messer, das nichts anderes kann und seinen Gegenstand nicht begreift. Die Falschheit und Hohlheit ihrer Rituale ahmten sie nach. Sie wälzten sich auf ihn ab, begruben ihn unter dem Schmutz, den die Hohenpriester mit ihren Reinigungen in ihnen angehäuft hatten. Ihr schmutziges Inneres warfen sie nach außen, die geregelte Unreinheit, auf die ihr Leben gebaut war. Alles brannte sich in mir ein.

In mir wuchs Sicherheit: Das war nicht umsonst. Zuvor hatten sie gejubelt, ihm Blumen auf den Weg gelegt, jetzt waren es Dornen und Schläge. Ihn nur anzuschauen, hätte sie wach schütteln müssen. Ich hätte einen Stein nehmen können, an ihm vorbei zielen, einen der Menschen blutig treffen, diesen vielleicht geweckt. Ich spürte die Lust zur Bewegung in meinem Arm, wie wirklich Hass und Wut auch in mir waren und wie unwirklich zugleich. Aber so nicht. Dann wäre die hohle Selbstverlassenheit der Menge wie ein Funke auf mich übergesprungen. Ich stand wie auf Messers Schneide.

Ich versuchte zu trennen. Alles war nur irdisch wirklich, ich versuchte, mir die Leichtigkeit der himmlischen Wolke und das Weiße seines verklärten Gewandes vorzustellen, seine Bewegungen anzuhalten oder sie tanzen zu lassen, wie ich es gesehen hatte. Das Blut auf seiner Stirn wollte ich anhalten. Doch die höhnischen Stimmen wurden lauter, die Bewegungen und Fuchteleien wurden teuflischer und roher, mein Vermögen zu erfassen lief über, in mir war nichts mehr, das sich allem entgegen stellte oder mitging. Doch ihre Wirklichkeit fand keinen Platz mehr in mir. Da war mir, als ob er mir einen Blick zuwarf, der zu sagen schien: ‚Wir glauben nicht an sie.' Ich sah die Menge an. Ich hörte seine Stimme in mir: ‚Der Vater im Himmel hat sie geschaffen, aber sie wissen es nicht. Wie anders kann man den Vater ihnen und allen Zukünftigen zeigen?'

Für diesen Widersinn ließ er sich schlagen. Dafür schenkte er sich seinen Feinden. Sie waren zu den Hohenpriestern übergelaufen, die um ihr Brot und ihre Herrschaft fürchteten. Er quälte sich weiter. Doch all dies geschah nicht. Ich ertrug nicht mehr, was ich sah. Das Band zur Welt aus Hohn und Niedertracht war zerschnitten. Die Menschen waren ihm feindselig, sie bewegten sich, schrieen, bildeten scherzende Gruppen, die am Weg entlang zogen. Er wurde ans Kreuz genagelt, das Kreuz wurde aufgerichtet, doch es geschah nirgends. Dafür ist die Welt nicht da.

Seine Kreuzigung war nur für die wirklich, die ihren falschen Schein für das Schauspiel zur Verfügung stellten. Die eine Kreuzigung wollten. Für die wilden Tiere.

Ihn neu zu sehen, hatte er mich gelehrt. Und diese Lehre hielt stand. Ich hatte nicht glauben wollen, dass die Menschen Tiere waren. Doch wie sonst stellten sie sich dar? Auch in mir war das Tier, mein Auge zu zielen, mein Arm, den Stein zu werfen. Ich verstand nichts mehr. Ich war betäubt. Er hatte auch mir den Streich gespielt. Alles sah nur so aus, wie es war. Dennoch, ich konnte nichts mehr ansehen. Ich war mir zuviel. Der Wahnsinn nahm mir die Luft zum Atmen. Ich ging aus dem Licht des Abends auf die Schattenseite des Berges. Ich hörte die Geräusche, die aus der Stadt heraufdrangen. Wozu gab es mich, sie zu hören? Wenn es nicht sein Untergang war, weshalb war all dies dennoch tiefstes Leid für mich? Wer erschuf das Leid in mir? Tat ich es, tat es die Blödigkeit der Menschen? Sandte er es? Wozu war ich sein Bruder? Wozu wuchs das Gras, das Mensch und Tier ernährte, auf dem ich lief? Ich wusste, ich würde die Antwort erhalten. Bald. Ich musste mich ihr stellen. Es gab keinen Ausweg. Ich musste zurückgehen. Was war Müssen, was war Drang, was war Wille? Kamen sie aus mir? Wer gab mir all dies ein, was machte mich leben?

Die Teufelei der Menschen war es nicht. Ich ging vorwärts, durchbrach die Menge, fand mich neben den Soldaten, die wie Hunde an seinem Kleid zerrten. Dann wagte ich, zu ihm hochzublicken. Er war nicht mehr. Sein Blick ging in die Ferne. Seine Augen verschwammen in ein Nichts, das mir spürbar wurde. Seine Brust hob sich.

Ein kleiner Strom einer Flüssigkeit lief seine Seite hinunter. Alles erzitterte in mir. Da rief er:: *„Vater, warum hast du mich verlassen!“* Auch das konnte nicht sein! Er, der immer eins mit dem Vater war, der Vater selbst. Sein Kopf fiel zur Seite, seine göttliche Haltung verging. Tiefer Jammer lief über sein Gesicht. Er litt, er war nicht mehr Gottes Wille.

Ich hätte nie geglaubt, einen solchen Ausdruck jemals auf ihm zu sehen. Der Schmerz hatte ihn sterblich gemacht und seinen Vater vergessen lassen. Seine Überlegenheit war zerflogen, er war Mensch geworden. Er war mein Bruder, sein Schmerz war mein Schmerz. Der Schmerz der Geburt zieht die Menschen in den Schmerz des Lebens. Nun war auch er in die Welt des Schmerzes geboren, in den Menschentod hinein, den die Menschen ihr Leben nennen.

Schläge und Schmerz, die Selbstbestrafung der Menschen, hatten den himmlischen Geist aus ihm getrieben. Ihn auf die Gott verhöhnende Stufe der Peiniger hinabgedrückt. Ich spürte, er war noch im Körper, er lebte noch. Ich sah ihn an, er war wie ein Bild. Ich wusste und wollte doch nicht wissen. Zum ersten Mal war ich nicht mehr mein Sein vor ihm. Ich war aufgelöst.

Ich sah ihn wieder an, er litt nicht mehr. Er war durch den Schmerz hindurchgegangen. Ich fasste mich, eine federleichte Bewegung meiner Hände brachte mich wieder zu mir, erschreckte mich. Ich kam zu mir. Ich spürte, mir wurde leicht. Es war, als hätte ich etwas überstanden. Welche Last hatten wir getauscht? Ich betrachtete die Menschen. Belebte Hüllen. Sie sahen nur das Schauspiel. Der Mensch lebt für das Schauspiel und glaubt, dadurch zu leben. Ich lehnte das Bild vor mir ab, doch was änderte es? Hätte ich es nicht sehen sollen, wenn es doch da war? Hatte nicht alles, was er tat und bewirkte, einen göttlichen Grund, also auch dies?

Sie aber genossen es. Es war eine besonders gute Kreuzigung, die allen viel geboten hatte. Zufrieden waren sie. Der Weg herauf hatte sich gelohnt. Ein paar Händler boten Erfrischungen zu herabgesetzten Preisen an, da sie diese noch schnell vor dem Sabbat losschlagen wollten. Ich war nicht mehr traurig, ich sah alles messerscharf. Dann ist es Gottes Wille, dass der Mensch Mensch ist, dass er sich selbst zum Hohn in das schmerzliche Tal der Sünde eingetaucht ist, die nur sich kennt. Aus dieser Engsicht muß er sich befreien. War er befreit, wie gerade ich...

Ich blickte ihn an. Er hing schlaff am Kreuz. Nicht mehr als eine Hülle, doch seine Göttlichkeit war mehr als diese. Ich sah unseren Weg, wir hatten eine höhere Welt zusammen gemacht, wir hatten die Stadt für ihn geschmückt, jetzt war eine Leiche fortzutragen. Kein Mensch kann dies fassen, außer er erlebt es. Wir gehen beständig durch die Wahrheit, indem sie uns aufnimmt, verschlingt und lebendig wieder ausspuckt. Das Unglaubliche löst sich auf, wenn man wirklich hinsieht. Ich, Thomas, der Ungläubige, weiß dies. Das war meine Erfahrung unter seinem Kreuz.

Ich ging in die Stadt zurück. Die Luft war aufgeladen mit Hitze und drückte. Ich wunderte mich, daß ich dies noch spürte. Meine Schritte waren unstet, ich wankte, ich versuchte mir vorzustellen, daß ich wie einst hinter ihm herlief. Doch er hing am Kreuz! Und nichts daran ist wahr! Ein Wort von ihm klang mir in den Ohren: *„Wenn das Licht erscheint, so löst sich auch die Leere in die Endgültigkeit hinein auf. Die äußere Erscheinung ist dann nicht mehr sichtbar, sie wird sich auflösen in die Verbindung mit der Einheit."* Die Wörter Leere, Endgültigkeit, Einheit waren aufgelöst. Ich sah nichts Äußeres mehr. Ich hatte keine Grenzen mehr. So offen war sein Hängen am Kreuz, sein Hinscheiden, so unvereinbar mit allem, was zuvor war, der letzte Halt in mir war zusammengebrochen. Sein Ruf nach dem Vater klang in mir nach und drückte die Sehnsucht der Menschen aus, die sich gottverlassen fühlen.

Ich blickte um mich. Alles war da, ich sah, was ich sah, spürte, was ich spürte, nichts hatte ich mehr. Jetzt war er in allem enthalten, nur nicht in mir. Auch ich war nicht mehr. Meine Augen waren stumm und erzählten nichts mehr. Der Tempel hätte zusammenbrechen und in Minuten wieder aufgebaut werden können, es hätte mir nichts bedeutet. Dennoch sah ich, was ich sah. Die Welt hätte einstürzen können. Ich hätte alles beobachtet, aber nichts gemerkt. Das Licht schien in der Leere. Alles lief durcheinander. Die Menschen wogten hin und her. Auf seltsame Art hatte ihre Kleidung die gleichen Bewegungen wie sie. Wenn Menschen vor mir Platz machten, erkannte ich daran, daß es mich gab.

Ich war zutiefst in mir und hatte mich nicht mehr. Ich stand still und lief doch weiter. Später sagte man mir, es habe ein Erdbeben gegeben. Ich spürte keines.

Es ist seltsam, wenn man in sich nichts mehr spürt. Nicht mehr Angst und Not, nicht einmal sein Tod waren da. Keine Zweifel mehr, keine wirkliche oder scheinbare Wirklichkeit. Die einzige Wirklichkeit hing am Kreuz. Er hatte sogar seinen Platz in mir freigemacht. Damit ich den Tröster, den Vater selbst, dessen Bote er war, damit ich neues Leben empfing, das ich nicht hatte. Die Menschen, die noch nicht irre waren, spürten sich noch, schwatzten, aßen, kauften und verkauften. Auch sie hatten sich nicht, nur auf ihre Weise.

In mir war keine Trauer. Eher war da ein seltsames Gefühl der Befreiung, das ich nicht annehmen wollte. Das verwunderte mich. Tief in mir erklang seine Stimme: *„Was ihr nicht habt, wird euch genommen."* Jetzt verstand ich: Ich hatte nie etwas gehabt. Nicht einmal das Brot, das ich aß, der Wein, den ich trank. Nur Bilder hatte ich gehabt, in denen ich mich zu finden glaubte. Bilder von meinen Eseln, meinen Werkzeugen, meinem Leben, vom Haus mit dem Hof und den Blumen, von mir selbst. Bilder von ihm. Alle diese Bilder waren nur noch Bruchstücke im Kopf. Etwas, das zuvor in ihnen war, hatte mich verlassen. Das Kartenspiel mit den Bildern meines Lebens war zu Ende.

Sogar meine Schritte gehörten mir nicht mehr. Auch das Gefühl für sie hatte er von mir genommen. Was hatte ich davon, sie nach rechts oder links zu lenken? Dem festen Rausch des alltäglichen

Seins glaubt man. Die Nüchternheit des Nichtseins macht frei und ziellos. Was hatte ich je gehabt? Mein Fleisch war leer. Ich wußte nichts mehr. Ein Lachen kam in mir hoch. Vom trunkenen Schaf war ich zum leeren Schaf geworden. Zu einem Schaf ohne ihn. Jetzt nach der Verklärung des gemeinsamen Wegs der Absturz in die irrste, schlimmste Trunkenheit, in leere, klare Nüchternheit.

Der Rausch war verflogen. Er wirkte nicht mehr. Wie hatte er gesagt? ‚Ihr werdet mich sehen, wenn ich nicht mehr bin.' Was sah ich? Sein Bild in mir war weg, eingestürzt. Wir hatten ihn nach unserem Bild festgelegt, als den großen Lehrer und den Wundertäter, der Tote erweckte. Wir hatten ihm einen Tempel in uns errichtet, auch den hatte er abgerissen, denn er wollte in uns kein besonderer Tempel sein.

Petrus und Andreas hatten darum gestritten, wer der Größte neben ihm war, wer im Himmel zu seiner Rechten sitzen durfte. Hosianna hatten wir gerufen, seine sterbliche Hülle mit unserer Begeisterung geschminkt, trunken waren wir angesichts seiner Wundertaten. Wenn er mich wirklich zu neuem Leben erweckt hätte, wäre er nicht tot. Weder am Kreuz noch in mir. Jetzt war es, als hätte es unsere Reise nie gegeben. Ich stolperte, ich weiß nicht, was mich noch aufrecht erhielt, ich lief noch. Ein neues Wunder? Ich lief weg, nicht wissend wovon, wohin.

Erst später merkte ich, daß sie es war, die mich mit sich zog. Sie schenkte mir Wein ein. Ich war in ihrem Haus. Ich lag in ihren Armen. Wir waren der letzte Rest von Wirklichkeit. Ich war weit weg von mir. Und doch angekommen. Ich tat, was ich tat und glaubte nicht daran. Was wir uns taten, taten wir den geringsten unter seinen Brüdern. Auch sie wußte alles. Sie gehörte zu uns. Er hing leblos am Kreuz. Wir lebten. Doch wir hatten uns das Leben nicht erworben, es war einfach da. Es überwältigte uns. Es griff nach uns.

Zögernd und tastend entschieden wir uns dafür, zu leben. Unser Fleisch war noch da, obwohl es nicht sein konnte. Brot und Wein waren auch noch da. Wir entkamen nicht. Wir waren eingebettet in alles Leben durch eine unwiderstehliche, sanfte Kraft, die nicht von uns war. Das Herz fühlte zum Herzen, unsere Körper schrieen nacheinander und antworteten sich. Die Verhöhnungen und Herausforderungen der Menge klangen in uns nach: „Steig herab vom Kreuz, zeige dich als König, befiehl nach deinem Willen, wo sind deine Krone, der Purpur, den du trägst?“ Plötzlich waren ihre schmähenden Worte unsere alles übersteigende Wahrheit. Purpur umgab uns, wir schenkten uns unseren Willen. Ein Königreich des Augenblicks erhob uns, wir trugen Kronen des Höchsten. Er hielt seine Hände über uns ausgebreitet. Kein Mensch war mehr über uns, nur er.

Wir waren wie Schiffbrüchige, die sich in tiefer Nacht an einen Strand gerettet hatten und nun die ersten wärmenden Strahlen der neu aufgehenden Sonne erlebten. Wir erhielten neues Leben von ihm. Wir betraten den himmlischen Ort, obwohl wir von unten waren.

Nichts entstand aus uns heraus. Alles war da. Und doch, die Welt brachte Neues hervor. Er hing nicht mehr am Kreuz. Er war bei uns. Er wurde zwischen uns neu geboren. Wir hatten früher zu ihm hochgeblickt, jetzt lag er zwischen uns. Ein wunderbarer Erdenkönig mit blutendem Leib. Mein Bruder war mein Kind geworden. Er ist zu den Menschen gegangen. In sein wunderbares Reich.

Himmlische Kühnheit und der Erdentrank der Körper mischten sich zu spiegelndem Licht. Uns geschah größer, als wir selbst es waren. Trauben von seinem Stock, erfuhren wir Versöhnung ohne die Sünde der Rechtfertigung. Wenn Mann und Frau sich treffen, wissen sie, dass ein schwebendes Licht auch in ihren Körpern ist. Der Vorhang zum blinden Leben ist weggezogen. Aus unseren Gefäßen tranken wir ihn. Es gab keine trennenden Grenzen aus Zeit mehr. Keine Tränen von Freude und Abschied.

Zwischen Leben und Tod war kein Unterschied mehr. Ihre Haare, ihre Haut, ihre Bewegungen, zum ersten Mal spürte ich, was

Leben ist. Es will und ermöglicht sich selbst. Die Welt ist kein Totenhaus.

Als ich am Morgen erwachte, fand ich mich auf seinem Weg. Ich hatte ihn nie verlassen. Er hatte alles vorausgesehen. Er hatte meine Last auf sich genommen, ich trug nicht mehr an mir, ging nicht mehr meinen Weg. Meine Einsamkeit war vorbei. Er hatte sich geopfert, damit ich verlassen war, um mich neu zu finden. Nun erst konnte ich weinen, doch ich weinte über mich. Die verlorene Zeit schlug um und machte mich glücklich.

Den Meister gab es noch. Er hatte mir die Fesseln des Unglücks einfach abgestreift und fing mich auf. Die um ihn trauerten, trugen noch die eigene Last. Wenn ich an mich dachte, und in mich spürte, war Neues da. Meine Augen sahen Marias Bewegungen, meine Nase spürte den Geruch der Tiere in den Ställen, meine Füße nahmen die Formen des Bodens in sich auf. Das Abendrot würde mich nicht mehr traurig machen. Mein Körper war zu Brot geworden. Meine alte Schafsdummheit war weg.

Ich betrachtete Maria, sah ihr geheimnisvolles Lächeln, auf dem man sich niederlassen konnte wie ein Vogel auf einem Zweig. Sie hatte meine Leere erkannt und die irdische Schwäche der Sünde und Getrenntheit von mir genommen. Ich fühlte mich leicht. Ich war mit ihr erfüllt. Ich betrachtete sie weiter. Ich sah reine Schönheit. Das Nichtseiende ist kein Abgrund. Es ist der Wind, der die Seidentücher der Händler wehen lässt. Die Welt lebte plötzlich.

Ich besuchte die Schädelstätte, um von ihm Abschied zu nehmen. Wie um nachzuholen, was ich nicht hatte sehen wollen. Meine Schritte waren anders. Früher hatte ich wie ein Puppenspieler mit innerem Antrieb die Hände bewegt oder mit den Füßen die Erde getreten, um mich an ihr abzustoßen und vorwärts zu kommen, dem Kopf mit meinem Willen Richtung angegeben. Jenes hatte ich mir eingebildet zu sein, dieses zu tun, das zu wollen. Ich war wahnsinnig mit mir selbst gewesen, eine inhaltslose Gliederpuppe.

Andere kamen zu der leeren Stelle, an der sein Kreuz gestanden hatte. Das hatten sie noch schnell vor dem Sabbat entfernt, sein Fortbestand war ihnen ein ärgerliches Gegenstück zu ihrem Tempel. Ich sah Angst in den Besuchern, Grauen, inneres Zurückweichen, Bedauern, Trauer. Sie kamen wegen der Besonderheit des Geschehens. Auch sie waren im Herrn, ohne es zu wissen. Doch sie würden nach dem Kitzel der Angst wieder ins Tal gehen und um ihr Brot kämpfen, statt es zu sein. Sie spielten nur Leben mit sich. Sie machten sich zu Opfern auf dem Altar des Nichts.

Ich würde ihnen sein Brot und sein Blut geben, um sie zu verwandeln, wenn sie es annehmen wollten. Dafür war er gekommen. Umzuwandeln, Brot des Todes und Blut der Angst in endgültiges Leben und göttlichen Wein. Ich fühlte seine Wahrheit in mir: ‚Ohne mich kannst du nichts tun.' Eine neue Welt hatte er mir erschlossen. ‚Du wirst unsichtbare Häuser mit unsichtbaren Balken bauen', hatte er mir verkündet. Eine merkwürdige Sicherheit breitete sich in mir aus. Das Unsichtbare erbaut das Sichtbare! Alles ist mit ihm eins und vereint. Hätte ich die einzige Ausnahme sein sollen?

Das Blut der Gekreuzigten war zwischen die Steine geflossen. Kleine Sträucher wuchsen aus ihnen. Überall erwachte der Tod zu erstärktem Leben. Es gibt keine Lücke in der Stadt des tiefsten Fallens und des höchsten Aufstiegs. *„Hebe die Steine hoch und ich bin unter ihnen"*, hatte er gesagt. Ich sah meinen Bruder überall. Wo war er nicht? Was ich mit ihm erlebt hatte, durchströmte mich weiter. Also gab es ihn immer noch.

Er hatte die selbstmächtige Welt in den Menschen besiegt. Auch in mir. Ich setzte mich nieder und bedachte mein Glück. Vögel flogen über die Stätte des Todes. Ich war mit ihnen, ich war mit allem. Alles war sich gleich. Das war seine endgültige Gewissheit, der Rausch, seine Trunkenheit. Sie würden mich nicht mehr verlassen.

Ich blickte ins Tal. Früher hatte mich Höhe leicht schwindlig gemacht, eine Angst des Fallens und Absturzes lauerte immer in mir. Sie war verschwunden. Ein inneres Gefühl der Bewegtheit war mir genommen. Ich war in mir angekommen. Ich wachte auf, in eine neue Welt hinein. Ich spürte, wie sie lebte. Ich ging durch die Straßen, sah die Besatzer und ihre Waffen. Früher hatten sie mir Angst eingeflößt, jetzt wusste ich, sie konnten nur auf das Fleisch einwirken.

Mein Körper gehörte nicht mehr mir, auch nicht ihnen, seine Bewegungen waren mir vom Leben geschenkt, niemand konnte dieses Leben von mir nehmen, nur den Körper. Das war seine Auferstehung in mir. Früher hatte ich auf nützlichen Einsatz meiner Kräfte geachtet, jetzt umgab mich Schönheit, auch in dem, was ich zuvor nicht wollte, was ich ablehnte. Ich konnte diese Schönheit sehen, greifen, sie trug mich. Keine gefüllte Scheune war so beglückend wie ein glitzernder Kieselstein in der Sonne. Ich war wieder Kind. Die Welt war durch mich wertvoll, weil ich sie sah. Und ich besaß alles Wissen der Erfahrungen meines Lebens.

Manchmal erprobte ich eine Hand, nur um mir das Wunder zu zeigen, dass sie sich bewegte. Das war nun mein Leben, auf das ich fester vertrauen konnte als auf Gut und Geld. Ich dachte an meine Gespräche mit meinem Esel, als ich mit ihm geredet und bei ihm Trost gesucht hatte. Wer war ich damals? Jetzt würde ich einfach nur sehen, dass er schön war und ihn lieben. Das würde er besser verstehen als mein Drängen und Fordern und mich einfach auch lieben. Wie hatte ich das Joch meiner hölzernen Vergangenheit so willig ertragen können? Selbst zu meinen Balken hatte ich großartig gesprochen: Dich mache ich zum First, dich zur Stütze, dich zum Fenstersturz.

Dabei trug das Leben selbst alles. Jetzt wusste ich es und spürte, woraus ich gerettet war.

Ich ging zurück zu Maria. Auch sie umgab das Unbekannte, das Unsichtbare. Ich fasste sie bei den Schultern. Wieder brachen die Tränen aus mir heraus, es waren Tränen des Glücks inmitten der Trauer und der aufgeregten Zeit. Jetzt erst durfte ich Menschen lieben. Jetzt erst war ich geboren. Dieses Glück verließ mich nie mehr. Es war nicht aus mir entstanden, aus meiner Bewegtheit, aus meinen Wünschen, es war aus ihm und unserem Vater, aus der gesamten Welt. Ich konnte es mir selbst nicht erklären. Ich hatte das Gefühl, ich konnte mich ohne Körper bewegen, ohne Körper leben. Es gab kein Verlöschen, es gab nur das immerwährende Leben. Darauf kam es an.

Ich hatte keinen Zweifel mehr, dass es mich gab, genauso wie ich war, vom Höchsten so gewollt und mir ermöglicht. Immer wieder blickte ich um mich. Alles lebte wie ich. Die Sonne schien neu auf mich und auf die ganze Welt. Ich konnte nicht mehr verstehen, wie ich zuvor in einer toten Welt gelebt hatte.

Die Pharisäer, die geglaubt hatten, ihn mit seinem Tod zu beseitigen, hatten ihn, ohne es zu wissen, in die Mitte der gesamten Welt gestellt. Über diese Welt hatten sie keine Macht! Diese Welt lebte für immer! Sie konnten nur opfern und töten, aber es war ihnen nicht gegeben, mit ihren Gesetzen auch nur das Geringste wachsen zu lassen.

Ihre Tempel waren Orte des Todes, die Schwerter und Dolche ihrer geheimen Dienste waren stumpf geworden. Wer es sehen wollte, sah es. Doch sie hielten an ihrer Unwissenheit fest und sie wussten angesichts der Ereignisse nicht, was sie tun sollten. Ich spürte, wie tot die Menschen waren, die nur seinen Tod kannten und nicht das Leben, das er gebracht hatte.

Eine dunkle Angst, ein Antrieb, mit dem ich mich immer angestachelt hatte, war nicht mehr in mir. Ich hatte mir selbst nie wirklich vertraut, schon als Kind nicht. Ich wollte anders sein, alles anders tun. Etwas in mir war mir immer anders geblieben. Ich erfuhr mein Dasein so als Last.

Ich hatte mich deshalb auch selbst nie lieben können. Ich hatte mich wie ein unsicherer Dieb verhalten. Ich schämte mich für das andere, das ich nicht sein konnte. All mein Tun war nur Selbstrechtfertigung. Selbstbeobachtung. Selbstabsicherung. Nichts schenkte ich mir. Alles verlangte nur ich von mir. Auf diese Weise hatte ich nie geliebt. Frauenumarmungen hatte ich gemieden, weil mir das andere zu fremd war. Ich wollte es nicht einfach nehmen, genießen, benutzen, als ob es zu mir gehörte. So hatte ich auch ihn mit mir und meiner hölzernen Starre beschwert und war sein Kreuz gewesen. Und doch, all das gab es nicht mehr, es war vorbei.

Ich verstand nichts mehr, ich wusste nur noch, dass ich da war. Ich dachte an die schlichte einfache Welt meines Esels, die mir nie mehr falschen Halt geben würde. Auf ihm war ich geritten, in meiner Scheinwelt, die es nun nicht mehr gab. Die es nie gegeben hatte. Ein Lachen, ohne dass ich es wollte, drängte sich in mir hoch. Joschua hatte das Unmögliche vollbracht.

Er war durch mein Nadelöhr gegangen und in mich gedrungen. Er hatte mein Innerstes umgestürzt und ausgeleert. Mit den Bildern und Geschehnissen unseres Wegs war ich nun erfüllt. Sein Tod war mein neues Leben. Jetzt konnte ich ihn wirklich lieben und er war nicht mehr da. *Er war zum Kreuz geschritten, durch einen Ort, an dem es Eifersucht und Streit gab. Dieser Ort ist leer. Er hatte den Ort angefüllt mit Endgültigkeit, dem Vater. Das Licht war erschienen und hatte die Unwissenheit aufgelöst.*

Ich hätte überall sein wollen, besonders an den Tagen nach dem Kreuz. Es war wichtig, in Erfahrung zu bringen, was geschehen war. Denn er hatte Großes vollbracht. *Er zeigte die Wahrheit in Bildern.* Er hatte wirklich das Schwert gebracht. *Daher machte er sich bekannt. Er wurde an ein Holz genagelt. Er machte die Weisung des unsichtbaren Vaters am Kreuze bekannt. Was ist das für eine große Lehre, da er zum Tode hinabschritt, obwohl er mit ewigem Leben bekleidet war!*

Ich traf die anderen. Auch sie hatten überlebt. Auch sie waren erschüttert, ernüchtert, zu Unbekanntem bewegt. Sie wussten nicht, was zu tun war. Auch sie kannten sich nicht mehr. Wir versicherten uns, was wir gesehen hatten. Sein Leid und den Hohn der Menge. Seine Worte über die Verblendung der Menschen klangen in uns nach: *„Sie lachen und freuen sich noch im Lachen ihrer Dummheit. Ihren Untergang begreifen sie nicht. Sie sind betrunken vom Feuer und angefüllt mit bitterem Gift. Ihr Herz sieht nur auf sich selbst, auf das eigene Verlangen."*

Das hatte einst auch für mich gegolten. Um dieser Selbstsucht abzuhelfen, war er in die Welt gekommen. Die Erschütterung, die er verursachte, machte Platz für neue Erkenntnis. Die Begeisterung der Nachfolge in uns war gewichen. Die Allmacht unserer Gier nach seiner Göttlichkeit hatte uns verlassen. Für eine bespuckte Leiche an einem Kreuz tat kein Streit mehr Not, wer für sie der Erste sein wollte. Wir schämten uns.

Unter dem Kreuz waren wir gottlos geworden, wie er es gewollt hatte. Doch auch wie verstockte Kinder waren wir, deren Spielzeug zerbrochen war, und die noch kein neues wollten.

Wenige nur wussten, was wirklich geschehen war. Wir erkannten uns wortlos. Hier eine Umarmung, da eine Berührung, eine erfüllte schweigsame Dankbarkeit, die uns eins werden ließ. In ihm... Manchmal sprachen wir über ihn, wie um uns in Liebe zu versichern, dass er in uns lebte. Einige glaubten, er werde noch im Fleisch erscheinen, um das Wort der Auferstehung zu erfüllen. Andere meinten, er sei bereits in uns auferstanden. Doch es gab keinen Streit darüber, so dankbar waren wir alle.

Noch waren auch wir von der Aufregung um die Ereignisse beherrscht. Wir standen vor einem Rätsel mit vielen zerbrochenen Stücken, die es zusammenzusetzen galt. Ich erfuhr, dass man ihm mit einem Speer die Seite geritzt hatte. Blut und Wasser waren geflossen. Da hatte er noch gelebt. In der sechsten Stunde seines Leidens hatte Joseph von Arimanthia von Pilatus die Erlaubnis erhalten, den Körper abzunehmen und in sein eigenes Grab zu legen, *in dem noch niemand gelegen hatte.* Was brauchte Joseph, jetzt nach der Kreuzigung des Herrn, noch ein Grab für sich? Wer brauchte überhaupt noch etwas eigenes? Alles war eingestürzt.

Am Morgen war das Grab leer. Der große Stein vor dem Eingang war weggewälzt. Joschua hatte mit einigen Frauen, darunter Maria Magdalena, gesprochen, die ihn zunächst nicht erkannten, da er die Arbeiterkleidung eines Gärtners trug. Er hatte ihnen aufgegeben, ihn nicht in Jerusalem zu suchen, sondern im galiläischen Ausland.

Um dem Volk die Abwesenheit des Leichnams zu erklären, *ließen die Pharisäer für Geld verbreiten, wir, die Jünger, hätten den Leichnam gestohlen und versteckt.* Also hatten sie Angst vor seinem nächsten Wunder, dem der Auferstehung. Denn er schien wie durch ein Wunder noch am Leben zu sein. Oder war es nur unser Wunsch? Pilatus hatte sich selbst erkundigt, ob er tot war, bevor er ihn zur Bestattung freigegeben hatte. Und er hatte nicht einmal Geld dafür verlangt, wie er es sonst tat. Vielleicht weil, *als Pilatus auf dem Richtstuhl saß, sein Weib zu ihm schickte und ihm sagen ließ: Habe du nichts zu schaffen mit diesem Gerechten; ich habe heute viel erlitten im Traum von seinetwegen.* Spürte sie, dass das mächtige Rom vor ihm wanken und stürzen würde wie der Tempel? Wieder wusste eine Frau mehr als die Männer.

Die Bewacher hatten ihm sein Kleid, das wie die Ewigkeit aus einem Stück gewirkt war, abgenommen und darum gewürfelt, da sie es nicht zerschneiden konnten. Er hatte einen Trunk bekommen, und welchen? Von wem? Weil er Schmerzen hatte und ihn dürstete, die anderen beiden Gekreuzigten nicht.

Alles hing zusammen, doch wir waren zu aufgeregt, das Verborgene darin zu verstehen. Aber wir spürten die einende Kraft, die hinter allem Geschehen wirkte. Wir sahen das Wunder noch einmal vor uns. Er hatte das Menschliche angenommen, um es abzulegen: *Als er die zerrissenen Kleider von sich gestreift hatte, bekleidete er sich mit Unvergänglichkeit. Niemand ist imstande, sie von ihm zu nehmen.*

Da kam die Nachricht, dass Judas sich erhängt hatte. Joschua hatte Judas *das verlorene Kind* genannt. Er sah nicht, was zu sehen war. Er konnte uns nicht unter die Augen treten, mit uns das Neue leben. Wir anderen Schüler hatten uns dem Meister hingegeben, so gut wir es vermochten.

Wir waren entsetzt, denn wir wussten, dass Judas ihn auf Joschuas Geheiß hin verraten hatte. Vielleicht war ein Plan dahinter, denn am Sabbat durfte niemand am Kreuz hängen und er würde überleben, da man ihn schneller abnehmen musste als üblich. Und man hatte ihm in der Eile auch nicht die Beine gebrochen, was seinen sicheren Tod bedeutet hätte. Judas war so vielleicht schuldlos am Geschehen, denn er hatte bei allem Schrecken, den wir hatten, an etwas Gutem mitgewirkt.

Doch warum hatte der Meister gerade ihn zu den Pharisäern geschickt? Wohl weil sie ihm am ehesten glaubten. Bei jedem anderen von uns hätten sie eine Falle gewittert. Vielleicht spürte er beim Einzug in die Stadt seinen Stolz zu sehr in sich, und dann die geheime Lust, das beginnende menschliche Leiden des Meisters zu verachten. So erlitt er eigene Freude am Leid des Meisters. Er glaubte an den Tod des Meisters, er beugte sich dem Tod in sich. Er wollte sich nicht unter dem Kreuz verlieren, um sich danach neu zu finden. So sah er nicht die Überwindung des Todes, sondern spürte das Urteil der endgültigen Fremdheit in sich.

Er blieb so verloren wie er zuvor war. Er hatte den Pharisäer in sich, die Lust der Männer an Gesetzen und Regeln, an Härte und Genauigkeit als Zeichen irdischer Macht und Größe. Er wollte Mann bleiben, nicht anderen die Füße waschen.

Es würde besser für viele Menschen, auch für die Hohenpriester sein, wenn sie das Licht nie gesehen hätten. Denn ungeschehen machen kann man es nicht mehr bis in alle Zukunft. *Das Licht umfasst und richtet jede Tat. Es macht sich selbst Feinde zu Knechten.*

Uns wurde klar: Die ihn verhöhnt und verurteilt hatten, mussten dies tun. Sie selbst waren ihre innere böse Frucht, die sie nach außen warfen. Sie konnten nicht anders. Sie brachten die Frucht ihrer Verstocktheit und Sünde sogar im Angesicht des Heils. Sie legten die alte Welt des Verhöhnens und Tötens nicht ab wie er die zerrissenen Kleider.

Die Welt würde sich nicht ändern, bis die Menschen neue Frucht bringen würden. Früchte des Lebens statt Früchte des Todes. Wir verstanden all dies, aber es würde lange dauern, bis wir es würden fassen können. Zu viel war geschehen, das nicht mehr da war. Und doch da war. In anderer Form. Ab jetzt war alles Unglück scheinbar. Was konnte uns noch treffen? Was entzündet ein Blitz, der in die Leere schlägt? Nur die Leere seines Verlustes konnte uns für ihn stark machen. Je stärker der Verlust war, um so siegreicher waren wir danach. Das hatte er für uns getan.

Unser Staunen, dass er Tote erweckte, dass er das galiläische Meer besänftigt hatte, war nichts gegen das Staunen über die bleibende Leere, die sein Verlust uns verursachte. „Er hat uns in die Wüste in uns selbst gestoßen." Johannes war es, der dies sagte. Er lachte. „Er hat alles verdreht", sagte er, „er ist als Sündenbock am Kreuz geblieben und er hat uns fortgestoßen und in die innere Leere gejagt."

Die Frauen waren klug. „Wir sind von uns verlassen, nicht von ihm", sagten sie. „Wovor wir am meisten Angst hatten, das musste geschehen, dadurch erweckte er uns." Maria, die Mutige, sagte: „Wenn unser Glück mit ihm durch dieses Unglück ausgelöscht wird, war es nur scheinbar, dann verdient es keinen Bestand. Davon hat er uns erlöst." Dazu hatte er sich in uns erhöht. Um unsere Abhängigkeit von hoch und niedrig, groß und klein, geben und nehmen an der Wurzel zu treffen und auszubrennen.

Daher fragten wir uns, ob auch wir wegen der Unwissenheit, in der er uns vorgefunden hatte, Schuld an seinem Leid trugen. Es war Johannes, der uns darüber Worte gab. Auch Menschen, die nicht erkannt hatten, wie Pilatus, sagte er, dienten dem Meister, brachten ihre Frucht, doch nur so, wie sie es vermochten.

Johannes berichtete vom Gespräch des Retters mit Pilatus. *Pilatus sprach zu ihm: „Redest du nicht mit mir? Weißt du nicht, dass ich Macht habe, dich zu kreuzigen, und Macht habe, dich loszugeben?" Jesus antwortete: „Du hättest keine Macht über mich, wenn sie dir nicht wäre von obenherab gegeben; darum, der mich dir überantwortet hat, der hat größere Sünde."* Johannes sagte dazu: „Also ist der Glaube des Pilatus an seine weltliche Macht und Stellung zwar seine Sünde, aber keine von ihm selbst erworbene Schuld. Diese seine Sünde und sein Unwissen sind auch von Gott. Denn jeder Mensch ist von Gott so geschaffen, dass er ihn noch nicht gefunden hat und er ihn erst suchen muss. So hat es der Vater gewollt! So hat der Sohn gelehrt! Dies zu erkennen ist unsere Aufgabe!" Später schrieb einer von uns über das Werk des Herrn: *‚Es war ein großes Rätsel, dass wir im Vater waren, ohne ihn zu kennen. Wir waren ja nicht imstande, den in uns aufzunehmen, in dem wir selber waren.'* Johannes fuhr fort: „Allein im Unwissen zu verharren, wenn man es besser weiß, ist Schuld und damit Sünde wider den Geist." Er fasste zusammen: „Deshalb ist unser Herr erschienen, damit er die unwissenden Augen der Menschen öffnet."

Da gingen mir die Augen auf, wie Joschua mit Macht umgegangen war. Sein Reich war nicht von dieser Welt. Der Glaube an die weltlichen Dinge war von Gott gegeben, aber nicht gottgefällig. Ich erinnerte mich: Als sie ihm den Aureus des Kaisers zeigten und fragten, ob man Steuern zahlen müsse, fragte er ganz einfach zurück, wer denn auf der Münze abgebildet sei. Als man zu ihm sagte: „Der Kaiser", bemerkte er kurz: „Dann gebt ihm, was ihm gehört", als ob er damit meinte, so lange ihr auf der

Münze euren Kaiser seht, ist für euch ein Kaiser auf der Münze, und kein Tagelöhner oder Salamander.

Als man die Ehebrecherin vor ihn stellte, um ihn zu verleiten, gegen das Gesetz zu sein und dennoch keiner der Oberen den ersten Stein werfen konnte, fragte er die Davongekommene lächelnd, als ob er nicht sah, was er sah: *„Weib, wo sind sie, deine Verkläger? Hat dich niemand verdammt?“* So hatte er sich nie gegen die Mächtigen und Unwissenden gestellt; er hatte nur nichts mit ihren Annahmen und Vorgaben zu tun.

Er stand jenseits aller Macht, er bestätigte sie nicht, er griff sie auch nicht an. Nur dann, wenn sie sich in ihrer Unwissenheit an die Stelle Gottes setzte. So wie der *Tempel von Menschenhand* gebaut war, so waren auch die Gesetze der Macht und ihre Strafen aus Menschenwillen entstanden und nicht von seinem Vater eingegeben. Doch die Priester machten glauben, sie ließen Gott sichtbar werden, indem sie die festgelegten Opfer annahmen und auf sie ihre Rituale ausrichteten. Durch ihn waren sie vor aller Augen im heiligsten Tempel als berechnende Sünder sichtbar geworden.

Er hatte sie besiegt, indem er zeigte, dass sie von Gottes Wegen nichts wussten, und dass ihr Tempel ein gottesferner Ort niederträchtigen Hochmuts geworden war. Doch die Oberen selbst hätten dies einsehen und sich ändern müssen, aber das taten sie nicht. Sie bedurften der Reinigung, *nicht der Bock der Sünde*, den sie alljährlich den *unheimlichen Felsen an der Straße zwischen Jerusalem und Jericho* hinabjagten, damit er im Reich des *Wüstendämons Asasel* zerschellte. Sie hatten sich in ihrer Unwissenheit selbst bloßgestellt.

Das nackte, blutige Fleisch des Retters am Kreuz würde für alle Tage herrlicher sein als ihr gieriges Fleisch, das sie unter Talaren und edelsteinverzierten Gewändern versteckten.

So hatten wir keine Schuld an seinem Leid. Gott, der Vater, hatte die Menschen gemacht, so wie sie waren. Auch uns war zuvor das Wissen versiegelt gewesen, sonst hätten wir die Lehre nicht gebraucht. Gott hatte ihn gesandt, damit wir uns neu an ihm erfuhren, damit wir neue Menschen würden.

Sonst würde jetzt Joschua im Tempel regieren und Menschen verurteilen und steinigen lassen, wie es ihm der Satan angeboten hatte. Wie unvorstellbar! Denn er nahm das Joch von Schmerz und Kreuz freiwillig auf sich, um die in Sünde eingeschlossenen Menschen zu befreien, nicht zu bestrafen. Alles hatte so geschehen müssen, weil alles so war.

Wenn wir Einzelne ihm durch unsere Unwissenheit Schmerz bereiten mussten, so trug er unsere Last mit Freude, um alle Menschen neu zu gebären. Wenn eine Frau ein Kind zur Welt bringt, tut sie es nicht nur für sich oder das Kind, sondern auch für alle Menschen. Hatte er nicht so gesagt: *„Ein Weib, wenn sie gebiert, so hat sie Traurigkeit, denn ihre Stunde ist gekommen; wenn sie aber das Kind geboren hat, denkt sie nicht mehr an die Angst um der Freude willen, dass der Mensch zur Welt geboren ist. Und ihr habt auch nun Traurigkeit; aber ich will euch wiedersehen, und euer Herz soll sich freuen, und eure Freude soll niemand von euch nehmen.“* So war seine Stunde gekommen, seit er dies zu Maria in Kana gesagt hatte. Er nahm wie eine Frau den Geburtsschmerz für unsere geistige neue Geburt freiwillig auf sich. Wir waren nicht schuld an seinem Leid. So wenig, wie ein Kind am Gebärschmerz der Mutter schuld ist! Er wollte, dass wir uns mit ihm freuten!

Und hatte er nicht versprochen, er würde wieder zu uns kommen, in Galiläa? Unsere einzige Schuld wäre, nicht gesehen zu haben, was wir sahen. *Alles, was aus ihm hervorgegangen war, war mit ihm in Übereinstimmung.* Wir trugen sein Bild in uns und es veränderte uns ständig weiter. Jetzt konnten wir beginnen, statt unserer bisherigen Früchte von Angst und Gewohnheit, Eigennutz und Selbstrechtfertigung die Frucht seiner Liebe und Endgültigkeit hervorzubringen.

Da wurde uns klar, was er damit meinte, es sei gute, wirkliche Frucht hervorzubringen, warum er immer wieder über die Saat und den Feigenbaum, aber auch über die Dornen und das Unkraut sprach: So waren die Menschen. Barrabas, den Sohn eines Mannes, hatten die Männer freigegeben, Joshua aber kreuzigten sie. Auf sein Kreuz hatte man ‚von Nazareth', geschrieben, was wiederum hieß: ‚ohne Vater'. Barrabas war Bar Raban, der Sohn des Raban. Den Sohn des Mannes, Barrabas, ließen sie laufen, obwohl er einen römischen Soldaten getötet hatte. Meinen Bruder, den Sohn der Mutter, der sanft und rein war, der die Menschen neu aus sich gebar, kreuzigten sie. Er war kein Mittäter im Männergesetz der Hohenpriester, dem Gesetz der unbeugsamen Strenge und deshalb auch der heimlichen Übertretungen, von denen alle wussten. Diesem hatte sich mein Bruder nicht gebeugt. Er hatte allen ihre Sünde der Anmaßung gezeigt, und dass sie sich in nichts auflöste, wenn man sie erkannte.

Er hatte Bänke umgestürzt, Tauben fliegen lassen und den Tempel *Räuberhöhle* genannt, weil alle wussten, dass die Priester ihre Herrschaft auch mit Dolch und heimlichem Mord durchsetzten. Mich durchschoss die Erkenntnis: Deshalb hatte er seinen Stammbaum so anders angegeben:... Bathseba, Rahab, Ruth, Thamar... Es waren nicht nur die Männer, die sich fortgezeugt hatten, es waren gerade die Frauen, in welche die Liebe frei wie der Blitz eingefahren und damit keine Sünde mehr war, sondern rauschhafte Hingabe, auch wenn sie wie für Joschua den Tod bedeutete und doch die Geburt des Neuen war.

Drei von ihnen entstammten Heidenvölkern, sie waren Schandflecke auf der männlichen Ahnentafel, doch Sterne am Himmel. Sie empfingen die Liebe außerhalb des geregelten Gesetzesalltags. So sagte er vor dem Gang zum Kreuz über Maria Magdalena: *„Betet Maria an, sie wird euch lehren. Selig die Frau, die sich selber zum Mann macht."* Denn er selbst war fraugewordener Mann, Sohn Marias, wie er auch aus Maria Magdalena, seiner Schülerin, einen Mann machte. Ihr erschien er als erster nach der Kreuzigung, sie war zusammen mit seiner Mutter Maria die einzige, die unerschrokken direkt unter seinem Kreuz stand, sie war männlicher und mutiger als wir Männer.

Mein Bruder aber galt nicht als Sohn des Vaters, er war Frauenkind, Kind Gottes, Kind des Lebens. Und er liebte die Frauen zu Recht mehr als die Männer. Schon in Nazareth hatte man ihn beschimpft und *Sohn der Maria*, was heißt: Kind ohne Vater, genannt. Er aber brachte eine neue Welt hervor, an der alle teilhaben konnten, die sich nicht mehr der überheblichen Opferheuchelei der Priester und der Vorurteile der Menschen unterwerfen wollten. Er vereinte wilden weiblichen Schmerz mit männlichem Erleben. Das konnten sie nicht ausstehen.

Alles drehte sich in mir. Wie kann ein Mensch in so wenigen Tagen so viel ansehen. Wie sehr hatte uns sein Tod verändert. Was würde noch kommen? Ich dachte an Menschen, durch deren Tod nichts geschah, weil sie in anderen nicht lebten und nichts bewirkten. Sie hinterließen nichts, weil sie ihrem Leben nur das allgemeine sterbliche Siegel von Pflicht und Anpassung aufdrückten. Pilatus würde niemand interessieren, ohne den Meister wäre er einer der vielen nichtsnutzigen Landpfleger in einem entlegenen Winkel des römischen Reichs. Von Kaiphas und Herodes würden nur die Zufallsnamen bleiben, da sie gerade zu Joschuas Zeiten irdisch herrschten. Doch das Leben des Meisters ist in allen Menschen möglich.

Dazu ist er als König ans Kreuz gegangen, an das Kreuz von Rang und Stellung in den Menschen, durch das sie sich für andere martern und gleichzeitig blind und mit ihnen gemein machen.

Wir zogen nach Galiläa, um ihn dort zu finden, wie er es uns befohlen hatte. Als man mir aufgeregt berichtete, er sei auferstanden und man habe ihn gesehen, sagte ich in meiner Schwäche, denn dass er uns noch mehr von sich schenken würde, konnte ich nicht glauben: *„Es sei denn, dass ich in seinen Händen sehe die Nägelmale und lege meine Hand in seine Seite, will ich's nicht glauben."*

Eines Nachts trat er mitten unter uns. Keiner wusste, wie er den Raum betrat, denn wir hielten die Türen verschlossen aus Angst vor den Spitzeln der Hohenpriester. Er gab sich zu erkennen, gab uns Brot und Wein wie beim letzten Mahl. Da wussten wir, dass er bei uns sein würde, immer und überall. Ich betrachtete ihn. Er schien verändert. Unser Weg stand vor mir, seit unserer Kindheit. In mir wirbelte alles. Wozu tat er nun dies? War er Bruder? War er Gott? War er Bild oder Abbild? Hatte er wirklich am Kreuz gehangen, was war sein Fleisch? War Gott verwundbar? Im Menschen? Ich weiß nicht, wie er von meiner Rede wissen konnte, doch er sagte plötzlich zu mir: *„Reiche deinen Finger her und siehe meine Hände, und reiche deine Hand her und lege sie in meine Seite, und sei nicht ungläubig, sondern gläubig!"*

Nun sah ich seine Wunden. Er hielt sie mir hin. Das tat er für mich. Sein Lachen aus der Jugendzeit hörte ich wieder, seine Schritte auf dem Weg durch die sandige Wüste. Er lächelte mir zu, und wie er die Dienerin damals umfasst hatte, legte ich meinen Arm um ihn. In mir stieg der Wahnsinn zu wissen hoch. Er hat ihn in mir hervorgebracht. Was ich jetzt tun musste, ging auch aus ihm hervor. Widerstand war zwecklos.

Ich strich sein Gewand weg. Mein Blick traf wie ein hölzerner Dorn auf sein sanftes Fleisch. Ich griff in die Wunde an seiner Seite. Ich wusste nicht, was ich tat. Ich wollte zu dem werden, was ich sah. Zum ersten Mal spürte ich von ihm her, dass um ihn herum alles eins war. Ich berührte die Wunde als Geschöpf des gleichen Vaters, auch wenn ich von untenher war. Sein Bruder im Fleisch, auch wenn es nicht das gleiche Fleisch war.

Sein Schmerz drang sanft wie ein neues, unerhörtes Gefühl in mich ein. Ich spürte den innersten Schmerz aller Menschen, den sie nicht wahrhaben wollen. Den verstockten Schmerz der Verweigerung, des Wegsehens. Den jähen Schmerz der Liebe, den unsäglichen Schmerz der Unerlöstheit und Schuld. Ich hatte Mitleid mit dem eigenen Fleisch und dem der anderen.

Ich strich über das Fleisch, ich sah die Wunde, die Schuld des Sehens zerflog. Ich sah Geschehen, ich sah Heilung und Schmerz, Neid und Betrug, Liebe und Zärtlichkeit, alles geschah in Einem. Ich schaute noch einmal hin. Die Wunde heilte. Die Macht des Lebens lag im Fleisch. Hier hatte sie ihren Ursprung. Es gab nichts Lebendiges außer im Fleisch. Es brachte hervor, es starb, es brachte hervor. *Ich erkannte das Leiden und erhielt das Nicht-Leiden.* Unser Vater hatte dem Fleisch Dauer eingehaucht, Ewigkeit gegeben. In seinem Sohn. Meinem Bruder. Ich sah, was ich sah. Dann antwortete ich und sprach zu ihm: *„Mein Herr und mein Gott!"*

Unser Weg stieg in mir auf. Ich sah meine Heuchelei, solange ich ihn begleitet hatte: Ich hatte immer nur sein übermenschlich göttliches Bild hochgehalten, dadurch nicht in seine Wirklichkeit eintreten können. Er oder ich. Darin war ich verlogener gewesen als Judas, der offen aufbegehrt hatte gegen das Bild, das er selbst sich vom Meister machte. Auch ich hatte mir mein Bild von ihm gemacht, damit gespielt, war zufrieden gewesen, höchst zufrieden sogar. Doch alles, was ich in bezug auf ihn spüren und mir sagen konnte, blieb doch nur das Meine, ein unerfüllbarer Wunsch nach Nähe.

Sein hohes Bild in mir hatte mir den Weg zu sehen versperrt. Wer in mir so hoch war, konnte nicht so tief fallen. Es war eine so blutige, schlechte, niedrige Kreuzigung, dass ich sie nicht wahrhaben wollte. Ich war dabei gewesen und doch nicht. Ich hatte nur seine Unsterblichkeit sehen wollen, die auch meine Unsterblichkeit sein sollte.

Darin war ich Judas gleich, der nach immer größerer Größe seines Herrn gierte und sich enttäuscht abwandte, als dieser zum Menschen wurde, der Füße wusch. Ich wollte nur das Gute aus der Hand

Gottes nehmen, nicht die Schwäche und die Schmerzen, die er sich zufügen ließ. Er hatte sich geopfert, aber ich wollte ihn nicht opfern. Nun wies er auch mich zurecht: *„Selig sind, die nicht sehen und doch glauben"*. Ich fühlte mich bloßgestellt, einen kurzen Moment schoss Ärger in mir hoch.

Aber hatte er nicht auch das vorausgesagt, in Gethsemane, als er seine Fahrt in das Tal der Schmerzen begann? ‚Ihr werdet euch an mir ärgern...' Aber ich liebte ihn doch! Meine Liebe hatte aber nur ausgereicht, mich vor seinem Leid zu betäuben. Mein Fleisch hatte zuvor nur sich gekannt. Es war in sich eingeschlossen, ängstlich, blind, stumpf. Es gehörte deshalb nicht zu mir. Es war unfähig etwas zu erkennen, zu sehen, zu spüren, außer sich. Nun sah ich: Seine Wunde war fleischgewordenes Bild der Welt. Ich erkannte das immer währende Heilige im Heiligen.

Ich betrachtete die Wundmale an seinen Händen, mit denen er uns Brot und Wein reichte. Ich sah die unmöglichsten aller Wunden. Sie hatten sie dem geschlagen, der ihnen nur Gutes getan hatte, ihrem Gott und damit sich selbst. Er sah mich an und lächelte. Zusammen sahen wir, was wir sahen. Keine Wunde ist umsonst. Das Gedächtnis des Fleisches ist gut. Irgendwann wird es aller Wunden überdrüssig sein, sich von sich befreien.

Nun erst ließ ich den Schmerz um ihn zu, den ich vor mir selbst geheim gehalten hatte. Die Wunde sprang auf mich über. Kein Ausweichen mehr. Ich stürzte in diesen Schmerz, dessen Sein ich zuvor in mir nicht wahrhaben wollte. Ich sah in die Wunde der Menschengeburt, ins Fleisch des falschen Wissens, ich sah Wut und Kriege, Abscheu, Trauer und Verzweiflung, Reichtum und Abgrenzung. Und ich sah, dass dies nicht für immer sein wird. Nur im sterblichen Zustand der Sünde fügen die Menschen sich Wunden zu. Nur in Sünde wollen sie sorgen, mehren, größere Tempel und Mauern als die anderen bauen. Das Fleisch ist verwundbar, es ist unzufrieden. Das ist sein Stachel. Das Fleisch sehnt sich nach dem Geist, nach Gott. Sehnsucht ist seine Weisheit.

In seiner Wunde war meine Größe, meine Verweigerung, mein tiefster Schmerz. Mehr konnte ich nicht verwundet werden. Nun war ich angekommen. Alle Steine, unter denen ich mein Innerstes verborgen hatte, lagen offen umgedreht. Sein Wort kam mir in den Sinn: *„Hebt einen Stein hoch, und ich bin darunter!“* Doch aus diesen Steinen wuchs eine Blume, in die seine Wunde verwandelt war. Ich sah die Blume deutlich. Sie war rot. Das Fleisch ist seine eigene Wunde und auch eine betörende Blume, die mich anstrahlte. Rein und wunderbar. Ab jetzt, wusste ich, bin ich unverwundbar. Wer solche Blumen sehen kann, ist unverwundbar.

An Wunden muss man glauben. An Blumen nicht. Ich hatte an Wunden geglaubt, wie an einen Gott, der Wunden zulässt. Es ist dumm, an einen Gott zu glauben, der Verletzungen billigt. So schadet man nur sich. Nur das Fleisch fügt sich und anderem Fleisch Wunden zu. Das Göttliche heilt alles, auch das Fleisch.

Geist und Schmerz waren sich nun verbunden, in mir. Dazu hatte das All Schmerz getragen, als Lamm am Kreuz. Nur so spüren die Menschen, was sie sich antun. Ich spürte immer noch leisen Unwillen, den Schmerz zu sehen. Auch das war gut. Ich blickte umso tiefer in die Wunden. Wie in Kelche mit Wein. Nun wusste auch ich, dass sein Leiden nicht umsonst war.

Es rettete mich vor dem Leid, das ich an mir hatte, ohne es zu wissen. Seine Wunden gaben mir Kraft. Schmerz ist gut. Von der Höhe des Geistes stürzte er mich in die schwarze Nacht der Seele. Sein Schmerz bleibt göttlich einmalig und verleiht allen Menschen für immer Flügel.

Ich sah die Versammelten, ich sah ihn, ich sah in die Welt. Die Abscheu gegen Wunden, gegen das Böse, der Wunsch nach einer Welt, wie nur ich sie wollte, war verflogen, die Welt war geheilt. Was ich nicht wollte, rührte mich nicht mehr. Eine Welt ohne Wunden war mir geschenkt. Und sie blieb dennoch meine Welt. Der Stoff über der Wunde an seiner Seite hatte sich verschoben. Er verhüllte den Schatz seiner Wunde, strich das Tuch seiner Weste darüber. Ich wusste, dass ich in diesem Moment so erfüllt, so überglücklich war, dass ich nichts weiter verstehen konnte. Ich stand in Fleisch und Geist, am Anfang und am Ende der Welt.

Das Fleisch ist Bild des Lichts. Es hat das Licht in sich, bevor es entstand. Es kennt das Salz, es weiß um die Süße der Früchte, die Wärme der Sonne, es hört das Rauschen des Meeres, es verlangt nach dem Geruch der Landstraße, bevor es diese antrifft. Es nimmt die Farben der Blumen voraus, bevor der Säugling die Augen öffnet. Doch wenn all diese wunderbare Schönheit von der Seele durch das Fleisch erfahren wird, ist der Mensch stumpf geworden und hat die Reinheit verloren, die vor der ersten Berührung war. Der Mensch ahmt sie nach mit dem, was er durch das Fleisch erfährt und sich in seinem Leben verschafft und erreicht die erste Reinheit nicht.

Der Mensch lebt nur in der Erinnerung der ursprünglichen Sehnsucht. Was er so wahrnimmt, ist nicht mehr, was er einst wollte, noch ohne es je zu kennen. Jetzt sah ich: Aus dem Fleisch des Herrn wuchs eine Blume, die vor allen äußeren Blumen meines Lebens war. Seine Wunde hatte Heilung, die keine meiner vernarbenden Wunden je hatte.

Ich wusste plötzlich, woher ich war und wohin ich ging. Ich sah, was ich vorher nicht sehen konnte, und das doch da war. Ich sah die wirkliche Wahrheit, nach der Pilatus vergeblich gefragt hatte, wie er es vorausgesagt hatte. Er lächelte und sagte wie damals: „Nun, Thomas, wer den Leib erkennt, braucht die Welt nicht mehr. Er hat sie gefunden." Nun wusste ich alles. Die ganze Welt zeigte sich mir. Ich war mit ihr eins. Ich wehrte mich nicht mehr gegen sie. Wer nur durch das Fleisch sieht, ist auf immer unglücklich und in Schmerz begrenzt, mit sich selbst betäubt, wie ich es war, als ich vor ihm am Kreuz weglief, als die Ruhe in der Bewegung mir zur ausweichenden Leere wurde.

Fleisch und Geist waren nun ein Bild, das sich in mir hervorbrachte. Ich hatte keinen Schmerz mehr, nur Wunder. Ich blickte ihn an. Er hatte mir das Wunder der Verklärung gezeigt. Die Unmöglichkeit des Kreuzes. Nun zeigte er mir das Wunder des Fleisches. Ich sah Maria und ihr Fleisch vor mir. Das Fleisch ist eine endlich-unendliche Blume. Gott erhält sich selbst in ihm, zeigt sich. Das Fleisch hat alle Macht der Welt. Niemand kann es beherrschen. Auch er konnte es nicht. Deshalb war er in die Nacht des Kreuzes gegangen und hatte sich diese Wunden zufügen lassen, war er mein Bruder im Schmerz geworden. Und er kam noch einmal, um sich zu zeigen. Alles war ein Bild. Der Himmel, das Fleisch, er, ich. Das Bild lebte vor mir, in mir.

Er gab uns wieder Brot und Wein. Meine Zunge, mein Leib, in allem berührten sie Endgültigkeit. Fleisch und Geist waren sich verbunden. Ich aß und trank und wusste: Ich nahm das Joch des Lebens auf mich, es trug sich leicht, es war nicht schwerer als mein Körper. Das Salz der Endgültigkeit konnte nur so von der Zunge geschmeckt werden. Es schenkte mir die Welt. Ich war aus der verdorrten Lebenswüste meiner Ohnmacht befreit. Der Geist war göttlich maßlos. Wie mein Bruder.

Ich erhielt neues Leben von ihm. Er war die ganze Welt. Nichts war mir je geschehen, ich war mitgelaufen und doch dabei. Auf der Reise hatte ich mich der Welt genähert, jetzt ihm. Von jetzt an würde die Welt mir geschehen, ich war für sie geöffnet. Jetzt wusste ich, dass es Gnade war, dass ich in dieser Welt sein durfte, ihn sehen durfte, so wie ich war. Dass ich sein Bruder war. Dass er die Wunde trug, damit ich sehen konnte. Ich brauchte nicht mehr aufgelöst zu werden. Aus seinem Fleisch, aus seiner Wunde war ich neugeboren, wie aus einer Frau.

Jetzt sah ich. Alles Sehen ist gleich und es erweitert sich doch. Die Bilder wechseln, sie leben und sterben, sie werden von Glück und Wunden, von Freude und Schmerz bewegt. Man macht die Welt, man schmückt die Stadt, man trägt die Toten weg. Alles ist immer gleich, nichts ändert sich. Nur Gott kann verändern.

Ich betrachtete die Versammelten. Wieder wurde gegessen und getrunken. Doch es gab keinen Tod mehr. Über allem liegt das Leben. Das Leben kann verwundet werden, aber es kann nicht sterben. In mir drängte sich Lachen hoch. Ich hatte an etwas nur geglaubt, wenn es da war. Ein Lautenspieler machte Musik. Sie schwebte von draußen herein. Wo war die Musik, wenn er nicht spielte? Sie war immer. In den Bäumen, im Rauschen des Wassers, in den Bewegungen der Frauen, die zum Brunnen gingen. Ich sah, ich hörte, ich fühlte etwas Neues, das sich über die ganze Welt hinwegspannte. Einen unvergänglichen Himmel. Bereits da und kommend.

Ich saß zwischen den anderen und es war, als ob ich übte, das Neue zu sehen, zu hören, zu spüren. Mit dem Neuen, mit dem Unsichtbaren wurde ich trunken, sein trunkenes Schaf. Nun war ich mit ihm in seinem Reich. Es war nicht um das Geringste von mir entfernt. So hatte er gesagt: ‚Du brauchst keinen Schritt zu tun, du bist mitten darin.' Sein Unvermischtes vermischte sich mit mir. Jetzt war mehr. Mehr als nur ich.

Ich sah ein feines Strahlen um ihn. Seine Hände, die das Brot brachen, waren wie seine Kinderhände, von denen die Sperlinge flogen. Da kam mir sein Wort in den Sinn: *„Ich werde dir geben, was kein Auge gesehen und was kein Ohr gehört und was keine Hand berührt hat und was auf keines Menschen Herz hinaufgestiegen ist."*

So war ich ihm gefolgt, bis zum Griff in die Wunde. Er hat mir das blanke Unsichtbare geschenkt, damit ich es nun überall sehen kann. Jetzt verstand ich: das Verborgene ist da, stärker als alles. Es ist unsterblich und endgültig. Ich allein hätte es nicht sehen, hören, fühlen können.

Ein letztes Mal ging er mit mir hinaus in die Nacht. „Du bist der letzte, der sieht. Du hast gut gekämpft." Ich sah ihn erstaunt an. „Du wolltest in meinem Leid nicht untergehen. Es kam zu plötzlich." Er nahm einen Stein auf und ließ ihn fallen. „Auch ich wollte das Leid zuerst nicht. Doch ich musste aus dem Reich des Vaters in die Welt der Schmerzen gehen." Zum erstenmal sagte er, dass er etwas musste. Sonst hatte er immer mich mit meinen Zwängen belächelt. „Im Schmerz ist man allein und verlassen. Wer allein ist, entdeckt den Glauben. Deshalb glaubte ich am Kreuz, mein Vater hätte mich verlassen und rief zu ihm in den Himmel: *„Mein Gott, mein Gott, warum hast du mich verlassen?"*

Er nahm mich bei der Schulter. Sein Griff war weicher und durchlässiger. „Als ich am Kreuz hing, sah ich das Wunder, das du in meiner Wunde sahst, und alle Menschen, die mir folgen, werden es sehen." Er kehrte um, damit wir wieder zu den anderen kamen. „Der Schmerz ist freudig und süß und unschuldig, wie auch die Liebe und der Tod." Er wusste, dass ich wusste, wovon er sprach und fuhr fort: „Dem Innersten machen Schmerz und Tod nichts aus. Es sind nur Bilder."

Und er sagte wie für sich: „Als die Flammen des Leids mich verbrannten und ich nicht darin versank und mir der Tod eine neue Welt schenkte, wusste ich: *‚Es ist vollbracht.'* Das Menschliche und das Göttliche sind sich verbunden."

Er stieß mich sanft in die Seite: „Auch ich habe mir auf die Finger geklopft, wie du damals." Er lächelte. „Damit die Menschen es nicht mehr tun. Hilf ihnen dabei." Er wollte nicht nur neuer Gott sein, er wollte auch das Leid in den Menschen abschaffen! Das nur so aussah! Seine Stimme drang wieder zu mir: „Für dich war es der Anfang, für mich das Ende meiner Zeit."

Er sah mich lange an. „Erinnerst du dich an die drei Worte, die ich dir einst sagte, die du den anderen nicht sagen konntest, außer sie würfen dich mit Steinen, die sie verbrennen würden?" Ich nickte. Wie hätte ich dieses Geheimnis zwischen uns je vergessen können? „Diese Worte sind, als du meine Verklärung, mein Leid am Kreuz, meine Wunde sahst, eins mit dir geworden. Du hast sie in

Bildern gesehen. Darüber bist jetzt auch du mit dir eins geworden. Du bist in meinem Weg, in meiner Wahrheit, in meinem Leben angelangt."

Wieder sah ich! Was er je getan hatte, war in all seinem Tun, ja in der ganzen Welt enthalten. Und die Möglichkeit, dass auch ich all dies sah und dazu wurde, fand sich in meinem tiefsten Wesen angelegt! Das war Mensch sein! Er lächelte: „Jetzt bist du mit dir bekleidet. Jetzt hast du die endgültige Gestalt, die nur du bist." Er umarmte mich. „Ich hatte dieses Kleid und diese Gestalt schon immer. Jetzt sind wir nicht mehr getrennt."

In seinem scherzenden Ton, den ich so sehr liebte, fuhr er fort: „Mein Vater hat auch mich überrascht, wie ich es so oft mit dir tat. Alles kommt aus ihm, auch Liebe und Geburt, auch Schmerz und Tod. Das weißt du jetzt. Er hat alles gut eingerichtet. In der Gnade des Schmerzes ist alle Pracht und Freude des Himmels, im Tod liegt eine neue Welt." Er fügte hinzu: „Deshalb bin ich gekommen, damit die Menschen das wissen. Jetzt bin auch ich im Schmerz, wie du ihn kennst. Und doch gibt es nur Freude. Dies erfuhr auch ich, um den Vater ganz zu kennen."

Als wir zum Haus zurückkehrten, sagte er zu mir, als ob dies mein persönlicher Auftrag sei: „Lehre die Menschen, dass sie nie etwas falsch machen. Sie verlängern nur ihren schmerzvollen Weg, der sie zu mir führt. Vor der Ewigkeit macht man nichts falsch. Auch du hast nichts falsch gemacht. Auch Pilatus nicht. Auch meine Peiniger nicht. Ihr hättet es nicht einmal gekonnt."

Unser Weg war zu Ende. Ich spürte ein letztes Mal, wie vergeblich es ist, ihn behalten zu wollen. Was ich mir von ihm wünschen konnte, war beherrscht von einem süßen Gefühl des Augenblicks, in dem die Zeit sich zerstreute. Ich freute mich daran. Das hatte er mir gezeigt, das blieb mir. Dies macht jeden Augenblick des Menschseins wertvoll. Dahinter besteht alles für immer, es war schon immer da.

Seine Stimme drückte die neue Gemeinsamkeit zwischen uns aus, als er sagte: „Verbreite unter den Menschen, wenn sie an mich glauben, sind sie schon bei mir angekommen, so lange und schmerzhaft der Weg zu mir auch erscheinen mag. Es sieht nur so aus.“ Ich erinnerte mich an seine Geschichte von den Tagelöhnern, die alle den gleichen Lohn erhielten, auch wenn manche erst kurz vor dem Abend die Arbeit begonnen hatten. Als ob er meine Gedanken las, sagte er: „Du hast deinen Lohn bekommen. Du hast mich gefunden, und so auch dich.“

Aus Möglichkeit war Gewissheit geworden. Aus Unverstand und Schmerz entstanden Licht und Herrlichkeit. Entsteht der Mensch. Ich fühlte mich leicht und glücklich. Ich sah unseren Weg noch einmal vor mir. Man konnte ihn nicht auf einmal machen. Dieser Weg war eine Folge von Bildern, die von mir weg zu ihm und wieder zu mir führten. Ich konnte sie immer noch sehen, spüren, schmecken. Und sie würden überall sein, unter jedem Stein, in jedem Staubgeruch nach einem Regen, so wie sie schon immer da waren.

Zum Zeichen, dass ich verstanden hatte, betrat ich vor ihm den Raum. Da war es mir, als ging er durch mich hindurch und er war wieder vor mir. Schon als Kinder hatten wir darum gestritten, wer als erster einen Raum betrat und er hatte immer gewonnen. Ich konnte nie etwas vor ihm tun, ihm ein Zeichen geben. Ich dachte an Judas, der ein schlechter Verlierer war, weil er das Spiel zu ernst genommen hatte. Es ist eine Prüfung, einen göttlichen Bruder zu haben, aber jeder Mensch hat ihn in sich. Er verdirbt den fest geordneten menschlichen Reigen, in dem man die Welt macht, die Stadt schmückt, die Toten wegträgt.

Ich bin zum Vorübergehenden geworden. Ich setzte mich an den äußeren Rand der Versammelten, wo noch Platz war. Ich wollte ihn nun mit anderen teilen. Als wir schieden, sagte er zu uns allen: *„Mir ist gegeben alle Macht im Himmel und auf Erden. Darum gehet hin und lehret alle Völker und taufet sie im Namen des Vaters und des Sohnes und des Heiligen Geistes. Wer da glaubt, der wird selig werden; wer aber nicht glaubt, der wird verdammt werden.“* Er machte uns Zeichen, ihm nicht zu folgen, als er ging. Statt dessen sagte er: *„Und siehe, ich bin bei euch alle Tage bis an der Welt Ende."* Und er verschwand. Und blieb doch für immer. In uns und in vielen, die kommen werden.

Wir, seine Zöglinge, waren reich beschenkt. Dem einen der Himmel, dem anderen der Geist, dem das Wort, mir das Fleisch und die Erde. Wir waren und wir hatten. Die Welt rief mich, in ihr zu wirken, ihr zu sagen, dass es keine Wunden, kein Mühsal, keinen Tod gab. *Sein Vater hatte ihm Macht gegeben über das Fleisch, damit er das ewige Leben allen gebe, die er ihm gegeben hatte.* Dazu war er ans Kreuz gegangen. Damit ich an nichts mehr Schaden hatte. Ich stand auf, auch ich war auferstanden. In eine neue Welt. Nur der Schmerz der Einbildung ist sterblich.

Ich dachte an mein Leben als Zimmermann, wie geizig eng ich auf mich beschränkt war, dass ich nur mit verdorrtem Holz gearbeitet, nie etwas gepflanzt hatte. Er hatte mich ins Leben gebracht, so wie ich es jetzt in mir spürte, mich, seinen ungläubigen Bruder Thomas, der nur an sich selbst geglaubt hatte. Ich wusste nun, dass im Leben jedes Menschen etwas verborgen ist, das er suchen muss.

Meine Gedanken wurden leicht mit sich selbst. Nichts war falsch an mir gewesen, meine Sünde war allein der Selbstschmerz, der mich so gefangen hielt, dass ich ihn erst erkannte, als ich in seine Wunden sah. Erst dieser Blick öffnete meine Augen für mich und die Welt. Zuvor hatte mich mein Schmerz nur betäubt, ich hatte ihn verleugnet, wie Petrus, über den ich mich heimlich noch lustig gemacht hatte. Das hat der Retter für mich, für alle Menschen getan.

Die nächsten Tage waren einfach Tage. In der Erinnerung war ich allein mit dem Schmerz, in der Zukunft war ich in Freude mit allen Menschen. Das reine Licht in mir sah auf seine vorige Blindheit. Ich kannte keine Sünde mehr und konnte meiner Unvollkommenheit verzeihen. Er hat an mir das Erlösungswerk vollbracht. Dazu war die Sünde gut gewesen.

So sagte der Prophet vor Hunderten von Jahren: *„Ich will euch ein neues Herz und einen neuen Geist in euch geben und will das steinerne Herz aus eurem Fleisch wegnehmen und euch ein fleischernes Herz geben."* Mir waren die Augen geöffnet, ich sah in das Geheimste der Menschen und war dabei doch froh. Ich war kein Mitgefangener mehr und kannte doch noch das Gefängnis. Müdigkeit und Schmerz des Körpers blieben, aber sie gehörten nicht mehr zu mir.

Er hatte an das Kreuz gemusst, um uns aus unserer Verlassenheit, unserer Verwirrung, unserem unbewussten, geheimen Schmerz an uns selbst aufzuwecken, der die Sünde ist. Kreuz und Wunde hatten mich aus einem Schlaf befreit, in dem ich wie in einem Traum allein und nur in meiner Welt war. Doch jetzt waren wir alle nicht mehr allein, wenn wir auch Zeit brauchten, dies zu spüren.

Mit einem wirklichen Gott ist man nie allein. Er war und blieb der Retter, gerade auch als er sich als Mensch im Schmerz zeigte. Erst der Griff in die unmögliche Wunde ließ mich dies begreifen und beendete die Blindheit meiner Bilder. So zerrieb er den alten Menschen. Das tat er für uns und für alle, die ihr Leben sehen und spüren werden.

Es kamen Tage des Staunens und des Sammelns. Die Kräfte der Verwirrung kämpften noch mit den Kräften von oben. Was wir gesehen hatten, war zu gewaltig. Wir waren zu Erben eingesetzt, das Erbe war groß, nur wenige hatten wirklich geerbt. Sprache erwies sich als schwierig. Jeder redete aus sich über ihn. Nur die Hohenpriester sagten alle dasselbe, denn sie wussten nichts. Wir mussten uns daran gewöhnen, dass die Sonne weiter aufging, dass Gott weiter lebte.

Wir sprachen verwundert über jene Nacht in Emmaus. Wie war er uns erschienen, es gab keine Gewissheit. War er im fleischlichen Körper, war er in unserem Bilde oder im Geist? Er selbst nahm *Fische als Nahrung* zu sich. Das hielten wir fest, für alle, die es wissen wollten.

Ich dachte an die Nacht mit Maria. War er bei uns, hatte es nur so ausgesehen, war er durch uns neu entstanden? Über seinen Scheinleib wollte ich wissen, dabei war ich das Scheinwesen. Meine Zweifel, meine Erklärungsversuche, wozu waren sie noch nötig? Über ihn am Kreuz hatte ich Genaueres wissen wollen, Auskunft erfragt, in seine Wunde hatte ich gegriffen. Es war das Letzte in meinem Leben, das ich wie unter Zwang tat. Ich hatte ihn mit meiner Neugier bedrängt. Doch mein Trotz, meine Herausforderung waren Liebe.

So arbeitete die Erinnerung in uns allen. Manche waren traurig, manche waren verzückt. Freude und Ohnmacht gingen Hand in Hand. Wir wussten, was geschehen war, aber wir konnten die Worte dazu nicht finden. Die Worte waren alt. Sie waren nur noch Namen des Gesetzes und der Ordnung. Wir versammelten uns hie und da in Sprachlosigkeit. Wir besuchten uns, wir umarmten uns, viele benutzten die Worte der alten Propheten, uns zu vergewärtigen, was mit uns geschehen war. Seine Worte kamen langsam bei uns an. Wir wollten sie leben, nicht wiederholen.

Wir waren sprachlose Zeugen der Überwindung des Todes. Wir suchten die Vielfalt unserer Erfahrung zu einigen. Die innere Sprache war stumm und fand nicht nach außen. Jeder hätte leicht sein Leben für ihn gelassen, doch ihm beredt zu folgen, nach all dem Geschehen, dazu fehlten uns Wille und Wort. Er war noch in uns, er war noch um uns, und doch war sein Platz still und leer. Jeder Tag, zu dem wir uns erhoben, fand uns verwaist. Die Worte, die wir untereinander hatten, waren die von Zurückgebliebenen. Wir waren wie eine Trauergemeinde, die ihren Toten an das Leben verloren hat, die weder klagen, noch sich freuen kann.

So fehlten die Worte zur Klage, es fehlten die Worte zur Freude. Wir versuchten zu tun, wie er uns geboten hatte, doch es war so mühsam wie nach einer trunkenen Nacht an die Arbeit zu gehen. Aus uns heraus konnten wir nichts tun, so hatte er uns gelehrt. Aus uns kamen stumme Worte. Kein Lärmen und Schreien, kein Übertönen konnte sie stark machen. Die Stille der Nacht, die Stille des Tages ohne ihn war eingetreten. Wir waren von unten, das war unser Los, unsere Aufgabe. Dazu brauchten wir unseren Mut.

So geschah es, dass wir am fünfzigsten Tag uns versammelten. Wir warteten auf ein Zeichen. Und es geschah. Ein Wind kam und riss uns die Luft von den Mündern. Mit einem Mal war unsere Sprachlosigkeit beendet. Eine unbekannte Kraft sprach aus uns. Wir waren von Feuerflammen umlodert. Wir sprachen in allen Sprachen zu allen Menschen, die uns hörten.

Unsere Worte drohten nicht, sie griffen nicht zu, sie beschlagnahmten die Menschen nicht. Wir kleideten die göttliche Welt neu in unsere Worte, wir lachten, wir brabbelten wie die Kinder, wir predigten, wir lösten unsere Zungen vom Zaum der Vernunft. Wir erfüllten die Worte, die wir sprachen, mit uns. Wir redeten und lallten Jahrtausende alte würgende Worte der Gesetze in Stücke, zerdrückten sie mit der Zunge, kippten die Amtsdiener und Priester, die sie eigensinnig besetzt hielten, aus ihnen wie aus alten Säcken.

Wer nur von seinem eigenen Gott sprach, aus dem redete der Teufel. So hatte der Meister gesagt: *„Wenn der Teufel die Lüge redet, so redet er von seinem Eignen; denn er ist ein Lügner und ein Vater derselben."*

Wir tanzten auf den Teufeln und Dämonen in den alten Worten. Wir schüttelten die zerschlissene Heimtücke aus ihnen und erfüllten sie neu mit Brüderlichkeit. Schuldbeladene Vergangenheitsworte wurden zu liebenden Gegenwartsworten, wie der Retter sie wollte. Seine Worte sprudelten aus uns wie Walfontainen. Sie rissen sich aus uns und trugen uns wie Schmetterlingsflügel, die immer größer wurden. Die Worte wurden frei wie Vögel, sie öffneten sich in unseren Mündern wie Knospen im Frühling.

Gott war keine Sprechlüge mehr, kein halsstarriger Anspruch, sein Geist wehte leicht mit unseren neu erfühlten Worten. Unsere Worte füllten uns mit Staunen. Sie gehörten uns, sie waren nicht mehr beflissene Erkennungszeichen der Zwecke und Ziele der alten Ordnung, des Großen, Hohen, Sichtbaren, das die Menschen unmündig macht. Wir brauchten die drohenden, zurechtbiegenden Strafwörter von Buße, Sünde, Schuld und Opfer, rein und unrein, nicht mehr.

Wir schleuderten mit unseren neuen Worten gerechte Trauer und Klage gegen die Verfolger. Wir folgten nicht mehr den Worten des Gesetzes und den Formeln der Gebote wie sie. Wir verwarfen die angelernte Herrschaftssprache mit ihren fremdländischen, alten Worten der Ordnung, die blind für das Fassbare macht. Wir sprachen neue Worte, Worte des Anfangs, nicht mehr des Untergangs. Wir wurden zum wirklichen Wort, das Wort wuchs unschuldig aus unserem Fleisch, wir sprachen Wörter ohne Abstand und Unterschied, die nicht mehr zwischen den Menschen standen, sondern alle mit uns vereinten.

Die Worte folgten uns. Es waren nicht mehr die listigen, geschundenen, boshaften, absichtlichen Wörter, die man zum gegenseitigen Abhören auf Leben und Tod missbraucht. Wir spürten, dass man den Worten wie Gott, Sabbat, Brot, Wein, Ehe, Volk, geheime Mängel und Ansprüche beigemischt hatte.

Wir spuckten dieses Gift der alten Worte aus. Wir füllten unsere Worte mit unserem neuen Wissen und befreiten sie vom bissigen Kampf gegen die Sünde. Wir wollten die lieblosen, begrenzenden, pflichterfüllten Worte der Verdächtiger, der Täter und Töter im Namen Gottes, der Priester und Gesetzesbenutzer nicht mehr. Wir befreiten sie aus der Gefangenschaft tödlicher Wiederholung. Wir sprachen nicht mehr für den Tag und die Stunde, wir sprachen über uns selbst hinaus.

Wir taumelten in die neue Sprache hinein. Unsere Worte brauchten keine verzerrte Bedeutung mehr, mit der sie sich rechtfertigten und andere Menschen vereinnahmten. Wir reinigten uns, wir heiligten uns an ihnen. Wir sprachen, wie er gesagt hatte: *„Wer von sich selbst redet, der sucht seine eigene Ehre; wer aber sucht die Ehre des, der ihn gesandt hat, der ist wahrhaftig, und ist keine Ungerechtigkeit an ihm."* Unsere Worte trugen an nichts Gedachtem, sie erhoben sich über alle Gedanken und ihre Hüterin, die Vernunft. Wir lösten die Worte aus der Unverschämtheit der Diebe, die sich das gestohlene Innere der Worte anmaßend zu eigen gemacht hatten.

Manche Menschen entsetzten sich und glaubten, wir seien betrunken. Doch mehr noch wunderten sich, dass uns *Parther und Meder, Phrygier und Ägypter, Libyer und Römer* und viele der Völker mehr verstehen konnten. Da war mir klar, dass ein neuer Geist der Wahrheit über uns ausgegossen war. Dass wir nun seine Botschaft so, wie wir sie uns erworben hatten, verkünden konnten.

Was wir vorher kannten und in Worte fassten, war Menschenwerk. Ihn ans Kreuz zu schlagen, war Menschenwerk. Sagten wir zuvor Tempel, meinten wir den aus vergewaltigtem Stein. Sagten wir zuvor Fleisch, meinten wir das traurige Verwesliche. Sagten wir jetzt Fleisch, meinten wir den Abglanz Gottes. Nun sprachen unsere Worte nicht mehr von Menschenwerk. In uns lebte die Sprache der göttlichen Kraft, des unvergänglichen Abbildes, der innersten Mitte der Welt. Wir redeten nicht mehr in der Sprache des äußerlich sichtbaren Gebrauchs, welcher die Menschen von einander trennt.

Das Unvergängliche hervorzubringen, das in uns war, das hatte er von uns gewollt. Etwas hervorzubringen, das nicht mehr nur wir selbst waren, das mit uns verging. Ich würde nicht mehr festhalten, nichts mehr sein wollen, keine Fragen stellen, kein Ziel haben, wenn ich redete. Ich redete von ihm, von seiner Wunde, ich sah ihn hängen. Aus seiner Dornenkrone wuchsen Rosen, er lächelte mir zu, als ich über ihn sprach. Ein Geist verband uns. Das war kein Menschenwerk. Er war nicht gestorben, auch ich würde nicht sterben, das sagte ich allen. Das Reden vom Sterben sei unnütze Einbildung und kleingläubiges Menschenwerk. So konnte ich Unvergängliches sagen und weitergeben.

Jetzt fühlte ich mich gerüstet, sein Werk fortzuführen. Wie er gesagt hatte: *„Unser Kampf geht nicht gegen Fleisch und Blut, sondern gegen die Mächte der Welt und die Geister der Bosheit."* In unserer neuen Sprache waren die alten Mächte und Geister besiegt. Unser neues Sein war den alten Teufeln der Absicht in den Worten überlegen.

Die nächsten Tage fanden uns heiter und erleichtert. Wie Pferde, die ungeduldig mit den Hufen scharren und sich aufbäumen, drängten die Worte unserer neuen Sprache in die Welt. Johannes bestärkte mich und die anderen. „Wir sollten aufschreiben", sagte er. „Die Priester mussten ihn töten und werden alles daran setzen, sein Andenken auszulöschen oder zu erniedrigen. Sie sind böse, denn sie sind gegen das Gute." Als er meinen fragenden Blick auffing, erklärte er uns: „Es gab einen Friedensfürsten und Gottkönig in Ägypten, hundert Jahre vor Moses, der war Pharao und hieß Echnaton. Er war wie Joschua, er hielt die Menschen der höchsten Wahrheit fähig, auch die Niedrigsten und Verachteten. Diese nahm er zu sich, machte sie zu Ministern und Heerführern. Er behandelte die Ausländer gut und hielt sie gleich wie sein Volk. So gingen viele unseres Volks nach Ägypten und wurden angesehen und wohlhabend. Auch wollte er keine Kriege mehr führen, da er alle Menschen als Brüder unter der Sonne ansah. Er verkündete einen Gott, den jeder Mensch spüren konnte. In neuer Kunst ließ er sich und seine Königin Nofretete so darstellen wie sie beide waren. Dies war ihm göttlich genug. Er verbot den Glauben an eine schreckliche, strafende Unterwelt nach dem Tod. Er bekämpfte die alten Priester und zerstörte ihre Tempel. Er regierte fünfundzwanzig Jahre, wohl wurde er von den Priestern aus Theben getötet. Jedenfalls töteten sie seinen Nachfolger und auch seinen Sohn, beide noch im Knabenalter. Sie ließen seinen Namen aus allen Inschriften meißeln und verboten sein Andenken. Sie erniedrigten und verfolgten die Angehörigen unserer Stämme, und diese kehrten wieder nach hier zurück, wie ihr wisst."

Er sah mich an. „Böse Menschen täuschen und töten, besonders wüten sie gegen die Friedlichen, die im Licht stehen, die Göttlichen. Sie schrecken vor nichts zurück, nicht einmal Kaiser und Pharaonen sind vor ihnen sicher." Er lächelte. „Joschua hat sie aus dem besten Versteck gelockt, das ein machtbesessener Mörder sich suchen kann: dem Tempel und dem Priestergewand. Zu seinem Andenken werden wir aufschreiben. Nicht mit ihrer alten, sondern mit unserer neuen Sprache. Ihren Geist können sie nicht auslöschen."

Mir war auf einen Schlag klar, wogegen der Retter stand, wogegen ich stand. Böse Menschen verweigern sich dem Guten. Sie vertrauen nicht dem allein Guten. Sie schließen einen Pakt mit ihrer inneren Angst, zählen, streiten, trennen, töten. Sie unterdrücken und machen dazu ihr eigenes Recht und nennen es das Göttliche. Einen wirklichen Gott, der die Menschen über Geburt, Schmerz, Liebe und Tod hinaus liebt, wollen sie nicht. Auch unsere Priester haben von ihnen gelernt. Sie wollen nichts über sich haben. Sie gehen eine stumme Verschwörung gegen alle Menschen ein, die lebendige Sucher des lebendigen Gottes sind. Sie hassen die Seinstat, durch die Menschen wahrhaftig sie selbst werden und ihre göttliche Gestalt finden. Durch Lug und Trug und äußeres Gepränge erschaffen sie den Moloch Tempel, Gesellschaft und Gesetz, mit denen sie die Kinder der Menschen verschlingen. Das Wort des Herrn fiel mir ein: ‚*Bevor der Mensch geschlachtet wurde, schlachtete man Tiere. Denn keine Götter waren die, für die man schlachte-*

te.‹ In meine Gedanken hinein fuhr Johannes fort: „Die Feinde der Wahrheit würgen die Ehrlichen auf den Altären ihrer toten Feiern und festgesetzten Steuern. Sie machen aus Menschen Besitz und handeln mit den Rechten auf ihre Köpfe. Es kann kein Gott sein, der dies angeblich will. Es waren Menschen, die Joschua töteten und verhöhnten, nicht sein Vater im Himmel. So lange die Menschen nur für sich selbst sind, sind sie von unten und gegen Gott. Ohne Umkehr werden sie den Gott in ihren Brüdern und Schwestern immer neu töten müssen.

So schrieb ich auf. Mein Volk kennt nur die Schriften der Propheten. Die Gottesgelehrten wollen Gott für sich nutzen, denn sie sind selbsternannte Stellvertreter Gottes. Dazu müssen sie ihn und seinen Sohn und alle, die von ihnen zeugen, zum Schweigen bringen. Seit vielen hundert Jahren behauptet man, es gäbe keine neuen Propheten mehr, weil Gott alles gesagt hätte und nicht mehr zu den Menschen redet, erst wieder am Jüngsten Tag. Spricht er nicht im Wind, in der Farbe seiner Blumen, in uns selbst?

Also schrieb ich auf, *›das Buch des Thomas, des Kämpfers, welcher an die Endgültigen schreibt.‹* Ich schrieb auf, was ich erlebte. Wie der Mensch neu durch Gott ist, weil er es immer schon ist. Der Retter brachte die Gnade der Endgültigkeit in die Verwirrung des Tages. Sonst wäre er kein Retter gewesen. Nichts ist von Nutzen, nur das, schrieb ich. Das würde die Schriftausleger ärgern und dem Retter und den Menschen dienen.

Ich schrieb in den neuen Worten, die Gott kennen, weil ich ihn kenne. Gott sagt nicht dies oder das, er sagt nur das Eine. Wer Gott nicht kennt, kennt nur das Unglück, er redet nur zerstreut über dies und das. Er zweifelt am Zweifel selbst. Was die Priester sagen und befehlen und tun, ändert sich. Sie kennen das heilsame Unsichtbare nicht und zeigen und besprechen nur, was man sieht und spürt. Heute dies, morgen das.

Seine Worte erklangen wieder in mir: *„Was sich aber verändert, geht zugrunde und vorüber. Es hat von nun an keine Hoffnung auf*

Leben, denn jeder Körper ist tierlich." Nur Gott befreit. Er befreit von allem Leid. Die Priester aber sind in Sorge für sich selbst, nicht in der Gewissheit Gottes. Sie sind schlau und verstecken Freude und Leid hinter Zwängen zu opfern, hinter starren Festen und vorgeschriebenen Auslegungen und Gebeten, wie es ihnen nutzt. Verstockt wie sie sind, wollen sie nichts mit dem Schmerz des Seins zu tun haben und fügen lieber anderen Schmerz zu. Sie geben vor, von Leid und Sünde zu reinigen, aber sie können es nicht.

So bestehen Sünde und Schmerz immer weiter, und darauf gestützt ihre Macht.

Deshalb schreibe ich, Thomas, der in die Wunde sah. Die Freude eines Vogels ist in meinen Worten und die Freude eines Menschen, der dem Vogel nachsieht. Gerechtigkeit ist nicht zwischen den Menschen, sondern zwischen jedem Menschen und Gott, wie zwischen mir und meinem Retter. Doch es gibt nichts dazwischen. Dafür danke ich mit meinem Leben.

So schrieb ich auf. In einem Buch seine Worte, wie ich sie hörte, in einem anderen Buch seine Worte, wie ich sie verstand.

Es gibt zwei Wiedergeburten. Die eine Wiedergeburt zeugt mit dem Fleisch in der Welt der Erscheinungen, wie der Retter sagte: *„Das Gefäß des Fleisches wird vergehen, und wenn es vergangen ist, wird es dort sein, wo man es sieht."* Ich sah, dass jede Wunde heilt, somit auch das Fleisch heilig ist, obwohl es von untenher kommt. Das Fleisch vergeht. Das fleischliche Kleid, mit dem die Seele sich beengt oder beschönt, bleibt. Der Abdruck des Fleisches, wie die Kreuzigung des Herrn, die Seinstat, bleibt für alle Zeit sichtbar und erhalten, auch wenn das dazugehörige Fleisch, in dem sie geschah, längst vergangen ist.

Die andere Wiedergeburt zeugt mit dem Geist und gebiert die Welt der Wahrheit, der Endgültigkeit, in der kein Tod ist. Diese Wiedergeburt ist die Wiedergeburt im Abbild des Herrn: *„Die Wahrheit kam nicht nackt in die Welt. Sie kam in Bildern und Abbildern. Man wird sie auf keine andere Weise erfassen. Es gibt eine Wiedergeburt und eine Bildwiedergeburt. Und es gehört sich wirklich, dass einer durch das ‚Abbild' wiedergeboren wird. Was ist die Auferstehung und das Abbild? Man muss durch das Abbild auferstehen! Es gehört sich dies für jene, die nicht nur den Namen des Vaters und des Sohnes und des Heiligen Geistes, sondern diese selbst sich erworben haben! Wer sich diese nicht erwirbt, dem wird auch der Name weggenommen werden."*

Indem wir seine Bilder sahen, gingen wir über uns hinaus, in eine neue, ewige Welt, denn seine Bilder sind immer, Geburt auf Geburt, sie werden nicht sterben. Zeit gibt es nicht für sie. So war uns geschehen: *Wir werden aber dort hineingehen durch wertlose Bilder und Schwächen. Uns, die wir von unten sind, öffnete er von oben, damit wir in die Verborgenheit der Wahrheit hinein gehen können. Wir starben nach dem Bild des sichtbaren Menschen.* Aus dem, was wir nicht fassen konnten, ist uns Neues erwachsen: *Die verborgenen Dinge aber sind stark und wertvoll. Die Mysterien der Wahrheit sind aber offenbar, freilich durch Bilder und Abbilder.* Uns gab er diese Lehre und ich erfuhr sie an mir. Davon berichte ich.

Was er an uns tat, war nicht Tun, er hinterließ geheime Bilder. Er sprach in Bildern, er litt in Bildern, er verwandelte Bilder: *Erste in Letzte,* Kranke in Gesunde, Wasser in Wein, untadelige Hohepriester in Tyrannen, Vergängliches in Endgültiges. So sagte er: *„Denn an dem Ort, an dem der Anfang ist, dort wird auch das Ende sein. Die erste Erkenntnis, die Unvergänglichkeit und das ewige Leben sind der erste Mensch, das Bild des Unsichtbaren."* Wir alle tauschten uns darüber aus, was jeder gesehen hatte. Wir sagten uns: *„Dann wer-*

den wir zum Bild, zu dem was wir sehen." Und wir hatten durch ihn Erfüllung. *„Du siehst dich aber an jenem Ort. Denn was du siehst, wirst du werden."*

Wir spürten die Erde als Ort der Bilder Gottes. Er schickte seinen Sohn, sie uns zu zeigen. Zuvor waren wir blind und wurden von Blinden ins Verderben geführt. So beratschlagten wir und verwunderten uns, wie wir durch die Erkenntnis des Meisters gerettet waren. Wir hatten den sehen gelernt, der lange vor uns und lange nach uns war, den er uns nicht zeigen konnte, da er nicht aus sich selbst war. Er hatte uns in seine undurchmessene Heiligkeit aufgenommen. Er hatte dies schon immer gewusst und uns vorbereitet: *„Wenn sie zu euch so sagen: Woher seid ihr geworden? sagt zu ihnen: wir sind aus dem Licht gekommen, dem Ort, wo das Licht geworden ist aus sich selbst. Es stand und wurde kund in unserem Bilde."* Wieder und wieder bedachten wir, wie er unsere blinde Selbstgenügsamkeit aufgebrochen und uns ins Licht geführt hatte. So entzündete er das Licht in uns, obwohl wir zuvor waren wie das Holz, welches das Feuer nicht kennt. Der Vater wohnte immer schon in uns, wie das Feuer immer schon im Holz verborgen ist!

Johannes gab er die Lehre von Licht und Finsternis. Petrus gab er die Lehre von Himmel und Erde. Den Frauen gab er die Gnade, sich in schrankenlosem wahrem Tun hervorzubringen und dabei über die Blindheit von Rang und Ordnung hinauszugehen. Sie erhielten das Geheimnis der inneren Tat, aus der die äußere Tat wächst. Die Wunde war zu meinem Gleichbild geworden und alles, was wir zusammen erlebt hatten. So erwarb ich die Lehre über das hinaus, was man sieht.

Die Tage des Abschieds verbrachten wir darin, uns zu festigen, zu klären, was wir erlebt hatten. Manche sagten, wir sollten das Wort des Herrn nicht im Ausland verkünden, denn Gott habe einen Bund allein mit dem Volk Israel. Ich sagte, wenn es einen Bund gibt, dann mit allen Menschen, und er kann durch die Menschen nicht ungeschehen gemacht werden. Denn wenn Gott der Vater ist, braucht er keine Gesetze und keinen Bund. Gott ist der Vater jedes Menschen, weil alle seine Kinder sind, wo immer sie sind und was sie auch tun. Wie kann ein Vater seine Vaterschaft ungeschehen machen?

Dann beratschlagten wir, ob wir das Wort nur im Ausland verkünden sollten, da die Hohenpriester gewiss weiter Schwierigkeiten machen würden. Ich sagte, und die Worte kamen mir einfach: "Die Kinder sind gegen den Vater böse, wenn sie ihn nicht spüren. Oder sie sind böse, um ihn in der Strafe zu spüren, die sie von ihm erwarten. Kinder ertragen alles, außer alleine und verloren zu sein." So beschlossen wir, überall zu künden.

Auch Maria Magdalena kam und erzählte von den sieben Siegeln des Aufstiegs, mit denen sie *die sieben Genossen des Zorns* verloren hatte, aus denen der Herr sie gelöst hatte. Sie freute sich: *„In der Welt wurde ich gerettet aus der Welt durch eine hohe Gestalt."* Da verstanden wir, dass auch wir in der Welt leben und die Menschen aus der Welt der Sünde und des Zorns retten sollten. Sie erzählte, und es war ihr wichtig, dass er zu ihr gesagt hatte, dass wir nun in Freiheit von ihm künden und andere Menschen befreien durften. So habe der Herr zu ihr gesagt: *„Ich habe euch kein Gesetz gegeben, wie Gesetzesstifter tun. Ihr sollt nicht durch das Gesetz ergriffen werden."* Dies war sein letztes Wort zu ihr.

Petrus und Andreas zweifelten, dass er ein so bedeutendes Wort nur zu ihr gesagt hätte. Da weinte Maria und sprach zu Petrus: *„Mein Bruder Petrus, was sagst du da! Meinst du, ich hätte dies alles selbst ersonnen in meinem Herzen und würde so über den Retter lügen?"* Da nahm Levi das Wort und sagte: *„Wenn der Retter sie für wert genug hielt - wer bist du, dass du sie verwürfest? Sicherlich kennt der Retter sie ganz genau. Und deshalb hat er sie auch mehr als uns geliebt."*

Wieder war offenkundig, wie schlecht es den Frauen überall ergeht. Ihr Wort galt nicht vor Gericht, und auch Petrus und Andreas wollten ihr nicht glauben. Ich sah Maria Magdalena an. Der Retter hatte gesagt, er würde einen Mann aus ihr machen. War sie nicht uns gleich berechtigt? Hatte nicht er, der Sohn Marias, der sanft und ausgleichend war, sich daran gefreut, wie ihr wilde Treue und unbändige Liebe und mutige Tatkraft zuwuchsen? Hatte er nicht gesagt: *„Wenn ihr zwei zu eins macht, und wo ihr das Männliche und das Weibliche zu einem Einzigen macht, damit nicht das Männliche männlich und das Weibliche weiblich bleibe, dann werdet ihr hineinkommen in die Herrschaft."*

Was hatte Petrus gegen den bedingungslosen Einsatz von Frauen? Da fielen mir auch wieder Thamar, Rahab, Ruth und Bathseba, die lebenserhaltenden Ahnfrauen des Herrn ein; dagegen er, Petrus, der den *Herrn dreimal verleugnete, bevor der Hahn dreimal krähte.* Von Maria war solches undenkbar. Auch ich hatte mehr Mitleid mit mir selbst als mit ihm gehabt, als er sein Kreuz trug und war davongelaufen und hatte mich in meiner Ohnmacht tot gestellt, als ich in der Menge stand und ihn am Kreuz hängen sah. Maria hatte uns auf ihre Weise beschämt, das wollten sie nicht sehen. Denn der Retter hatte auch gerne gelebt und diese Freude aufgegeben. Im Nacheinander des Annehmens und Aufgebens lebt das Leben. Man hat nichts zu eigen, nur das Kleid der Erinnerung. Es war unsere Aufgabe, dieses Kleid aus Licht und Freude zu wirken.

Levi sah all dies und sagte: *„Wir sollten uns also schämen und den endgültigen Menschen anziehen. Wir sollen werden, wie er uns angewiesen hat und das Evangelium predigen, ohne dass wir eine Weisung oder ein Gesetz geben, es sei denn das, in dem uns der Retter unterwiesen hat." Als Levi das gesagt hatte, rüsteten wir uns, auszurufen und zu predigen.* So losten wir, wer wohin ginge, um das Leben und das Licht des Herrn zu verbreiten. Ich loste Indien. Ich ging, die Lehre zu verbreiten, wie er es wollte, ohne Gesetz und ohne Buße, denn die gibt es nur durch das Gesetz.

Ich nahm Abschied von Maria, seiner Mutter, der Frau, die ihn in die Welt getragen hatte. Ich dachte, ich wüsste schon alles, aber sie brachte mein Sein zum Überfließen. Sie, die schweigsame, die uns immer Mut machte und uns bestärkte und zusammenhielt, besonders in den Tagen nach dem Kreuz, gab mir Unvergeßliches auf den Weg.

„Du glaubst", sagte sie, „Joschua hat alles aus sich und dem Vater heraus getan. Das stimmt und ist auch nicht so. Denn in Wirklichkeit hat er mich nie verlassen. In allem, was er tat, ist er in mir. Ich bin, ehe sein Körper war." Sie lachte. „Er wusste es. Manchmal hat er gegen mich rebelliert wie gegen die Obrigkeit." Ich erinnerte mich daran, wie er sie mehr als einmal hart von sich gewiesen hatte. Und in Kana, beim Wunder des Weins, hatte sie ihn zu ihrem Willen gezwungen. Sie sah nachdenklich aus, als sie sagte: „Damals in Kana gab es neben der irdischen auch eine himmlische Hochzeit. Den Wein hat er auch für diese Hochzeit bereitet. Auch ich bin seine Frau, nur anders."

Sie klang sehr beschwingt, als sie etwas sagte, worüber ich noch nie nachgedacht hatte: „Der Vater macht alles, doch die Mutter macht den Körper. Wer hat schon seinen Körper alleine für sich, wenn er aus einer Frau geboren ist?" Ich sah sie erstaunt an, sie lachte wieder leise und sagte: „Alle Körper gehen aus den Müttern hervor wie aus dem Ton der Erde, und sie bleiben immer in ihnen. Die Frauen wissen das, nur Männer glauben an sich. Sie spielen Krieg und Frieden und erfinden törichte Gesetze und kindische Regeln. Deshalb sind sie das Spielzeug der Schöpfung und wissen es nicht." Verständnisvoll fügte sie hinzu: „Sie spielen die Helden, aber sie sind nicht in sich zu Hause."

So heiter hatte ich sie noch nie gesehen. „Joschua war auch ein Mann wie du. Er war zornig und führte seinen Kampf gegen die sterblichen Schattenbilder der Priester." Sie sah plötzlich ernst aus. „Aber er hat euch keines der Gesetze gegeben, mit denen sie die Frauen ausschließen, ohne die die Männer nichts wären, und zu einer Frau hat er dies besonders gesagt, damit es bewahrt wurde. Darüber erregten sich schon Petrus und Andreas. Denn viele Männer werden, weil sie Männer sind, in seinem Namen Gesetze stiften und verachten und töten, wie er es nie gewollt hat."

Maria machte eine Handbewegung als ob sie einen Schatten wegwischte, dann sagte sie: „Wenn du seine Botschaft weiterträgst, Thomas, vergiss mich nicht." Da hatte ich plötzlich eine Erklärung für vieles: Die Gewissheit des Vaters hatte Joschua immer, aber Maria trug ihn sein Leben lang. So fand er Zugang zu dem, was Frauen sind. Ich erinnerte mich. So war es: *Der Retter aber liebte Maria Magdalena mehr als alle Schüler. Und er küsste sie oft auf ihren Mund. Da waren die übrigen Schüler auf sie eifersüchtig.* In meine Gedanken hinein kam ihre Stimme: „Das Leben selbst kennt kein Gesetz, das über dem Leben steht. Es lebt in den Frauen, gerade in solchen wie Rahab und Ruth, Thamar und Bathseba. Jetzt ist auch Maria Magdalena bei ihnen, auch sie von Männern verkannt und zurückgestoßen." Sie sah in die Ferne: „Ich bin sie alle. Joschua sagte, er ist vor Abraham; ich bin vor Eva."

So viel hatte ich Maria noch nie reden hören. Sie hatte die gleiche Lehre wie Joschua. Doch ihre Worte waren milder, irdischer. Weiter sagte sie: „Eva war die erste Frau, die ein Mann bewusst ansah. Adam sah sie nur an und er sah sich dem verlockenden Bild aller Frauen gegenüber. Aber er konnte ihr Bild nicht beherrschen, weil er selbst es hervorbrachte. Das war seine Geburt als Mann. Sogleich war Eva die erste, die in seinen Augen etwas falsch machte. Sie weckte sein niederes Ich in ihm. Das war ihre Geburt als Frau. Ab da war er Kind des Fleisches, in Sünde und abhängig, heimatlos und unruhig. Er wurde zu dem, was er sah. Dies nahm er ihr statt sich übel."

Maria sah mich sanft an: „Der Mann sieht, die Frau wird angesehen. Lass auch du dich ansehen, beschauen und einschätzen." Nach einer Pause fügte sie hinzu: „Wie eine Frau es erträgt. Wie auch Joschua am Kreuz nicht nur von Nägeln, mehr noch von Blicken durchbohrt wurde." Da gestand ich mir ein, dass ich ihn auf seinem Weg zum Kreuz und in seinem Leid am Kreuz auch als Frau gesehen hatte. Sein seidenschimmerndes, sein schwaches Fleisch, aus dem Blut rieselte, sein Keuchen wie das eines Weibes bei der Geburt... Jetzt erst sah ich dies! Ich hatte Joschua und seine weichen Bewegungen auch als Frau geliebt. Auch davor war ich davongelaufen. Und mein anfängliches Starren in seine Wunden beschämte mich jetzt. Auch das hielt er für mich aus. Als Mann allein hätte er mich nicht neu gebären können.

Mir schwindelte. Ich hielt mich an der Wand, neben der ich stand. Da war mir klar: Auch ich würde mich der Welt ausliefern, mich ihr preisgeben wie eine Frau. Wieder fühlte ich mich seltsam erleichtert und befreit. Wie immer, wenn ich mich von eingebildeten Höhen und Sockeln herunterriss.

Plötzlich dachte ich an Judas Ischariot. Hatte Judas in Joschua einen Mann gesehen, der sich in seinen Augen mitleidig und weibisch verhielt? Wollte er die Frau in Joschua nicht, und auch nicht die Frau in sich? Judas schloss sich aus dem Wunder aus, dass das Leben von der Frau getragen wird. So war es: Man wird, was man sieht, er wollte die Frau in Joschua nicht sehen, nicht lieben. Man stirbt auch an dem, was man nicht sehen will. Mir wurde klar: Nicht geliebte Liebe unter Männern, die Angst vor der liebenden Frau in sich und im anderen, würde noch vielen den einsamen Tod bringen. Nicht geliebte, abgelehnte Liebe ist schlimmer als der Tod.

War Judas ein neuer Kain, der sich ärgerte, weil sein Tun, das er für sein Opfer hielt, nicht angenommen wurde? War ich Abel, sein Bruder, dem alles gelang, weil er sich dem Herrn öffnete? Ich sah, dass das Schwert des Herrn noch vielen Menschen gewaltige Unterschiede aufzeigen würde. Judas widerstand seiner Liebe, die die Grenze zum Herrn überwunden hätte. Sie also hatte er verraten. Deshalb blieb er dem Tod in sich verfallen. Er hatte das Licht gesehen und litt doch Mangel.

In einem anderen Ton, als sonst ihre Art war, sagte Maria: „Joschua war kein Mann wie die anderen. Er ist wie Eva, wie ich. So konnte auch er in den Augen vieler Männer nichts richtig machen. Sie machen lieber selbst alles falsch und nennen es ihr Können. Doch ihre Bestimmungen und Gesetze sind lieblos und selbstsüchtig." Die gleiche Klugheit sprach aus ihr, wie ich sie immer an Joschua bewundert hatte. Sie sah mich an und ich hatte den Eindruck, dass auch sie eine große Arbeit verrichtet hatte, und sagte: „Auch ich war am Kreuz. Das Kreuz, der Hügel Golgatha, der Tempel, alles ist in mir. Seit der Ankündigung des Engels wusste ich um alles und trug es in mir."

Ihre Weisheit war stiller als die Weiblichkeit in Joschua, die seine Gegner, auch Judas, aufgereizt und beschämt hatte. Maria erklärte weiter: „Joschua musste sich scheinbar von mir trennen und zornig wie ein Mann sein, als er im Tempel die Tische umstürzte, um wieder zu mir zurückzukehren." Ich dachte an Joschuas Wort vom Krug der Frau, durch den Gott die Welt ausschüttete. So hatte Maria das unsterbliche Ungeborene des Vaters in der Verkündigung des Engels aufgenommen und an den Sohn weitergegeben. Maria, die Frau, war Weisheit und Mittlerin, die Gottes Geschenke aus ihrem Krug gerecht und ohne Ansehen der Ergebnisse über die Welt ausbreitete. Nur eine Frau konnte die Welt so wunderbar ausstreuen. Alle Wege waren in ihr.

In einem zeitlosen Augenblick fühlte ich mich sowohl als Mann wie auch als Frau, als ein unsterbliches Wesen. Da verstand ich, was Joschua zuvor sagte, denn auch er kannte dies: *„Wenn ihr den seht, den keine Frau geboren hat, dann werft euch hin auf euer Gesicht und betet ihn an. Jener ist euer Vater."* Nur so konnten wir sehen, was weder irdisch empfangen, noch von einer Frau geboren war. Da hörte ich ihre Stimme wieder: „Er ist in mir ohne Tod empfangen und zum Leben im Fleisch erstanden." Joschua kam nicht in die Welt wie ich, dachte ich, so machte er den Tod ungeboren. Dies hatte ich durch ihn erleben dürfen!

Da war mir klar, was der Unterschied zwischen Joschua und mir seit unserer Jugend war. Durch meine niedere Geburt war ich sterblich und von unten, weil man in ihr in Zeit und Ort, Bewegung und

Vergänglichkeit, Gewinn und Verlust, Tod und Unheil gesetzt ist. Sie alleine erfährt der sterbliche Mensch. Doch die Unsterblichkeit ist das Ziel aller Wege. Sie enthält die Auferstehung. Es war sein Opfer, ins Fleisch zu gehen, es unter Schmerzen wieder aufzugeben und wieder zu leben. Ich sah sein offenes Fleisch vor mir, das seine Männlichkeit aufgegeben hatte, um zu zeigen, dass, wer das Leben ganz annimmt, Neues gebiert, wie das lange schlafende Korn vergeht, um die Pflanze wachsen zu lassen, die wieder Samen bringt. Dabei ist kein Tod. Er schenkte der Welt sein Leben am Kreuz und nahm es wieder.

Maria verband sich mit meinen Gedanken: „Er brachte nicht nur die Allmacht des Vaters, er nahm auch Freude und Leid des Lebens auf sich und wurde so zur Frau. Alle fühlenden Männer und Frauen der Welt werden es ihm danken." Sie lächelte freundlich: „Als du die Wunde nicht nur wie ein Mann ansahst, sondern sie dann selbst empfingst, hast du die göttliche Frau in dir geweckt. Du wirst nie mehr einsam sein. Männer sehen nur ihre eigenen Schmerzen und zeigen nur ihre Wunden vor. " Unvermittelt fragte sie: „Wo waren die Jünger, als wir am Kreuz hingen?" Ich sah sie an, sah ihre strahlend blendende Schönheit. Ich freute mich an der lebendigen, alles verstehenden Weisheit Marias. Durch sie war Großes geschehen.

Eindringlich sagte sie: „Du gehst in die Welt. Bleibe auch Frau. Ein Mann kämpft mit dem, was er nicht ist, was er nicht sehen will. Männer sind wie ihre Samen. Sie tragen ihr Sterbliches weiter und erwecken es in der Frau zu neuem Leben. Dabei bleiben sie selbst sterblich und sind deshalb im tiefsten Innern widerwillig. Daher suchen sie immer wieder, sich selbst zu überwinden." Ich dachte an meine Arbeit. Maria hatte recht. Ich wollte alles immer besser, immer klüger machen, um mich vor mir zu beweisen. Maria fuhr fort: „Die Frau wirkt mit dem, was sie ist, was durch sie lebt. Frauen haben das Leben in sich. Dafür sorgen sie sich, auch wenn diese Sorge sie im irdischen Sein verzehrt."

Etwas Zupackendes war plötzlich in ihrer Stimme. „Alles ist eins, doch das kann nur erfahren, wer sich zuerst von der Ewigkeit getrennt hat und über die Mutter das Unsterbliche wieder spürt. Die Unsterblichkeit ist weiblich, die Ewigkeit ist männlich." Sie lachte wieder. „Gott muss man nicht beweisen. Wozu einen Stein aufheben, um zu zeigen, dass Gott darunter ist? Wenn er darunter ist, ist er auch darüber, daneben und darum herum und in allen Wesen. Jeder Mensch, der über seine Geburt in die einsame Vergessenheit des Fleisches hinausblickt, kennt Gott, hat ihn für immer in sich." Sie lachte wieder: „Jetzt kennst du beides." Dann, wie Joschua zuvor, sagte sie auf ihre Art: „Du bist, du musst dich nicht beweisen. In dir ist das Männliche nicht mehr alleine männlich. Geh, auch in meinem Namen."

Ich sah Maria an, ich wollte auch durch ihre Hilfe erlöst sein. Da erwachte in mir der gleiche Wille zu sehen und mich bedingungslos an die Welt zu schenken, mit dem ich in die Wunde sah.

Ich sah. An einer Frau ist alles schön. Ich sah die Schönheit der Frau, die wie das Wasser ist, wie Tau auf den Blumen, wie ein Regenbogen am Himmel. Und alle Frauen zusammen waren wie ein riesiger Fluss, der sich ins Meer ergießt, alle Frauen in einer Gezeit, wie der Mond das Meer anschwellen und abklingen lässt. Und alle Männer sind wie Tropfen vom Himmel gefallen und suchen den Weg in den Fluss. Doch sie bleiben auch im Fluss Tropfen, erfasst vom Strom, gegen die Ufer gedrückt, an Hindernissen sich stauend, zusammen in Einem und doch getrennt. Der große Fluss überwindet ruhig und sicher alle gefährlichen Stellen. So sind die Frauen. Alle zusammen sind sie das unsterbliche Leben.

Doch die Tropfen wissen das nicht. Sie suchen, sie erstreiten sich den Weg zum Fluss und in das Meer. So sind alle Männer. Dann sah ich das Meer, und wie es ist. Es trägt, es hat das Salz der Ewigkeit in sich, aus allen Tränen der Menschen in ihrem sterblichen Miteinander aus Freude und Leid von allen Flüssen der Welt ins Meer gespült. Und ich spürte, erst das Salz des Meeres macht das

Wasser tragend. Das Meer ist tragende Weite auf endlosem Grund, aber es verschlingt den Menschen, und sein Wasser ist für ihn verderblich. Das Wasser des Flusses mit seinem eigenen Willen aus Wirbeln und Strömungen trägt den Menschen nicht. So strebt er danach, an seiner Oberfläche zu schwimmen.

Das süße Lebenswasser im Fluss ist für alle Geschöpfe des Landes trinkbar, es trägt Nahrung für das irdische Tun und die Mühe des Leibes. Das unfassbare Meer mit dem Salz der Ewigkeit ist Gott. Sein Salz der Ewigkeit ist Nahrung der Unvergänglichkeit, aber es löscht nur den himmlischen Durst nach Unsterblichkeit. Diese Nahrung machte mein Bruder für die Menschen fassbar und erbaulich, damit sie davon neu leben lernen. Von irdischer und himmlischer Nahrung lebt der Mensch.

Da sah ich Maria, auf der Welt stehend, die eine blaue Himmelskugel ist. Sie hielt das Kind auf dem Arm. Ihr Körper war so, als hätte sie die Erde schon verlassen und war doch noch irdisch. Sie wusste, was ich sah, und dass es so war.

Ich blickte Maria an. Ihr Bild würde in mir bleiben, wie die Bilder der Reise, des Kreuzes, der Wunde. Wieder konnte ich neu sehen. Freude durchlief mich. Er hatte auch sie durch sein Werk wahr und wirklich gemacht, obwohl sie es immer schon war. So werden alle Männer und Frauen der Welt durch sie und durch ihn wahr und wirklich. Jetzt war ich Teil des Geschehens. Ich sah die Wahrheit in Bildern. Die Segnung der Frau steht in der Frühe ihres Lebens, mir geschah sie später. Ich sah, dass durch Mann und Frau alles eins ist.

Ich konnte keine Kinder in mir tragen, ich trug die zukünftige Lehre in mir, seine Verkündigung, wie einst der Engel sie, Maria, in Geist und Körper gesegnet hatte. So war sie Stellvertreterin Gottes geworden und hatte Gott in ihrem Sohn der irdischen Welt geschenkt. Dies war nun auch mein Werk: Seine Kraft und seine Wahrheit weit über die Welt zu streuen wie aus dem himmlischen Krug der Frau. Ich war froh über meinen Weg, der nur aus meiner Sünde und meinem Irrtum heraus entstehen konnte.

Wir wussten, was er aus uns gemacht hatte und umarmten uns zu neuem Leben. Was hatten wir durch den Sohn erlebt.

„Die Rache ist mein, sagt der Herr“, hörte ich ihre Worte zum Abschied. Da war mir klar, ich würde nicht mehr gegen die Priester kämpfen, nichts mehr verbessern wollen, im Namen des Herrn keine seiner Lehren als Gesetz aufzwingen, denn es gibt kein Gesetz außer dem Leben selbst.

Ich fühlte mich von Maria am Leib berührt und gedreht und dabei neu bewegt, wie die Dienerin damals, als Joschua sie umfasste und mit sanftem Schwung auf ihren Weg entließ. Auf diesen Weg freute ich mich, denn ich war durch Maria und Joschua gesegnet.

Die Herrlichkeit

Ich ging los. Wieder, doch anders. Nicht mehr trunken, nicht mehr ernüchtert, blieb mir die Freude des Lebens. Zuerst spürte ich das Neue in allem, das mich umgab. Da war nur Schönheit. Im Wind, im Wasser der Flüsse, wenn die Wellen ins Schilf liefen, wenn ich da lag und die Wolken am Himmel so nah sah. Es gab nur das, und ich spürte sein Wort: „Wenn ihr eins seid, gibt es nichts zweites." Er hatte alles vereint, alles auf sich genommen, alles ertragen. Die sterbliche Welt des Tuns und die unsterbliche Welt des göttlichen Seins waren in mir vereint und wurden durch mich zu einer dritten, neuen Welt. Ich war auferstanden aus dem Engen, dem Harten, dem Pflichtbewußten, das nichts anderes zuließ als sich selbst. Mein Leben erhielt einen wahren, wirklichen Sinn.

Es geschah einem, der ich wirklich war, nicht mehr irgend einem. Ich legte den Eifer des männlichen Kampfes ab und suchte doch einen eigenen Weg. Etwas in mir war sicher und fest. Das Sonnenlicht des irdischen Habens verband sich mit dem Sternenlicht des himmlischen Seins.

Durch ihn war ich eins geworden mit mir. Einst war ich dem Anderen fremd. So erschuf ich nur Fremdes, das ich sah, Frauen, Schmerz, den Tod. Nun zogen diese keine Bänder mehr durch mein Denken. Es gab keine Feindschaft, keine Schuld, keine Reue, ich spürte all dies nicht mehr in mir. Es gab nur Frieden. Die Menschen taten mir leid, wenn sie dies nicht hatten, ich konnte ihnen nicht böse sein. Sie erschufen in sich das Zweite, dem sie sich opferten. Dann hassten sie, schlossen aus, suchten nur ihre Befriedigung, das Feuer der gegenteiligen Unruhe brannte in ihnen.

Oft dachte ich nach über den Weg, den ich gemacht hatte. Was hatte ich geopfert? Nur das irdische Unnötige. Das, was mich hinderte, wirklicher Mensch und Erbe Gottes zu sein. Früher hatte ich nur für mich selbst gelebt und es nicht einmal gemerkt. Ich suchte mich in mir, in meiner Arbeit, in den Menschen, für die ich arbeitete. Mit der Genauigkeit und Festigkeit meiner Arbeit wollte ich andere für mich einnehmen. Wenn ich gute Arbeit leistete, mussten sie das anerkennen. So stand ich ständig unter Zwang, nur so war ich gerechtfertigt, so gab es mich.

Aber ich wusste nichts und spürte nur mich. Ich war in keines Menschen Leben wirklich eingetreten, doch ich hatte auch niemanden verletzt. Ich hatte nie mehr Geld gewollt als mir für meine Arbeit zustand. Menschen in Schwierigkeiten hatte ich ohne Aufsehen geholfen. Maßvoll war ich gewesen, aber es war mein Maß, mein eingebildeter Verdienst. Daraus hat der Retter mich zur rechten Zeit gerettet: *Es ist gut, aus dieser Welt herauszukommen, bevor einer schuldig geworden ist*. Er war in mich eingetreten, jetzt konnte auch ich in die Welt, in Menschen eintreten, von ihm zeugen. Ich gehörte ihm, Gott, dem Einen. Er machte mich wirklich, also war er mehr als ein Mensch wie die anderen. Er ist das eine Band, das mich mit mir vereint und mit allem, was ich sehe und erlebe. Er ist überall in der Welt.

Er lebte und litt und zeigte mir die Verklärung, das Kreuz und die Wunde, damit man in diesen einen verborgenen Ort finde. Dieser Ort ist die Welt, in der ich nun bin. Was mir geschah, geschah einem, der ich war. So hatte er es gesagt, und jetzt weiß ich darum: *„Den endgültigen Menschen kann einer weder ergreifen noch sehen. Denn wenn er gesehen würde, würde er auch ergriffen werden. Auf andere Weise wird sich keiner diese Gnade erwerben können, außer er bekleidet sich mit dem endgültigen Licht und wird selbst endgültig."* Nun bin ich mit ihm bekleidet, mit seiner neuen Wirklichkeit. Innen bin ich merkwürdig leer, wie für mich selbst unsichtbar, unbegreifbar, unangreifbar und spüre so Ruhe, Freude, Kraft. Über nichts schwinge ich mich zum Richter auf.

Ich sehe sein Unvermischtes in allen meinen Bildern. Der Wind trägt Staub weg und vermischt sich nicht. Schönheit ist in den Gesichtern und der Haltung der Menschen und vermischt sich nicht. Die Zeit macht die Menschen alt und vermischt sich nicht mit ihnen. Mann und Frau vermischen sich zum Kinde, doch das Kind vermischt sich nicht mit den Eltern. Er liegt unter den Schlägen der Menschen und vermischt sich nicht mit ihrer Teufelei. Das Gesetz eines strafenden Gottes kreuzigt ihn und es ist nicht sein Gesetz. Das Abbild vermischt sich nicht mit dem Bild. Das Unvermischte steht über allem, es leuchtet mit immer währendem Licht. So erfuhr und lehrte ich unvermischte Reinheit.

Ich dachte oft an meinen Bruder, wie wirklich er war und immer sein wird. Er gab seinen Körper und sein Blut als Brot und Wein. Vor ihm brauchte niemand größer zu werden. Ich sprach mit Priestern und Zauberern, die Angst vor der Kraft der neuen Lehre hatten. Manche glaubten, sie müssten sterben, wenn sie die alten Rituale aufgäben, sich unter das Volk mischten und nicht mehr unnahbar waren. Ich zeigte ihnen, dass ihr alter Glaube nur sie selbst vom Göttlichen fern hielt.

Der Retter will mehr als eigennützige Gebete und Weihrauch. Er will, dass der Mensch aus seiner alten Schale heraustritt, um neu geboren zu werden. So stürzte ich mit meinem Bruder viele alte Gebräuche um, wenn sie dem Vater nicht dienten. So wie er gesagt hatte: ‚*Ich werde dieses Haus umstürzen, und niemand wird es wieder bauen können.*' Eine neue Zeit hat begonnen.

Ich sah die Menschen. Sie sind, wie er sagte, ‚*wie Schilfrohre, vom Wind bewegt.*' Vom Wind ihrer veränderlichen Träume und Wünsche. Sie wollen, suchen, sind unsicher, aber sie geben sich einen Anstrich von Festigkeit. Was sie tun, halten sie immer für genau das Richtige für sich. Sie sind, ohne es zu wissen, wie ich früher. Anfangs schreckte mich ihre Festigkeit. Ich glaubte an nichts mehr, im Wissen um etwas, das über alles hinausging. Das verwirrte sie. Wenn ich erzählte, lachten sie über die Dummheit der Richter, die die Sünderin nicht verurteilen konnten, weil sie selbst schuldig waren. Oder über Pilatus, der glaubte, Macht über das Leben zu haben. Doch dann sahen sie, dass sie in der gleichen Sünde und Dummheit waren und wurden nachdenklich.

Immer wieder nahm ich die Last ihrer falschen Festigkeit auf mich, um sie gemeinsam mit ihnen wegzuwerfen. Sie waren mit sich allein, doch ich konnte ihnen Bruder werden. Sie glaubten, mich zu nähren, vom Überfluss an ihrem Tisch, bis ich ihnen Brot und Wein gab von meinem Überfluss. Da beugten sie sich mir, denn ich nährte sie. Doch ich nahm auch dies nicht an. Keine menschliche Handlung wie Dank sollte sie von mir, meinem Bruder, wie auch von unserem Vater im Himmel trennen. Mein Leben ging weiter, doch es ging nicht mehr um mich. Ich verbrachte es in der Nachfolge des Herrn.

Die Menschen, die das Licht nicht kannten, befragten mich danach. Ich sagte ihnen, dass nur der Schein ihrer Besonderheit das Licht in ihnen verdeckt. Ich benannte mein früheres und ihr jetziges Sein als kleine Weisheit. Die kleine Weisheit kennt nur den Tod und müht sich in seinem Angesicht. Sie macht Sieger im Krieg, sie macht die Narren im Tempel, die ihrem Gott zu dienen glauben, sie macht Besitzer sicher hinter ihren Wachen und Mauern, sie macht Verschiedenheit und Vorteil. Doch all dies ist nur Schein. Ich sagte, sie sollten zuallererst den Schein sehen lernen, den Balken in ihren Augen. Die kleine Weisheit verleiht Besonderheit. Im Schein seiner Besonderheit erhöht sich der Mensch und trübt seinen Geist.

Ich sah, ich war aus der eigenen Sünde herausgekommen, nun musste ich auch aus der Sünde der anderen heraustreten, aus ihrem Besitz, ihrer Macht und ihren *‚weichen Kleidern'* und vor ihnen nicht kleingläubig werden.

Ich dachte über die Menschen nach. Und über meinen Weg, der keiner mehr war. Wodurch war ich geschritten? Ich trug mich nicht mehr selbst durch Mühe und Beladenheit. Ich war ein Bettler und hatte doch mehr als sie alle. Gaben sie mir Wasser, ich verwandelte es in Wein. Wenn sie mich aus ihrem Schein heraus verachteten, wurde ich um so fröhlicher.

Es fiel mir leicht, zu lehren. Es gibt nichts als die Lehre. Ich blieb im neuen Abbild, ich war neu geboren. Der winzige Abstand zur Welt, der aus all meinem Tun ständige Überwindung gemacht hatte, war verschwunden. In mir war unendlich viel Platz für den Herrn. Ich erzählte von ihm, lehrte ihn und das, was er aus mir gemacht hatte. Ich säte und erntete nicht und säte und erntete doch. Ich führte, die es wollten, auf den Weg der Freiheit vor Gott und den Menschen. Ich nahm ihre Last und gab ihnen eine, die keine war. Ich gab ihnen das Licht der Einheit mit dem Himmel, den ich brachte.

Die Welt war nicht mehr durch mich etwas besonderes, durch meine Arbeit, meine Balken und Hölzer, mit denen ich baute, ich selbst wurde durch die einzige Schönheit, die mich überall umgab, schön und besonders. Daran sah ich, dass Gott mich liebte und annahm und sein Gnadenwerk durch mich geschehen ließ.

Manchmal probierte ich, neu zu laufen. Ich spürte in mir, wie bewegt ich früher gelaufen war und wie ich jetzt meine Schritte setzte. Für mich. In meine Richtung. Mit meinen Füßen. Immer zu ihm, egal wo ich hinging. Ich hätte mich für ihn zerreißen lassen, nicht mich hätte man zerrissen, nur ihn. Ich aß neu, ich trank neu, ich sah die Welt neu. Jetzt fühlte ich mich lebendig wie nie zuvor. Die Welt teilte sich vor mir, und ich schritt unbeschadet durch sie hindurch. Nichts konnte mich mehr verletzen. So war ich in steter Freude und Gott nahe.

Alles ist Schönheit, seine Schönheit, die des Sohnes und Marias, immer und jetzt. Dies zeigte und lehrte ich. Es gibt kein Unheil, keinen Tod. Jetzt erst ist mir mein Leben geschenkt, meine Zeit wird nicht mehr vernichtet. Was ist, vergeht nicht, es wandelt sich nur. Ich bin aus dem Grab meiner selbst hochgestiegen. Ich blickte in mich hinein. Das Grab war leer. Mein Innen wollte nichts mehr behalten. Ich wollte nichts mehr wissen, mich mit nichts mehr anfüllen.

Ich dachte zurück. Immer hatte ich mich mit etwas anfüllen wollen. Etwas erben, erobern, erreichen, benutzen. Meine alltäglichen Erfahrungen waren wie Hütehunde für meine Gedanken und hielten sie eng zu einander. So diente ich nur meiner Torheit. All das hätte mich ins Grab der vergänglichen Welt und der Sinne genommen. Ich hörte seine Stimme sagen: *„Die Welt der Veränderung hat keine Wurzel. Verglichen mit dem Vater ist sie gewordener Nebel. So bringt sie bei ihrer Arbeit Vergessungen und Ängste hervor, damit sie jene, die zur Mitte gehören, ablenke und in Gefangenschaft führe, denn sie existiert ja."* Aus der Gefangenschaft meines Weltgrabes bin ich befreit. Aus diesem stand ich auf, zu mir. Um ihm wirklich zu folgen. Ich weiß nicht mehr, gehöre ich ihm oder gehöre ich mir.

Ein Mehr beflügelt mich, die ganze Welt ist mir von ihm. So sagte er: *‚Die Wahrheit ist nur eine. Unseretwegen ist sie in vielen Formen, um sich allein zu lehren.'* Ich weiß nicht, was mir das Schönste und Liebste in der Wahrheit und ihren vielen Formen ist. Alles ist wie durch ein Wunder da. Sein Lächeln streift mich als Luft. Die Welt ist sichtbares Licht, reine Freude. Das göttliche Leben ist mein

Weg. Meine Füße jubeln bei jedem Schritt, mein Atem geht frei. Die Berge stellen sich auf den Kopf.

Den Frauen erzählte ich von Maria, seiner Mutter, die über aller Welt steht und ihn auf die Erde brachte, damit er in ihrem Namen Wunder tat. Vom Geist, der in Wirklichkeit Vater, Mutter und Sohn zugleich ist. Vater vor dem Hervorbringen, Mutter nach dem Hervorbringen. Tätig im Sohn und den Männern und Frauen, die seine Nachfolger auf der Erde sind. Ich erzählte ihnen von Maria Magdalena, die war, wie sie war, bevor und nachdem der Herr sie erlöste. Von Johanna und Susanna und vielen anderen geheilten Frauen, die ihm folgten und *ihm Handreichung taten von ihrer Habe.* Von seinen Ahnfrauen, die sich dem Leben öffneten und Liebe auch außerhalb der gesetzlichen Betten entstehen ließen. Ich erzählte von Maria und Martha, den Schwestern, deren Gast der Herr war. Martha sorgte sich um den Haushalt, Maria setzte sich nur zu seinen Füßen und nahm ihn in sich auf. Da ermahnte er Martha: *„Martha, Martha, du hast viel Sorge und Mühe, eins aber ist Not,"* und er lobte Maria: *„Maria aber hat das gute Teil erwählt."*

Das gefiel den Frauen und ihre Augen leuchteten mit seinem Glanz. Sie freuten sich an mir, weil sowohl der Mann wie auch die Frau in mir sie verstand.

Mancher Frauenblick berührte mich auf dem Weg und lehrte mich über meine breiten Schultern und dass ich dem Herrn ähnlich sah und lud mich ein, in den Fluss zu kommen und ihm Neues zu schenken. Die Frauen sind der Fluss und daraus kommen Priester und Händler, Mägde und Herrinnen, Mörder und Huren, Heilige und Verworfene. Ich spürte den Wunsch der Frauen, die Männer in sich aufzunehmen, wie der Fluss die Menschen zum Bade.

In der Schönheit der Frauen sah ich das Licht des Himmels und wurde eingehüllt im himmlischen Mantel Marias und erhob im Herzen die Frauen, die ihr fließendes Mondgeheimnis wie eine Wunde in sich eingepflanzt tragen. Alle Männer sollen die Schönheit der

Frau anbeten, die ungeborene göttliche Schönheit, aus der die Geschlechter hervorgehen.

Der Mann soll sich gesegnet fühlen von der Schönheit der Frau. Die Frau gibt sich, weil sie göttlich ist. Meine Mutter gebar mich, weil sie sich Joseph, meinem Vater schenkte und sich dabei gefiel. Ich sah das Bild Josephs vor mir. Die gleiche Schönheit, die ich an den Frauen sah, hatte ihn zu meiner Mutter gesellt.

Ich spürte die Kraft des Fleisches in mir und verzieh freudig meinen Eltern, die mich im Werk zwischen Mann und Frau in das Netz des Fleisches einwebten. In solchem Verzeihen wachsen die Kinder an den Eltern und sie ehren sie. Ich freute mich über meine irdische Geburt, die nicht mehr dem Tod in mir Platz gab. So heilte ich mein Fleisch und mein Weg war unbeschwert und froh zwischen den Menschen.

Immer wieder spürte ich in mir meine männliche Kraft, Entschiedenheit, und die Freude am Unmöglichen. Ich führte das Schwert der Entscheidung und des Ausschließlichen, der Ermutigung zum göttlichen Neuem. Darin war ich Joschua gleich. Ich kämpfte, machte mein Leben zu einer Aufgabe, forderte von mir die beste Lösung. Und ich freute mich an der tragenden Kraft der Frauen, dem Seienden, der Bewahrung des Lebens, die auch in mir war.

Durch den Bruder wusste ich, was zu tun war, durch Maria war ich der, durch den es geschah. Alles war da, mir geschenkt von ihm und ihr, die mich immer weiter begleiteten. Ich wurde leicht getragen von der Welt, von ihren Bildern und inneren Abbildern. Darüber wölbte sich die Unendlichkeit des Himmels und oft sah und verstand ich in einem Augenblick alles.

So ging ich weiter und war sein Schwert. Endgültigkeit trug mich. Die Motte hat das Licht gefunden und ist nicht verbrannt. Ich bin von der Last des Kreises befreit. Ich ging über das selbstgemachte Anschauen der Bilder hinaus. Nichts wiederholt sich. Angekommen sein ist mein Weg. Der Mensch ist des Himmels. Nur das äußere Auge sieht Schmerz und Tod. Das ist die Botschaft.

Auf der Reise sah ich die Menschen und ihre Götter, die sie sich erfanden. Seefahrende Völker lieben Götter des Landes, der Heimat, der Winde, der Kraft, des Geldes. Soldatische Völker haben einen kräftigen Gott an ihrer Spitze, ähnlich einem Stier oder Adler. Hirten in der Steppe lieben Tanz und Überfluss, Verkleidung, Wettbewerb, Täuschung und Spiel an ihren Göttern. So schuf man die Götter aus dem eigenen Erleben. Im schroffen Gegensatz zwischen Wüste und Oase sehen die Menschen dort einen harten göttlichen Kampf zwischen Gut und Böse. „Wir leben in einem Kampf zwischen Gut und Böse", sagten sie. „Ein Drittes kennen wir nicht. Dein Gott erlöst vom Kampf. Er steht über allem. Er ist der Friede. Wir wollen ihn annehmen, wenn du ihn uns bringst. Du wirst uns von der Furcht vor dem Bösen befreien."

Ich sah, dass die Menschen, wenn sie ihre Götter anbeteten, nichts von dem verstanden, was sie taten. Ich erschütterte die alten Zauberpriester, die meinten, sie könnten sich mit den richtigen Gewändern, Farben, Steinen, Gesängen, Berührungen, die vom Geschick abhängigen Menschen untertan machen. Die Priester bildeten sich ein, je größer die Tempel waren, in denen sie ihre Götter anriefen und ihnen opferten, um so größer wurden ihre Götter. Sie schufen ihre Götter nach ihren Wünschen und Ängsten. Sie bauten Tempel, beteten Bilder an, doch sie blieben durch ihre Götter von sich getrennt. Ohne wirklichen Gott sind auch ihre Opfer und Handlungen unwirklich und wirken nur in ihren Vorstellungen.

Ich traf einen Einsiedler in der syrischen Wüste und erzählte. Er hörte tagelang zu. Dann rief er: „Dass ich dies erleben darf! Dein Meister hat Göttliches vollbracht, und die Menschen werden es lange nicht sehen." Auf meinen fragenden Blick hin erklärte er: „Er hat das gesamte Werk der Schöpfung an den Menschen erneuert." Ich war erstaunt, und er zählte auf: „Er kam mit dem Licht des ersten Tages und war als Kind unbeeindruckt von den Werken der Menschen. Am zweiten Tag zog er über die Erde, zwischen Sonne, Mond und Sternen zwischen Land und Meer und hatte Gewalt über Wasser und Wind und lehrte das Große. Am dritten Tag ließ ihn die Frau, die ihn gebar, in die Wunder der Leiber eintreten. So kam seine Zeit, er ging und tröstete und tat Wunder an den Menschen. So tat er das Kleine, das Einzelne, arbeitete er am Getrennten. Am vierten Tag gab er aus Liebe zu allen Menschen sein Herz, sein Fleisch und Blut. Er machte aus einem schmalen Weg des Eigenen eine breite Bahn der Liebe für alle. Am fünften Tag wurde er von unverständigen Menschen, die nur das starre Gesetz bewahren wollten, gerichtet. Am sechsten Tag starb er zu sich, er wiederholte am Kreuz alle Tage zwischen Himmel und Erde, einschließlich der weiblichen Wunde Adams durch den Lanzenstich an der Rippe. So gebar er den neuen und überwand den alten, sterblichen Menschen. Am siebten Tag stand er auf, und ein neuer Schritt der Schöpfung war gut und vollendet. Du bringst ihn!"

Wir umarmten uns. Ich war froh, denn ich spürte, dass durch meine Rede und Freude die Menschen in seine Lehre und sein Wesen eintreten konnten, wie auch ich darin war.

Als ich von ihm ging, eilte ich nicht, um wieder zu den Menschen zu gehen. Ich spürte, auch ich war mit dem Meister den gleichen Weg durch alle Tage der Schöpfung gegangen, er hatte auch mich zum Menschen gemacht. Ich hatte Angst und Freiheit, Abschied, Liebe, Wut und Schmerz , die unbegreifliche Leere des Todes und die freudige Fülle des Lebens durch sein Wirken an mir erfahren. Auch er war in diese Dinge eingetreten, obgleich sie für ihn nicht bindend waren. Das war sein Opfer! Dies tat er für die Menschen! Ich spürte, dass jeder Mensch Niederungen und Nöte erfahren musste, um zum Licht zu gelangen. So erst konnte ich verstehen, was in allen Menschen geschieht, wenn jemand stirbt, wenn jemand krank ist, wenn Menschen trauern oder sich freuen. Er ist in allem.

Ich ging weiter zum Morgenstern. Ich traf Menschen und lehrte sie, und sie belehrten mich über den, der ich geworden war. „Gut hat dein Meister an dir getan", sagte ein anderer Weiser. „Ich wollte, ich hätte erlebt, was du spürtest." Ich freute mich über das, was er sagen wollte. „Unter dem Kreuz hast du die Menschen hinter dir gelassen. Du bist durch sie geschritten, du hast durch sie hindurch gesehen, du wurdest von ihnen und von dir leer. Er hat dich in die Wüste geschickt." Er weinte. „Ich bin hier in der Wüste, aber die Menschen verfolgen mich noch. Ich spüre immer noch ihre Untaten, ihren Streit. Du hast sie abgelegt, als du durch die unmenschliche Stadt schrittest und in dir das vom Gezänk und Streit der Menschen befreite Leere sahst." Er umarmte mich. „Du haftest nicht mehr an den Menschen, wie auch dein Meister von ihnen frei war. Gib mir seine Freiheit von der Welt der Menschen, nur darum bitte ich dich..." Ich blieb bei ihm und gab ihm Brot und Wein. Wir teilten unser Wissen und unsere Freude am göttlichen Geschehen.

So lebte ich unter den Menschen, war mit ihnen, von ihnen, doch etwas in mir vermischte sich nicht. Das gab mir Kraft, zu sein wie ich war, alles mit ihnen zu ertragen, ihre Not und ihren Reichtum. *Wer aber durch die Erkenntnis frei geworden ist, ist der Liebe wegen Knecht an denen, die die Freiheit der Erkenntnis noch nicht aufnehmen konnten.* Ich wanderte mit dem Licht des ersten und des siebten Tages, dem Licht, in dem es keine Wunden gibt, dem Licht der reinen Freude und Vollendung. Ich sah, wie sich die Menschen mühten im Licht des dritten Tages, der Trennung und des Schmerzes zwischen Mann und Frau. Sie liebten und litten im Licht des vierten Tages und ihre Herzen brannten. Sie verurteilten sich im Lichte des fünften Tages und waren neidisch und eifersüchtig. Sie starben dahin am sechsten Tag, am Kreuz eines sterblichen Lebens, mehr als eine schimmernde, verzerrte Ahnung von Wirklichkeit hatten sie nicht erhalten.

Ein andermal traf ich einen Weisen und blieb bei ihm und seinen Büchern. Er verstand die Lehre, die ich ihm brachte. Doch als ich vom Kreuz sprach, sagte er: „Die Ewigkeit hängt weder an einem Kreuz und hat Schmerz, noch hängt sie nicht an einem Kreuz und hat keinen Schmerz. Sie existiert im Weder-Noch und ist unvergänglich." Ich dachte bei mir nach und sagte ihm am nächsten Tag: „Ich habe in die Wunde der Unvergänglichkeit gegriffen." Darüber dachte er lange nach. Dann sagte er zu mir: „Deine Lehre ist gut. Sie bringt Freude und Schmerz und ist doch aus Licht. Ich verachtete das Sein um des ewigen Nicht-Geschehens willen und vergaß dabei mein eigenes unsterbliches Sein und das der anderen Menschen." Er nahm Brot und Wein von mir und ging, um unseren Herrn, den lebendigen Gott im lebendigen Fleisch zu predigen.

Ich lehrte die Menschen, dass die Unvergänglichkeit sowohl in ihnen wie in der äußeren Welt ist. Die gleiche Endgültigkeit steht über allem. In ihr ist alles abgebildet und erhält sich alles Tun. Doch die Menschen sehen nur ihr eigenes vergängliches Bild in allem, das sie umgibt. Nur dieses nennen sie ihre Wirklichkeit, die nichts als ein Zwang zum Vergeblichen ist. Dann jammern sie über die Unbeständigkeit und die Kürze des Lebens.

Das ist ihre Unwissenheit. Sie würzen ihr Leben nicht mit dem Salz der Ewigkeit. Denn der Vater im Himmel verbarg das ungeborene Licht des ersten Tages hinter dem geborenen, irdischen Licht des dritten Tages. Der Sohn kann davon erlösen. Er zeugte und zeigte den Weg. ‚*Und kein Werk kann Unvergänglichkeit erlangen, wenn es nicht zuerst Sohn wird.*' Ich zeigte die Erlösung, und dass alle Menschen teilhatten. ‚*Nur das Nichtwollen macht Sünder.*' Jeder Mensch kann in der Wahrheit neu geboren werden und schließt sich nur selbst daraus aus. So fragte ich den Herrn, als er noch auf der Erde war: *„Herr, was ist's, dass du dich uns willst offenbaren?" Er antwortete und sprach zu mir: „Wer mich liebt, der wird mein Wort halten; und mein Vater wird ihn lieben, und wir werden zu ihm kommen und Wohnung machen."*

Durch die Niederkunft im Fleisch ist der Meister zur Ansicht des Vaters in der Welt geworden. Wer ihm folgen will, dem gibt er alles. Mit Brot und Wein des Himmels und der Taufe des Anfangs gebe ich Leben denen, die den Glitzer des äußeren Scheins ablehnen und zu sich umkehren. Ich bin das Maß für seine

Unermesslichkeit, ich werde ihn anderen ausmessen und austeilen, wie ich in seine Unendlichkeit gekommen bin und mein Leben durch ihn erwirkt habe.

Ich blicke in die Tiefe seines Werkes an mir. Ich sehe meinen Weg mit ihm immer klarer in inneren Bildern. Er hat mich neu geschaffen. Er reitet neben mir auf dem weißen Pferd der Jugend und ihrer Löwenkraft wie damals, als wir unsere unbändigen Streiche ausführten. Das weiße Pferd verließ mich und ich sehe den Stier der Arbeit, mit dem ich mein Erbe wollte und hartnäckig die Furche meines Seins in den Acker der Welt zog. Doch so fand ich den Schatz nicht. Dann sehe ich das rote Pferd des Feuers der falschen Gerechtigkeit, das mich von den anderen Menschen trennte, mit denen ich stritt, weil ich mich und mein Recht durchsetzen wollte. In diesem Feuer hing mein Bruder am Kreuz, ich schritt hindurch, es war unbarmherzig, kalt und leer, wie die Menschen, die ihn kreuzigten. Ein Adler erhebt mich über die Leere des roten Staubes aus Eigensinn und unwirklichen Vorstellungen und fliegt mit mir zu den gutwilligen Menschen. Mein Herz jubelt im Flug und freut sich an der Schönheit der Länder. Viele Brudermenschen traf ich und lernte selbst Menschsein. Dann komme ich zu den alten Seelen derer, die immer schon von meinem Bruder wussten und sich freuen, ihn anzunehmen und ihm anzugehören. Er ist bereits in vielen, wo ich auch hinkomme. Ich nehme die vorbereiteten Seelen in die Geisteswelt der Schönheit und Kraft, die das All aus Harmonie mit sich selbst hervorbringt. Hier tanzen Männer und Frauen und begegnen sich in Unsterblichkeit. Mein Ebenbild ist unter ihnen und viele, die ich kannte. Ich sehe sie in Klarheit und ihrer irdischen Vergeblichkeit entkleidet. Ich löse mich und werde Engel vor Gott. Hierzu kann ich nichts sagen, nur dass Dankbarkeit und unendliche Freude mich erfüllen.

Oft versinke ich in meine Betrachtungen und werde zu dem, was ich sehe. Ich erschaue Bilder, sie werden zum makellosen Reigen der Ewigkeit. Sie kreisen und tanzen aus der Kraft, die Gott selbst ihnen gibt. Anfang wird Ende in einem Band, das wie eine Acht auf den goldenen Schmuckbändern der Nordvölker aussieht. So durfte ich über die Zahl Sieben hinausblicken. Sieben ist die heilige Zahl der Erde, die *Achtheit* ist Gott. Ihn darf ich schauen. Um ihn ist nichts mehr heilig. Wer ihn einmal sieht, kennt und hat ihn für immer. Denn nichts ist außer ihm.

So öffnete ich die sieben Siegel der Erde und erkannte ihr Ziel, das Heil aller Menschen. Der Adler, mein Herz, brachte mich zum Sehen und überflog die Blindheit von oben her. Nur was von Gott ausgelöst ist, hat Wirklichkeit. Eingeweiht in alles hat mich mein Bruder auf dem Weg, der mir zunächst irdisch erschien, da er durch Orte und Menschen führte. So sah ich in die Tiefe des menschlichen Universums. Und blieb doch in mir und erkannte mich. Der Mensch hat alles in sich.

Doch die Werke der Menschen haben kein Bestehen. Sie machen sich ihnen aber bekannt als Mühe, Krankheit und Tod. Ihre Treibkraft gab ihnen die Schlange, die sich unter dem ewigen Baum der wahren Erkenntnis windet. Zuvor achtete ich nur auf diese und ihr Werk. Dann richtete ich meine Augen darüber hinaus nach oben zum Herrn und erblickte den Baum der Erkenntnis. Die Blätter dieses Baumes kennen ewig keine Bewegung. Wer dies sah, weiß es für immer. Das Vergängliche kommt nicht von diesem Baum. Doch der Hirndrache der kleinen Weisheit hält das Denken der Menschen umschlungen und täuscht die aufgeregte Unterscheidung von mein und dein, gut und böse, gesund und krank, Freund und Feind, lebendig und tot vor. Diese Hirnschlange hat keine Festigkeit in sich, sie verspricht nur ihre bewegliche Macht über Unterschiede. Die Menschen, die sie umfasst hält, erfahren nur ihr Wirken, nichts als das, und sind daher auch unstet wie Schlangen. Nur diese Schlange stirbt. Ihr Tod ist der einzige Tod, den es auf der Welt gibt.

Wenn der Mensch diesen Hirndrachen zu Lebzeiten besiegt, erhält er die große Weisheit. Er sieht das Unvermischte, er erhält Einblick in das wunderbare Sein Gottes. In ihm ist kein Krieg, keine Not, keine Unterdrückung anderer mehr. Er erhält Zutritt zum Paradies, zum Reich über der Welt der Menschen. Danach ist der Mensch nicht mehr in der Dauer des Wechsels, er weiß um die Ewigkeit.

Bis dies ihnen geschieht, sind die Menschen verloren und bringen wieder und wieder die Kainszeichen ihrer falschen Vorstellungen und furchtbaren Regeln hervor, mit denen sie gegen den Herrn sind und ihn zu töten glaubten. Diese Kainszeichen sehe ich nun überall. Ich sah die Welt, sah Herrscher, Reiche, Priester, Gelehrte, große und kleine Meister, die sich das Siegel der Endgültigkeit anmaßten. Sie sind gegen den Herrn, sie leben in zerfließender Zeit, sie vergehen und sterben spurlos in ihr als Nichts, auch wenn ihr Name bekannt ist unter den Menschen.

Ihr Eigennutz füllt die Luft mit brennender Asche, färbt die Flüsse rot mit dem Blut ihrer Opfer, lässt die Armen in Krankheit und Unwissenheit verderben. Wird aber das Licht erkannt, stirbt die Schlange der falschen Beweggründe an sich selbst. Nur diese Schlange ist sterblich. Ihr Tod bereitet das endgültige Leben. In ihm ist der Mensch vom Selbstschmerz seiner Endlichkeit befreit.

Wenn ich aus diesen Bildern wieder erwache, durchfährt mich ein Schrecken. Ich spüre die Verlorenheit der Menschen. Ich sehe den Kampf der Mächte des Verderbens mit ihren Waffen aus Macht und Stein gegen die Freude des aufsteigenden Lichts, das die inneren Siegel eröffnet. Ich sehe riesige Heere auf roten Pferden, die Fackeln des leeren Feuers aus Krieg und Kampf schwingen. Das ist das Höllenfeuer des fortgesetzten Todes. Hier geschieht nichts, und doch hat es Macht, das Licht zu hindern, indem es sich ihm entgegenstellt.

Inmitten des Kampfes steht das Kreuz, auf das die Seelen der Menschen gespannt sind wie Tierhäute zum Trocknen. Ein göttlicher Lichtstrahl vernichtet alle Macht des Todes, die gegen jeden Menschen kämpft. Jeder Mensch kann diesen Strahl mit der Hilfe des Himmels selbst hervorbringen und sein Verderben für immer auflösen und dem eigenen Gericht entkommen. Seine Feinde schickt nur er gegen sich.

So liebe ich das, was ich in mir trage und es erschafft und erleuchtet mich und meine Welt mit seinem unzerstörbaren Licht. Ich sehe in die Tiefe der Dinge und auf den Grund der Ewigkeit. Der Sog meiner Gedanken hörte auf, ich bin still. Früher schützte ich mich gegen die bedrohliche und unruhige Gestalt meiner Welt, in der ich verloren war. Mein innerer Feind ist aufgelöst. Jetzt ist alles ein Geist.

Die göttliche Welt nimmt meine Gestalt an, ich erkenne die Weisheit des Herrn, alle Dunkelheit zerfliegt vor dem Licht. Die Menschen leben, doch ihre Kleider und Sitten, ihre Marken und Zeichen sind wesenlos. Zuvor achtete ich nur auf diese. Nur die wahre, göttliche Freude ist wirklich. Ich sehe mich gerettet. Das falsche Dunkellicht der Sterblichkeit ließ ich los. Wer eigenes Sein gewinnt, geht nicht mehr verloren.

Das Licht hat immer schon gesiegt. Ich bin nicht mehr nur von meiner Zeitlichkeit bewegt. Der Herr selbst bewegt mich, sein Werk an der Welt zu tun.

Ich bin selig im Verstehen geworden. Der sichtbare Geist der Nachahmung beschwert mich nicht mehr. Meine Unruhe ist in Endgültigkeit aufgelöst. Ich weine nicht mehr um mich. Gott ist überall, nicht nur in Schriften und Gesetzen. Um die blinden Bilder des Nichtseins und der Angst zu töten, ist er durch den Tod gegangen. *Und als er in die nichtigen Bereiche der Furcht hinabgestiegen war, zeigte er sich denen, die vom Vergessen befreit waren. Er war reines Wissen und Endgültigkeit. Die aber die Lehre annehmen werden, sind die Lebenden.* Er hat mich in den Abgrund der Leere gestürzt und dennoch begleitet.

Unterwegs war ich für die Menschen unsichtbar und nur sichtbar für die, die sehen wollten. Diesen wandte ich mich zu. Denn sie sind erwählt. So hatte der Retter gesagt: *„Niemand kann zu mir kommen, es sei ihm denn von meinem Vater gegeben."* Auch ich gehöre zu den Erwählten! Ich wollte dies mir gegenüber nicht zugeben, denn ich wollte mich nicht vor mir selbst erhöhen. Aber ich spüre es beständig und wirklich.

Die Leichen der Finsternis laufen mit sich selbst bewegt noch umher, aber sie sind bereits tot, ohne es zu wissen. So weiß ich, dass ich für das endgültige Licht wirken darf, obwohl es meiner nicht benötigt. Nun ist mir der Retter eine unsichtbare erste Gestalt in allem. Er hat meine Welt besiegt. Er bereitet meinen Weg und entzündet mich und die Welt mit seinem Geist. Er war immer schon das Licht, der innere Spiegel der Welt. So hatte er gesagt: *„Niemand wird sich ohne Beleuchtung sehen, weder im Wasser noch im Spiegel. Wiederum wirst du dich auch nicht im Licht ohne Wasser und Spiegel sehen können. Darum muss mit beidem getauft werden, mit dem Lichte und mit dem Wasser. Das Licht aber ist die Salbung."* Schafe und Menschen sehen sich im irdischen Wasser, wenn sie trinken. Die Söhne des Sohnes des Menschen spiegeln sich im himmlischen Wasser, das ihnen ihr Hirte gibt, wenn sie sich im Hirten betrachten.

Auch das Licht braucht den Leib des Menschen, damit es sich an sich selbst erfreuen kann. Deshalb kommt es in das Irdische. Die Seele wiederum braucht das Licht des Geistes, um sich zu befreien. So kommt der Mensch in sein himmlisches Erbe. So gab ich Wasser, Brot und Wein, wodurch der Mensch sich als das Höhere erfährt. Ich salbte mit Lehre und Freude und verbreitete das Licht, ohne welches man den unvergänglichen Vater nicht sieht. So gab ich zusammen, was zusammengehört: Erde und Himmel und da hinein die Menschen.

Ein Weiser fragte mich, was mit ihnen geschieht, wenn Menschen im Schein ihrer Unwirklichkeit bleiben. Ich antwortete mit den Worten des Herrn: *„Wieder werden sie in die Welt der Erscheinungen kommen müssen. Was aber aus der Unvergänglichkeit entstanden ist, wird nicht untergehen, sondern unvergänglich bleiben, weil es aus der Unvergänglichkeit entstanden ist."* Da fragte er mich, ob ein Mensch, der noch im Schein lebt, ohne eigenes Tun vom Retter am Jüngsten Tag erlöst werden wird. Da sagte ich, wie ich es vom Retter wusste: *„Was überhaupt nicht war, wird auch nicht entstehen. Wer aber bis zuletzt unwissend ist, der ist ein Bild des Vergessens und wird mit ihm zusammen aufgelöst werden."* Er fragte mich, ob die im Vergänglichen lebenden Menschen demnach für immer verloren seien. Ich antwortete, wie ich den Retter hatte sagen hören: *„Es ist nicht so, dass die, die noch nicht entstanden sind, nichts sind. Sie existieren in dem, der wollen wird, dass sie sind. Die Frucht aber, die noch nicht erschienen ist, weiß nicht und handelt nicht."* „Alle Menschen können gerettet werden", sagte ich, „auch die, die von Rettung nichts wissen. Doch viele werden so unwissend vergehen, wie sie es jetzt sind. Sie glauben nur an sich und haben keine Gewissheit." Da umarmte er mich und weinte über die Lehre. Denn auch er hatte die unvergängliche Wahrheit jenseits des Scheins gefunden, und des Retters Worte waren ihm höchstes Glück und wunderbare Bestätigung.

Ich erzählte ihm über die Unmöglichkeit, *neuen Wein in alte Schläuche* zu füllen. Oder einen *neuen Flecken auf ein altes Tuch* zu nähen. Wir feierten die gänzliche Neuwerdung des Menschen. Der Retter hat den neuen Menschen bereitet. So verkündete er, und wir bewunderten die Klarheit in den Worten des Herrn: *„Bis zu dem Augenblick, da diejenigen erwachen, die durch all dies haben hindurch gehen müssen, sehen die, die in all diesen Schrecken waren, nichts, weil sie ja auch nichts waren."* Wir nahmen Brot und Wein im Geist des Herrn und freuten uns aneinander und an dem, was wir taten.

Ich wurde Retter von Menschen, wie der Hüter durch die Schafe zum Hirten wird, die ihm vertrauen und ihn ernähren. So sagte der Herr: *„Die Salbung ist größer als die Taufe. Wer gesalbt ist, hat das Universum. Er hat die Auferstehung, das Licht, das Kreuz, den Heiligen Geist."*

Ich brachte die Menschen über ihre Grenzen in ein anderes Land und sprach sie frei von sich. Der Retter brachte in mir sein Eigenes hervor, das ich allen Menschen geben konnte. Ich lehrte sie das Besondere, Unantastbare auch im Menschen, nicht nur in der Natur, wo manche es zu sehen glaubten. So erfuhren sie Gottes Kraft, der Retter berührte sie durch mich und machte sie gesund und frei von Leid. Sie brauchten keine Buße nur dafür zu tun, dass sie lebten.

Ich lehrte, dass Gott unberührbar ist durch Menschenwerk. Er vermischt sich nicht mit Taten und Worten. Niemand kann der Ewigkeit befehlen. *Über die Einheit herrscht niemand.* Manche sagten: „Aber du sprichst doch von Gott und sagst selbst, dass er nicht erreichbar ist." Da lachte ich und sagte: „Ich spreche zu euch, aber wenn ihr wüsstet, dass Gott ist, der Retter wäre euch nicht als Retter erschienen."

Einmal kam ich an einen Hof, wo der Herrscher gestorben war. Man hatte den Körper bewahrt und es sah aus, als ob er noch lebte. Seine Nachfolger erklärten mir, ihre Befehle würden so vom Volk besser befolgt. Ich sagte ihnen, ich könnte ihn zum Leben erwekken, obwohl ich wusste, dass sie selbst Erweckung zum Leben brauchten. Doch das wollten sie nicht. Sie herrschten lieber in seinem Namen weiter. So betrieben sie ihre Geschäfte im Namen des Todes.

Als ich weiterging und durch andere Reiche kam, sah ich, dass überall aus dem Grab heraus geherrscht wurde. Überall waren Denkmäler und Kraftstätten des Todes. Man folgte Gesetzen, die von Toten erlassen wurden, Grenzen, die von Toten gezogen waren, trennten die Menschen. Geld und Erbe der Toten machte die Menschen streitbar und unruhig und dabei selbst tot. Überall verehrte man den Geist des Todes und der Vergangenheit, weil man an Totes glaubte und keinen Raum für den Geist des Lebens und der Unvergänglichkeit in sich hatte.

Ich kam zu einem Weisen. Er war der Wesir eines großen Königs. Beide empfingen mich mit allen Ehren. Dann nahm mich der Weise beiseite. „Mein Vater folgte dem Stern und stand in der Höhle, wo dein Meister geboren wurde. Er brachte große Kunde von ihm, der unser aller Herr ist." Ich erzählte vom Leben des Retters. Doch der Weise wurde nachdenklich. „Wie mein Vater berechne auch ich den Lauf der Sterne, ich sah dich kommen, sah das Gewand, das du trugst, als du hier ankamst. Ich sehe in Vergangenheit und Zukunft, in die Gedanken und Worte der Menschen. Aber den, den du in dir trägst und bringst, den kann ich nicht sehen oder berechnen." Ich sagte zu ihm: „Wenn du Sterne berechnest, in Menschen blickst, Ereignisse aus Vergangenheit und Zukunft siehst, so tust du das mit deinen Augen. Mehr kannst du nicht. Was du siehst, siehst du durch dich. Den ich dir bringe, kannst du nicht mit deinen Augen sehen, denn er ist noch nicht in dir." Er verstand und bat um Abhilfe und Lehre. Ich sprach lange vom leeren Grab in mir, das der Retter ausfüllte, von der Farbe, die weißer ist als der Färber sie macht, vom Geist, der in allem sichtbar ist, und doch jenseits der Orte von Zeit und Bewegung wirkt, von Gott, der alles hervorbringt, der aus dem Unsterblichen das Sterbliche entstehen lässt, von mir, dem Sterblichen, der ich mit neuen inneren Augen das göttliche Unsterbliche in mir und um mich herum sah. Der Sterndeuter hielt die Augen geschlossen. „Was du sagst, geschieht in mir", rief er aus. „Was ist in deinen Worten?" Ich erzählte ihm von den Worten, die nicht vom Tod sprechen aber das Leben befördern. Da verstand er, dass sein Vater Neues brachte, obgleich er es nicht hatte sagen können. „Das Neue geschah durch das Leben des Retters, obwohl es schon immer da war", sagte ich. „Dazu kam er, um dem Neuen Form zu geben, die immer schon geschah und nie mehr vergehen wird." Und wir feierten das Neue, das immer ist, auch in uns, mit Brot und Wein und wurden Brüder im Geist des Unsichtbaren.

Ein Kriegsfürst lud mich ein, ihn zu lehren. Doch er war stolz auf seine Macht und wollte nichts von der Seligkeit des Friedens hören. Er wollte mir zeigen, was er hatte, weniger die Lehre annehmen. Eines Tages, als wir in seinem Garten gingen, rief ich plötzlich: „Sieh hinter dich!" Er fuhr herum und riss den Dolch aus seinem Gewand. Da zeigte ich ihm: „Hinter dir ist der Tod. Hinter dir sind alle Menschen, die du getötet hast. Hinter dir sind deine Söhne, die dich um deines Reiches willen eines Tages töten. In dir und dieser Welt kennst du nur Angst und wirst nie in Frieden für dich leben." Da nahm er Brot und Wein des Herrn und versöhnte sich mit seinen Feinden und Söhnen.

Ich kam zu einer Frau, die viele Männer kannte. Sie schickte ihre Dienerin, um mich ins Haus zu holen. Ich sagte ihr, viele Bienen fliegen zur Blüte, aber es ist der Honig, der bleibt, nicht die Blüte. Da verstand sie, dass ich die richtige Lehre für sie hatte, und bat mich zu bleiben. Ich lehrte sie die leichte Last von Brot und Wein des Retters.

Einmal war ich bei einer Teppichknüpferin, die in ihren Werken Blumen, Ranken, Wolken, Vögel tanzen ließ. Ich sah, dass auf ihrem wunderbaren Werk wie in den Bildern meines Meisters die Menschen sich lieben, ihre Kinder herzen, ihre Toten beweinen würden. Ich segnete sie und sagte, dass die Menschen auf dem Blut und dem Licht ihrer Arbeit geboren werden, leben und sterben wie die Menschen in Gott. Da weinte sie vor Freude und ich gab ihr Brot und Wein.

Ein Totengräber nahm mich auf. Er war still und in sich gekehrt. Er fühlte sich unrein und ausgestoßen. Ich sagte ihm, dass niemand je im Grab ist, dass unter seiner Schaufel neues Leben im Fleisch entsteht, dass jedes Grab leer ist. Ich erzählte vom Herrn, dessen Leib und Blut frei machen. Der wie er verachtet und ausgestoßen war, weil zu wenige um das Ewige wussten, das über das Fleisch hinausgeht. Da saßen wir auf der Stätte des Todes und feierten die Auferstehung des Herrn und der Menschen aus dem Tod. Und wir teilten Brot und Wein miteinander.

In der Wüste traf ich einen Weisen, der die Geheimnisse des Alls ausrechnete. Ich erzählte von meinem Meister. Da freute er sich und wies mit der Hand auf die Weite des Sandes. „Niemand achtet der Sandkörner, sie sind Unzählige. Doch entweder sie oder dein Meister werden die Welt der Menschen beherrschen." Ich blickte ihn erstaunt an. Er erklärte mir, was bislang nur Eingeweihte wussten: „Wenn man Sandkörner an die Stelle von Zahlen legt, erhöht dies den Wert der vorausgehenden Zahlen um ihr Vielfaches." Er freute sich, denn er sah, dass mein Retter wie diese Sandkörner war: „So ist dein Meister. Die Menschen werden durch ihn unendlich mehr wert werden, gerade weil er nichts ist. Auch das Sandkorn, das man als Kreis schreibt, vermehrt nicht sich, nur die anderen."

Als ich ging, warnte er mich: „Die Menschen müssen lernen, dass das, wodurch sie mehr wert werden, ein unfassbares Nichts ist. Man kann es nicht besitzen. Wenn die Menschen die leeren Zeichen für das Sandkorn zum Horten von Reichtum und Gewinn benutzen, werden sie wahnsinnig. Sie werden unermesslichen irdischen Reichtum mit ihren riesigen Zahlen erdenken, die Schätze der Länder erbeuten, Turmbauten errichten, die ihre Feinde herausfordern. All dies machen die Sandkörner hinter den Zahlen möglich und die Gier, mit der man sie ausfüllt. Aber sie werden sich mit toter Zeit anfüllen und die Menschen, die ihnen dienen, zu Heuschrecken und Ameisen machen."

Er drängte mich, die Lehre des Meisters zu verbreiten. „Das Sandkorn darf nur göttliche Zahl ohne Selbst, ohne Wert, ohne Inhalt sein, wie auch das Reich deines Meisters nicht von dieser Welt ist." Zum Abschied sagte er: „Nur das Licht deines Herrn kann die diebischen Sandkörner in den Hirnen der Menschen besiegen..."

Ich traf eine Frau des Gedichtes und des Lieds. Ich erzählte ihr. Sie umarmte mich. „Wer nicht zum Abbild wird, beschäftigt sich nur mit äußeren Dingen." Sie schenkte Wein ein. „Dein Herr ist der Herr aller inneren Bilder. Sein Abbild wird sich in alle Menschen ausbreiten." Sie brach mir Brot. „Alle Dichter werden ihn sehen. In ihm werden ihre Bilder entstehen, leben und sterben." Ich blieb bei ihr. „Wer ihn nicht kennen will, wird kein Leben spüren und sich im Rausch des Zufalls ertränken." Sie erzählte von Heilern, die Körper gesund machen, indem sie mit Nadeln hineinstechen. „Dein Meister heilt so die Seele. Er hat mit dem Schwert seiner Kreuzigung und Auferstehung, seiner Liebesfeste und seiner Verlassenheit in geheime Wunden der Menschen gestochen. Dies tat er auch mit dir und jetzt mit mir. Dazu brachte er das Schwert." Beim Abschied sagte sie: „Niemand wird mehr dichten und heilen, ohne durch die schmerzliche Macht seiner himmlischen Lehre und Bilder zu gehen. Diese brachtest du mir." Sie versicherte: „Ich werde nicht müde werden, ihn zu schauen und sein Lied zu singen. In allen Bildern, in denen das lustvolle und das leidende Fleisch sich verzehrt, wird er auch in mir auferstehen." Sie sah mich geheimnisvoll an. „Ich sah alles über dich und wer du bist, als ich dich zuerst erblickte. Frauen wissen längst bevor die Männer es ihnen bringen, was es ist. Aber sie können es weder selbst ins Werk setzen noch verhindern." Ich erzählte von Maria, die auch wusste und klug war und die Welt in sich trug. So erkannten wir uns in unseren inneren Bildern. Unsere Himmel waren strahlend und geöffnet.

Weiter und weiter brachte ich den Menschen die Freude und den alles überwindenden Schmerz des Herrn. Er zeigt mir alles. Geburt und Tod, Ewigkeit und Leere. Er gibt Liebe zu allen Menschen, die sich mit neuen Augen an der Welt trösten wollten. Wer froh war, spürte, dass er durch den Retter noch froher wurde und freute sich. Wer Schmerz hatte, spürte, dass der Retter noch mehr Schmerz getragen hatte, und der Schmerz wurde leicht. Und wer verstand, dass Freude nicht nur Freude und Schmerz nicht nur Schmerz ist, dem öffnete sich der Himmel. Das Leben ist ein Fest des Seins, von Gott ausgerichtet für Mann und Frau, für Himmel und Erde, für alle Wesen. Niemand soll Opfer sein.

Und ich verwunderte und freute mich, dass ich, der zuvor nur meine Esel und meine Arbeit gekannt hatte, mich und den Herrn in vielen Menschen traf und ihnen Bruder im Geist wurde. Nicht mein Himmel stand gegen ihre vermischt-irdischen Himmel des Wollens von unten. Mein Licht der Teilhabe und Erkenntnis des Herrn stand nicht gegen ihre Sünde und Trennung. Ich war für alle da, für die Höchsten und die Geringsten, denn sie benötigen den Herrn gleichermaßen. So erreichte ich das höchste Glück meines Lebens. Ich baute die Häuser mit unsichtbaren Balken, die mir mein Bruder voraussagte, und ließ sie in den Menschen zurück.

Mein Körper ist Brot geworden, die Welt leuchtet mit meinen Sinnen, der Wind begleitet mich auf der Reise. Ich fand Ruhe. Die Wurzel der Sünde ist auf einmal ausgerissen. Meine Seele ist zu Wein geworden, sie liebt den Geist, sie kennt keine Not mehr. Sie ist dem Schatten nicht mehr ausgeliefert.

Im Land Indien, in das ich endlich kam, herrscht wechselnder Überfluss an Wasser und Hitze. Die Welt der Menschen ist friedlich und bunt, überfüllt mit Handel und Wandel. Farbige Bekleidung, locker über die Körper geworfen, oft nur geschlungene Tücher. Schmuck in die Körper eingelassen, braune geschmeidige Haut. Die Menschen lachen, versammeln sich, handeln, arbeiten, streiten, alles findet im Freien statt.

Das Land ist eine große weite Mutter, die ihre Kinder geduldig umarmt, bis sie sterben. Nichts ist ihr fremd. Ihre Welt ist eine Welt des Fleisches, der Verwesung, des Genusses, eine heiße Welt von Schmutz und Rausch und Nacktheit, die Blumen im Haar trägt. Man liebt die Götter und hofft auf ihre Wirkung. Man sieht die Welt vor den Augen als Trug an. Die Menschen glauben, wenn sie sich den Göttern nähern, entkommen sie Tod und Schmerz, die dann zu irdischer Täuschung werden.

Den Menschen ist heilig, was von der Natur kommt und was im Moment als heilig gespürt werden kann, als Feuer, als Baum, als Fluss, als Berg, als Tier. Man betet zu allem, zu Tieren, Menschen, Steinen, Flüssen, Bergen. Warme Nächte, der Duft von Blumen aus dem Wald, Geräusche von überall her, die Menschen wissen, Gott umgibt sie, nur sie selbst leben in Trennung von ihm. Man baut Tempel, wo es schön ist, schmückt Bäume der Kraft, es gibt nichts Reines oder Unreines an sich. Ihre Götter herrschen über Liebe und Schmerz, Tod und Zerstörung. Sie kämpfen gegen die Geister und Wächter der Dunkelheit. Wenn sie irdische Form annehmen, leiden sie nicht wie Menschen.

Doch in der Bereitschaft zum Heiligen ist auch hier Unerlöstheit. Nur das Unerlöste braucht das Heilige. Ihr Ruf nach Gott ist wie der Blick eines Liebenden, der das geliebte Wesen überall vermutet, aber nicht findet.

Man glaubt an die äußere Wirklichkeit des Heiligen und seiner Götter, nicht an die eigene Wahrheit des Ewigen und Endgültigen in jedem Menschen. Dies ist das Neue, das ich brachte. Ich sagte, die Verehrung Gottes tut nicht dem Gott gut, sondern dem Menschen, der sich in ihm erkennt.

Man nahm mich offen auf. Viele Menschen bedrängten mich und waren begierig auf das Neue, das ich brachte. „Dein Gott ist wirklicher Mensch und wir können durch ihn wirklich werden. Lehre ihn uns." „Wir gehen den Weg von der Geburt zum Nichtsein, dein Meister ging den Weg vom Himmel zur Geburt im Sein." „Wir suchen Gott, dein Gott sucht den Menschen." „Wir opfern den Göttern, dein Gott opferte sich den Menschen." „Nichts steht zwischen deinem Gott und den Menschen."

Ein Einsiedler sagte zu mir: „Wir erzählen Geschichten über die Götter, dein Gott lebt und erzählt Geschichten über sich. Du sahst Gottes Werk an seinem Tun in der Welt und an dir, als du ihn erkanntest. So wurde sein Brot und sein Getränk göttlich für dich. Ich beneide dich von ganzem Herzen. Dein Gott teilt das bewegte Leid der Menschen, um es als Schein zu überwinden. Auch wir suchen die erfüllende Ruhe hinter dem Schein. Lehre uns, deinen Lehrer zu sehen, wie du ihn sahst."

Ein Weiser erzählte mir von einem großen Meister, der über die Leid bewirkende Nichtigkeit des Scheins lehrte. Er gab seinem Lieblingsschüler eine Blume. Da erkannte dieser, dass die Blume vergänglich war und dass kein Mensch von einem anderen je etwas wirklich erhalten konnte, so lange auch er noch vergänglich war. Da wurde er erleuchtet. Der Weise verbeugte sich vor mir. „Du hast in der Wunde deines Meisters die Blume der Unvergänglichkeit gesehen, da wurdest du erleuchtet." Wir sprachen lange über unsere Meister, und da er das Licht noch nicht kannte, lehrte ich ihn alles, was er von mir wissen wollte.

Ich sah Tempel, welche die Vereinigung von Mann und Frau im Bild zeigen. Ein Kulthüter erklärte mir: „Wir suchen die Ewigkeit im Funken zwischen Mann und Frau. Wir verehren das äußere männliche und das innere weibliche Wunder des Körpers. Mann und Frau spüren in ihrer gottgegebenen Lust an einander die unendliche Ewigkeit. Die Frau empfängt die Ewigkeit als süße innere Lust, der Mann spendet entrückt die unendliche Gabe seines Wegs, seiner Kraft."

Wir verstanden uns in der Botschaft des Herrn, der so über die hohe Liebe zwischen Mann und Frau sprach: '*Und der Fehltritt wird begradigt, aus dem der Tod gekommen ist. Und die sich im Brautgemach vereinigt haben, trennen sich nicht mehr.*' Wir sprachen vom himmlischen Wunder der Liebe zwischen Mann und Frau. Ich erzählte, was der Herr gesagt hatte: Durch ihre himmlische Liebe zueinander wird der Mann zum *jungfräulichen Geist*, die Frau zur *unberührten Erde*. So heiligen sie sich. Ich erinnerte mich an das, was der Herr noch gesagt hatte: „*Als Eva noch in Adam war, gab es keinen Tod. Da sie sich von ihm trennte, kam der Tod. Wenn er sich mit ihr wieder vereinigt und den Tod sich nimmt, wird kein Tod mehr sein.*" Das Ausgestreute erhebt sich zum Himmel, woher es kam.

Ich sprach vom Unvermischten, und dass alles, was man über den unerlösten Körper erfährt, das Zweite ist. Deshalb sind Menschen, die nicht nach Ewigkeit streben, nur wie Affen, die sich selbst nachäffen. Der Tempeldiener war froh über meine Botschaft und sagte: „Dein Meister ging so ans Kreuz wie wir unsere Feste feiern: Aus Liebe, die alles Kleinliche überwindet." Er umarmte mich. „Dein Meister feiert die ewige Liebe in den Menschen, die über allem steht. Die Menschen, die sie nicht spüren wollen, kennen nur ihr Festhalten an der Welt. Daher verfolgten sie deinen Meister und engen ihre Frauen ein. Aus dem gleichen Grund sind auch wir nur Ausgestoßene. Man duldet uns, mehr nicht." Er fuhr fort und ich gab ihm Recht: „Es ist eine Lüge, dass die Frau den Mann schwächt. Wozu hat Gott die Körper gemacht? Wozu hat dein Meister einen Körper angenommen? Wenn Körper schlecht wären, hätte er es nicht getan. Dein Meister wusste, dass es nur Licht und Liebe gibt. Nichts anderes. In allem. Und gerade da, wo man am wenigsten danach sucht. Gib uns seine göttliche Liebe und deine Unbeirrbarkeit." Und ich blieb zu lehren, und ich lernte.

Überall im neuen Land, das so alt ist, predigte ich. Ein Tempelherr hörte lange zu. Dann sagte er: „Du hast einen guten Wagenlenker." Und er erzählte von seinem Gott Krischna, der in der Schlacht die Zeit anhielt, damit Ungeschehbares geschehen konnte. Er nahm Teil im Kampf gegen gierige Herrscher, böse Täuscher im Namen der Macht. Nur mit seiner Hilfe können alle Mächte der irdischen Welt besiegt werden. Auch dieser Gott starb, aber sanft, als seine zeitliche Aufgabe beendet war.

Die Augen des Gottesdieners leuchteten: „Dein Gott stellte die Menschen bloß und bedeckte ihre Blöße mit seiner Liebe. Er hing am Himmelskreuz und er ging unter die Steine ins leere Grab des Körpers." Er freute sich am Herrn: „Dein Gott ist der jüngere Bruder meines Gottes, er reitet wilder und umfassender auf dem vergänglichen Schaum des Seins, gib mir von seinem Brot und seinem Wein."

Ich traf wirbelnde Tänzer, die ihren Atem wild einholten und mit göttlichen Lauten ausstießen. Ich erzählte und gab ihnen von meinem Brot und Wein. „Im Wirbeltanz finden wir eine neue Geburt, wunderbare Gefühle, befreites Vergessen, Rausch und Blumen", sagten sie. Ich blieb bei ihnen, schlug die Trommel und tanzte, wozu ich unter dem Kreuz nur die Eingebung hatte. Zusammen wussten wir um die innerste Mitte des Tanzes, die an nichts festhält, als ich ging und doch blieb.

Ich stand vor dem Altar der schwarzen Mutter der Welt, der zerstörerischen und doch alles erhaltenden Göttin, die auf dem Löwen reitet. Sie hat hier viele Tempel. Ich erzählte ihren Dienern von der bodenlosen Liebe, die mich im Schmerz um meinen Gott verschlungen hatte, und von seiner göttlichen Mutter, die über Angst, Schmerz und Zerstörung steht und doch an allem teilhat. Da sagten sie, dass auch sie verschlungen werden wollten von der Raserei des Gottesweibes, dann aufgelöst und wiedergeboren als tanzende Perlen ihrer Brustkette.

Die Liebe ist ein Spiel der Ewigkeit und macht unsterblich. Wir umarmten uns und feierten die Auferstehung in der allgnädigen Göttin in diesem Leben mit Brot und Wein.

Meine Reise geht dem Ende zu. Ich sitze vor meiner Hütte. Ich bin mehr als nur ich geworden. Durch das menschliche Auge der Angst und Mühe hindurch sehe ich unermessliche Schönheit, die alles durchdringt. Die Wirkung eines Gottes hat Gott in mir erstehen lassen. Ich bin nicht mehr in der Geburt aufgelöst wie ein Stern, der die Erde trifft und verlischt. Ich entsende mein Sein auf die Erde wie einen Blick ins All.

Ich weiß, der Herr ist in mir wie in den Blumen auf dem Feld, den Wolken im Himmel, wie ich in allem bin. Ich bin dem Scheitern der menschlichen Werke entronnen, denn ich baute Unsichtbares und zeugte vom Herrn. Meine Worte wollten die Welt nicht besiegen. Ich bin in Liebe zur Welt entbrannt. Die Stadt ist erreicht.

Meine Seele ist ein Fahrzeug voller Erinnerungen geworden. Ich bin mir dankbar und meinem Verstand, der bereit war, über sich hinauszugehen und den Meister zu erkennen, dem Auge, das mir Farbe und Schönheit zeigt, so prächtig und ohne Abnutzung wie in meiner Jugend, meinem Körper, der mich trug, den Berührungen der Menschen, die mich liebten und die noch in mir sind, Gott, dem Leben. Was je hätte ich mehr wollen können, als nach alledem hier zu sitzen, alt und doch jung, sterblich und doch ewig, Mann und doch auch Frau. Das Nacheinander der Zeit ermöglicht Dankbarkeit, die Reise des Lebens, Unterwerfung unter den Meister, das Diesseits der Wunde im Jenseits Gottes zu erfahren, in einer Welt, die durch ihn größer wurde, als ich es war.

Die Menschen opfern sich auf dem Altar ihres Irrtums, den sie ihr einmaliges, einzigartiges Leben nennen. Nur daran glauben sie. Doch Gott allein ist einzig und ewig in jedem Menschen, den er geschehen lässt, auch in mir. Er ist unfassbar, denn er vermischt sich nicht. Wer sein Werk sieht, kennt alles.

Es ist gut, Mensch zu sein, der Gott gefunden hat und immer weiter geht. In allem finde ich ihn immer wieder neu. Es gibt nichts, wo er nicht ist. Dem, der Gott kennt, wird das Schwankende in allem fest. Gott bewegt sich nicht. Gott stirbt nicht. Dies ist der einzige Besitz, der dem Menschen möglich ist. Meine Gedanken verlieren sich nicht mehr in der Welt. Tod und eigenes Wollen haben in meinem Denken keine Spuren mehr, es entzündet sich an der Welt und ist mit ihr vereint. Mein Leben zieht an mir vorbei. Ich bin alt. Die Vögel stehen in der Luft des Meerwindes und suchen einen Platz für die Nacht.

Erfahrungen wie Bilder als solche sind für die Menschen nicht erfahrbar, auch wenn sie sie sehen. Sie legen in alles etwas von sich hinein und wissen nicht, woher es ist, woher es kommt. Dies macht das, was sie sehen unsichtbar. Das Unsichtbare sehen sie so nicht, nur das Ihrige, das sie hineinlegen. So sind sie blind für Gott und von ihm getrennt.

Mein Bruder hat viele Wunder getan. Er machte Blinde sehend, Lahme liefen, Stumme sprachen, Taube hörten, Tote lebten auf. Das größte Wunder tat er an mir. Mein Auge sah, und ich war doch blind, ich konnte sprechen und hören und war doch stumm und taub; ich lebte und war doch tot. Er hat mein Auge sehend gemacht für Gottes Schönheit in den Dingen, meinen Mund, der nur von Menschendingen bewegt war, wahr sprechen gelehrt. Er hat mein Ohr, das nur vom Tun der Menschen eingenommen war, das Lied der Welt hören lassen. Er hat mich an sich genommen wie eine Mutter ihr Kind und nie getadelt. So erlernte ich die Sprache des Himmels.

Joschua musste das Unbewegte aufgeben, um zu den Menschen in das Bewegte von Schmerz und Tod zu gehen. Das war sein Opfer. Er wurde Gewordener. So zeigte er das verborgene Erlöste in den Menschen, das nicht im vergänglichen Wandel gefangen ist. Es gibt Leben im Tod, Freude im Schmerz, Liebe im Hass, Heilung in der Wunde, Ruhe in der Bewegung, Heiliges in der Sünde, Jugend im Alter, Ordnung im Ausgestreuten, das Eine im Vielen, Gott überall. Und das Verborgene vermischt sich nicht. So bleibt es auf ewig sich selbst verbunden und führt von der jämmerlichen Einbildung des Todes zum Licht des Lebens. Das Verborgene ist mehr als alles, was Menschen der Welt sehen, riechen, denken, schmecken können. Es ist dem äußeren Auge unsichtbar und doch in allen Menschen. Hinter dem, wofür man sich öffnet, liegt der selige Weg, der sein Ziel nie verlassen hat. Das Ziel ist der Weg.

Dies weiß Thomas, der einst nur an sich glaubte, und an das, was er sah. Er erhielt neues Sehen vom Herrn, der ihm diente und sich doch nie vermischte. Ich weiß, ich werde wiederkommen, wenn meine Worte gefunden sind. Ich werde sie zum Leben erwecken. Ich werde wieder nach Indien ziehen, lernen, schreiben, Meisterschaft und Verklärung finden, das Geheimnis der drei Worte des Herrn, die er nur mir sagte, wieder erkennen und lehren, und zu mir selbst auferstehen. Ich werde im vergänglichen Fleisch lesen, darin Stärke und Schwäche, Ewigkeit und Liebe erkennen. Ich werde mich wieder verwunden lassen. Ich werde die rote Blume wieder sehen, die über allem Leid steht. Ich werde danach den Tod und seine fleischerne Welt besiegen, indem ich mich nicht in ihr auflöse. Ich werde Ewigkeit erkennen und lehren.

Denn die Endgültigkeit kennt keine Furcht und keinen Tod und keine Zeit. Wer das weiß, lebt in der Wahrheit. Ich bin ruhig, denn ich werde zu ihm gehen, so wie ich nie getrennt von ihm war. Ich sah mich im Leben des Herrn und wurde zu dem, was ich sah.

Warum bin ich dennoch traurig zu gehen? Meine Trauer ist Dankbarkeit für jeden Moment, der durch ihn wurde und der doch vergeht. Auch er war traurig, als er ging. Aus Liebe zu uns ging er. Der Wille in und über allem geschehe sowohl in der Ruhe, wie in der Bewegung, die einander unvermischt sind. Er trug diesen Willen und zeigt ihn für immer und alle Zeit in Bildern, die unvergänglich sind. Wer an ihn glaubt, findet ein Paradies in dieser Welt. In jeder Freude, in jedem Schmerz des Fleisches. Das sagt Thomas, der in die Wunde des Herrn sah, und er ist dankbar.

Ich spüre, dass mein Leben zu Ende gehen wird, doch meine Liebe zum Retter kann nicht enden. Ich war und bin nichts ohne ihn. Ich weiß, dass ich durch ihn ewig leben werde, denn meine Liebe zu ihm hätte nie entstehen können, wenn sie Anfang oder Ende hätte.

Denn wer sich selbst nicht erkannt hat, hat überhaupt nicht erkannt. Wer aber sich selbst erkannt hat, hat die Erkenntnis der Tiefe des Universums erkannt. Deswegen hast du, mein Bruder Thomas, das den Menschen Verborgene gesehen.

Werner Koch
Gott und der Junge

„Ich möchte dir etwas versprechen", überkam es den Jungen. „Es gibt nichts in mir, dem du etwas versprechen könntest." Der Junge nahm den Hinweis auf. „Also verspreche ich es mir selbst." Der alte Mann nickte, denn nur Selbstverantwortung würde die Menschen weiterbringen. „Was möchtest du dir versprechen", fragte er, als ob er es nicht schon gewusst hätte. „Ich werde dich nie vergessen", sagte der Junge. „Du kannst mich nie vergessen", lachte der alte Mann, „ich bin unvergessbar, ich bin alles, ich bin die Ewigkeit." „Dann wirst du nie aufhören?" staunte der Junge. „Doch", sagte der alte Mann verträumt, „auch ich werde aufhören."
Er erriet die Frage in den Augen des Jungen. „Im Moment bin ich wie ein Echo. Ich schwinge, ich trage weiter, ich betrachte. Ich bin auch dein Echo", fügte er hinzu und schien sich etwas in seiner Weite zu verlieren. So fragte der Junge schnell: „Und am Ende?" „Alles wird eins sein." „Werde ich auch mit dir ganz eins sein?" sehnte sich der Junge. „Du bist es jetzt schon", lächelte der alte Mann, „wir sind doch wunderbar zusammen."

Werner Koch, Gott und der Junge, Drei Welten Verlag, 179 Seiten, 12,5O € incl. Versand, lieferbar über Drei Welten Verlag

Der Drei Welten Verlag veröffentlicht Texte, die den Zugang zur Welt der Erkenntnis zum Thema haben.
Informationen, Austausch, Bestellungen, Kontakt über:
Drei Welten Verlag
Werner Koch
Bergstraße 13
77866 Rheinau
Telefon O7844-1643
www.dreiwelten-verlag.de